线 一 装 一 经 一 典

线装经典

中国那些事儿——秦汉

云南出版集团

《线装经典》编委会◎编

云南人民出版社

图书在版编目（CIP）数据

中国那些事儿. 秦汉 /《线装经典》编委会编. ——
昆明：云南人民出版社，2017.1
（线装经典）
ISBN 978-7-222-15649-4

Ⅰ. ①中… Ⅱ. ①线… Ⅲ. ①中国历史—秦汉时代
Ⅳ. ①K20

中国版本图书馆CIP数据核字（2017）第002498号

出 版 人：胡平　高晓玲
项目策划：〔唐码书业（北京）有限公司〕〔北京南天竹图书有限责任公司〕
WWW.TANGMARK.COM
责任编辑：刘焰　董高凌
装帧设计：刘畅
责任校对：徐霞
责任印制：洪中丽

ZHONGGUO NA XIE SHIR QIN-HAN
中国那些事儿——秦汉
《线装经典》编委会　编

出版　　云南出版集团　云南人民出版社
发行　　云南出版集团北京南天竹图书有限责任公司
社址　　昆明市环城西路609号
邮编　　650034
网址　　www.ynpph.com.cn
E-mail　ynrms@sina.com
开本　　787mm×1092mm　1/16
印张　　20
字数　　312千
版次　　2017年1月第1版第1次印刷
印刷　　北京威远印刷有限公司
书号　　ISBN 978-7-222-15649-4
定价　　26.80元

如有图书质量及相关问题请与我社联系
审校部电话：0871-64164626　印制科电话：0871-64191534

前 言

　　公元前527年，天下共主周景王骂了晋国大夫籍谈一句话。两千多年过去了，那简短的六个字仍然令中国人振聋发聩。而本来只是一个小人物的籍谈也因为这句话"千古留名"。不过直到今天，人们提起他，也多半只有两个字的评价："该骂！"

　　事情是这样的。就在那一年，周景王的王后去世，籍谈奉晋侯之命作为副使赴周都吊丧。宴席间，周景王问："其他诸侯都向王室进献贡品，为何晋国没有？"籍谈答道："晋国偏远，从未得到王室赏赐，如今又忙于抵御戎狄，因而未做准备。"周景王大怒，一一列举王室历代赐予晋国的器物，然后指责籍谈："你的高祖本姓孙，因为掌管王室典籍，才被赐了'籍'这个姓。你是掌管典籍的官员的后代，怎么能忘记这些呢？"籍谈无言以对，羞愧而退。景王余怒未消，对左右说道："籍谈的后代恐怕不能世袭爵位了，他居然数典而忘其祖。"

　　"数典而忘其祖"，一个能够侃侃历数各国典制的人，居然把自己的祖宗和家族史都忘了。周景王的这句怒骂，在当时无异于打了籍谈一记响亮的耳光，也给后世留下了一个著名的成语——数典忘祖，用来指责那些忘本的人，也比喻对本国历史的无知。对于宗法观念极强、十分重视宗族渊源和历史的中国人来说，"忘本"是最要不得的事。因此，即使是在两千多年后的今天，人们依然认为景王骂得有理、籍谈实在该骂。

　　然而，抛开宗法观念、祖先崇拜不谈，"历史"，简单来说就是"过去发生的事"，如今还有那么重要吗？真的值得每个人铭记吗？答案无疑是肯定的。

　　事实上，重视历史、善于从历史中汲取营养，本就是中华民族的优良传统。从传说中的黄帝时代到今天，中国有近五千年的历史，"上下五千年"的说法就是这么来的。炎黄华夏，龙凤呈祥，孔孟之道，礼仪之邦，秦皇汉武，万里长城，贞观之治，四大发明……正是它们交相辉映，绘出了一幅幅波澜壮阔的历史画卷，并以其蕴含的强大的凝聚力和自强不息的生命力，使我们至今仍自豪地屹立于世界民族之林。而如果忘记它们，也就失去了中国人的精神气质和生命底蕴——作为炎黄子孙，怎能忘记本民族的历史？

唐太宗说，"以铜为鉴可正衣冠，以史为鉴可知兴衰"；培根说，"读史使人明智"。中华民族从步入文明之日起，先后经历了夏、商、周、秦、汉、三国、晋、南北朝、隋、唐、五代、宋辽夏金、元、明和清等朝代。各个朝代兴衰更替背后所隐藏着的成败之道与内在规律，是每一个中国人所必须正视的课题。因此，了解历史、学习历史具有十分重要的现实意义。

幸甚至哉——我们不缺少历史典籍。根据考证，中国是世界上唯一一个文字记载不曾中断的国家。历经五千年的风风雨雨，勤奋上进而富有责任感的史家为后世留下了浩如烟海的历史典籍，从史家巨著《史记》、《资治通鉴》到各类别史、杂史、野史、稗史，中华民族当之无愧地享有"历史的民族"的美誉。

呜呼哀哉——现代人没有时间遍览汗牛充栋、卷帙浩繁的圣贤遗著。比如二十四史总共三千两百四十九卷，大约四千万字，再考虑到阅读古文的障碍，就算心无旁骛地攻读，也得读上十几年。不读，有数典忘祖之嫌；读，典籍浩瀚，力不从心。普通读者实在难以抉择。

为此，编者纵览浩瀚历史典籍，择其精要所在，为广大读者编写了这套"中国那些事儿"系列丛书。全套丛书共七本，以朝代为划分依据，从远古传说时代直到清朝灭亡，概述中国五千年的历史。丛书根据史书记载，慎重择取了对历史进程有重要影响的人物和事件，对其进行合理的组织和剪裁，以浅显易懂的现代语言和诙谐幽默的叙事方式，将之展现给读者。如果您在轻松阅读之余，将如烟史事尽纳胸中，于编者来说，亦是欣慰至极。

目录

中国那些事儿

秦汉

目录

七

东汉王朝

中国那些事儿

秦汉

目录

一二

大秦帝国

千古一帝秦始皇

　　秦始皇，姓嬴，名政，秦庄襄王之子，十三岁时继承王位。他凭借先辈创建的雄厚基业，在七雄对峙中渐渐占据优势。经过多年鏖战，秦王嬴政终于在公元前221年彻底扫灭群雄，建立了大秦帝国。自此，东周诸侯纷争、战乱不休的局面宣告结束。作为中国历史上的首位皇帝，秦始皇嬴政首次实现了中国政治上的大一统，从而为后世王朝统一中华作出了榜样。

功高盖世，自称皇帝

　　一统华夏后，自认为功劳无人能及的嬴政，觉得"秦王"的称号不足以表明自己的盖世伟业，所以决定重新宣示尊号。

　　随后，嬴政命群臣集思广益，为自己评定尊号。有的大臣认为应该用"皇"，有的大臣认为应该用"帝"，因为他们认为嬴政的功绩堪比古代贤君三皇五帝。

　　然而，嬴政却对三皇五帝不屑一顾。经过一番思量，他最后将"皇"和"帝"合二为一，并称为"皇帝"，言外之意就是自己的伟业远在三皇五帝之上。

　　此后，为了体现皇帝独一无二的权威，秦始皇又作了一番要求：皇帝自称为"朕"，皇帝之命叫"制"，皇帝之令叫"诏"，皇帝私人印信叫"玉玺"，皇帝之妻叫"皇后"，皇帝之母则叫"皇太后"。从此，这些日后广为人知的皇室称谓，开始流传下来。

　　此外，嬴正还自称"始皇帝"，宣布将来继承帝位的皇子称"二世"、"三世"以至"万世"，幻想秦王朝的统治能够延续千秋万代，永远不灭。

秦始皇（前259～前210），姓嬴，名政，秦庄襄王之子，出生于赵国都城邯郸（今河北省邯郸市）。公元前221年彻底扫灭六国，建立了大秦帝国，成为中国历史上的首位皇帝。后人称为"千古一帝"。

改革旧制，巩固集权

为了巩固中央集权，秦始皇决定对国家体制进行一番变革，具体方法有以下几条：

首先，对官制实行改革。为了有效地治理国家，秦始皇决定设立三公。三公包括丞相、太尉和御史大夫。丞相相当于如今的总理一职，主要负责辅助皇帝；太尉相当于如今的国防部长，主要负责军事；御史大夫则相当于如今的纪检委员，主要负责监察官员，同时也为皇帝撰写诏书。

其次，在全国推行郡县制。全国共设有三十六个郡，每个郡又设有若干个县，每个县又设有若干个乡，每个乡又设有若干个亭，每个亭又设有若干个里，而里下又设有什，什下则设有伍。主管郡里事务的最高官员叫郡守，主管县里事务的最高官员叫县令。

再次，修建长城。为了防备北方的匈奴大军，秦王朝推倒六国长城后，在其废墟上修建了东起辽东（今辽宁一带）、西至临洮（今甘肃省临洮县）的万里长城。

最后，统一文字、货币、度量衡。秦帝国建立前，六国都有自己的文字、货币和度量衡。继续沿用，就会使朝廷无法进行统一的管理，同时也阻碍各地间的文化交流。在此情况下，秦始皇决定在全国范围内统一文字、货币以及度量衡。

以上各种政策的实行，极大地巩固了秦王朝的政权，同时也推动了全国各地的经济发展和文化交流。

焚书坑儒，大兴土木

为了进一步强化中央集权，秦始皇还用严刑酷法统治国家。儒生们深以为恶，于是聚集起来上书朝廷，进行抗议。

当朝丞相李斯决定杀一儆百，以此来表明君权的至高无上。他觉得治国的办法应该随着时代的变化而变化，夏商周三代的治国办法如今已不足称道。可是，许多儒生还在到处宣扬古代之完美，如此扬古贬今，只会误导民心，破坏天下的稳定。因此，一定要镇压蛊惑民心者。

经过一番考虑，李斯将这种情况的出现归咎于书籍的影响。于是，他上奏秦始皇，希望焚毁一切不利于国家安定的书籍。

秦始皇欣然应允，下令焚书。没过多久，先秦时代的书籍就几乎都被焚毁殆尽。李斯认为这样可以防儒生之口，谁知此事发生后，儒生们反而更加大肆辱骂秦始皇。秦始皇得知后火冒三丈，立即下诏逮捕造事儒生，随后又坑杀了约四百名儒生。

焚书、坑儒两件事在我国历史上影响极其恶劣，它们不仅导致我国众多古典史籍焚毁一空，还导致我国自春秋时期发展起来的百家争鸣的文化氛围彻底中断。可以说，焚书坑儒事件是我国文化史上一次重大灾难。

此外，秦始皇的暴虐行为数不胜数。为了个人私欲，他发动众多人力、物力、财力修建骊山陵墓。当时，大秦帝国共有两千万人口，而从事劳役的就有两百万人左右，并且这两百万人都是壮劳力。如此一来，各地土地均无人耕种，给农业生产造成了极其严重的影响。

一边是暴敛重赋，一边是繁重的徭役，人民生活于水深火热之中。

痴迷求仙，寿终归西

自古以来，所有君王都希望自己的江山可以永世不倒，自己可以长生不老，秦始皇也不例外。因此，他十分渴望能够找到一种仙丹，以使自己寿与天齐。为此，他在称帝后，便常常到全国各地巡游，一是为了显扬自己的盖世伟业，二就是希望见到神仙，求得长生药。

公元前210年，秦始皇又踏上了求仙之路。听说神仙住在海中的仙岛上，他便率领从属顺海岸向北而行，但却没有任何收获。

眼见此行无果，他便想率队返朝。然而，天有不测风云，走到平原津（今山东平原县）时，他突发急症。秦始皇已近弥留，众大臣却不敢询问其后事如何安排，因为秦始皇最痛恨谈论生死。

不过，他也明白自己死期将至，因此命人让公子扶苏赶往京师准备后事，并登基为帝。不料，诏书尚未发出，秦始皇就死了。

作为中国历史上第一位皇帝，秦始皇做了一些顺应历史潮流的事情，比如平灭诸侯纷争，统一中国，统一文字、货币和度量衡等等。这些不仅维护了国家统一，而且也促进了各民族、各地区之间的文化交流和经济交流。秦始皇统治时期，秦朝疆域超过前朝，而且国家集权更为集中。不过，秦始皇的许多暴虐行为（诸如建宫殿、建陵墓、定酷刑）都让百姓困苦不堪；他还阻碍文化进步，禁锢思想，制造了焚书坑儒事件。

秦始皇的功过是非，我们无法简单评说。但是，作为我国历史上第一位皇帝，秦始皇的历史贡献是不容忽视的。

大丞相李斯

在秦始皇统一天下的过程中，李斯居功至伟。其后，作为大秦帝国的丞相，李斯上书秦始皇，要求毁兵器、拆城墙，以更好地管理百姓；主张实行郡县制，抵制分封制；提议焚毁书籍，关闭私学，以此强化中央集权。可以说，李斯为巩固秦王朝的统治以及促进全国各地的经济交流和文化融合作出了重要贡献。只可惜他晚节不保，与奸臣同道篡国，最后惨遭灭族。

元老重臣，辅佐秦皇

李斯，字通古，祖籍河南上蔡县。起初，李斯帮助秦王嬴政制定了远交近攻的策略，使秦国经过十年征战后，成功地消灭了各路诸侯，平定了天下。

公元前221年，大秦帝国建立，李斯出任丞相一职。

不久，大臣王绾向秦始皇建议，由于国家领土太过广阔，朝廷难以全面顾及，所以应该效仿西周实行分封制。其他大臣都表示赞同，只有李斯强烈反对。

李斯的理由是，皇帝应该掌管全国各地，实行分封制只会危害中央集权。秦始皇也有同感，他认为西周之所以灭亡，就是因为在实行分封制后各诸侯国不听朝廷号令，以致朝廷无法控制地方诸侯，国家最终分崩离析。

鉴于此，秦始皇否决了实行分封制的提议，将大权收归中央独自掌管。

不久，李斯上书秦始皇，建议推行郡县制。所谓郡县制，就是将全国分为郡、县、乡三级行政单位，各级单位的管辖权和官吏任免权都由皇帝亲自掌握。此外，为了帮助皇帝分担政务，他还建议朝廷设立三公九卿。

这些措施实行后，诸侯国威胁中央的忧患得以彻底解决，对维护秦王朝的统一具有极其重要的影响。

除此之外，李斯在统一文字、货币和度量衡等方面也作出了突出贡献。秦朝刚建立时，全国各地都有自己的文字，非常不利于交流。鉴于此，李斯建议秦始皇统一文字。随后，李斯在秦国文字的基础上，融入其他六国的文字，简化字形，形成了秦朝的标准文字——小篆。李斯不仅参与创立文字，而且还亲自撰写了小篆文——《仓颉篇》，以此作为范本推行于全国。从此，汉字进入了它的发展繁盛期。

李斯有功也有过，影响极大的焚书坑儒事件便是在他的建议下发生的，他之所以这样做，就是想镇压儒生，强化中央集权。客观来讲，焚书坑儒在当时有一定的正面作用，但从长远来看，焚书坑儒给我国古代文化造成的影响几乎是毁灭性的。

勾结奸臣，扶植二世

秦始皇驾崩后，李斯立即封锁消息，每日照常让人为皇帝送膳，因为他担心皇帝死讯一泄，全国会陷入混乱。

秦始皇弥留之际，曾写下诏让长子扶苏继承皇位。当年，秦始皇的一些政策曾遭到好儒的扶苏的指责，所以秦始皇一怒之下便将其送往西北与蒙恬共同镇守边疆。

这时，宦官赵高也在行动。赵高是秦始皇小儿子胡亥的师父，为了让自己可以尽享荣华富贵，他决定帮助胡亥篡位。不过，如果没有李斯的帮助，胡亥是无法继承皇位的，因此赵高便想方设法收买李斯。

一天，他问李斯道："陛下驾崩时，曾命令公子扶苏回京师主持丧事，不过如今诏书尚未发出，还在公子胡亥手中，此事无人知晓。也就是说，我和胡亥便可决定应该由谁来继承皇位，你说是吗？"

"为人臣子，怎可说出如此大逆不道之言。"李斯严肃地说道。

"众所周知，扶苏为人英武，如果他继承皇位，蒙恬肯定会受到重用，甚至可能出任丞相。届时，还有你容身之地吗？如今，诏书尚在我们手里，我们若合力，必可铲除他们。"赵高继续说道。

闻听此言，李斯开始动摇了。最终，为了一己之私，他决定与赵高合作，让胡亥继承皇位。

随后，比秦始皇有过之而无不及的残暴皇帝胡亥登基了，史称秦二世。

蒙冤遭谗，腰斩灭族

在朝廷里担任要职这么多年，李斯深谙明哲保身之道。因此，看到胡亥昏聩荒淫、败坏朝纲时，他都视而不见。

一天，胡亥请教李斯，问道："韩非子曾说，历史上的君主在处理政务时十分劳累，那么，君主治理国家的目的就是要让自己劳累吗？实际上，他们劳累，只能表明他们愚笨。受苦的事情我不愿意做，我既想随心所欲，又想永坐龙位，丞相可有办法？"

这时候，李斯之子李由正因出兵不利被主将章邯追究责任，章邯还借此嘲笑李斯无用。李斯担心被治罪，便提出一套"督责之术"，极力逢迎秦二世。

秦二世为了满足自己的私欲，强行征发大量壮工继续建造阿房宫，如此一来，百姓生活陷于困窘，导致各地暴乱频发。

李斯（前280～前208），字通古，秦朝丞相，著名政治家、文学家和书法家。

李斯为了维护秦朝政权，便建议秦二世缓建阿房宫，以平民怨。胡亥看完奏章，火冒三丈，立即下令将李斯打入大牢。

李斯多次上书喊冤，但是他的所有书信都被赵高压下了。不仅如此，赵高还给李斯罗织反叛的罪名。最后李斯被屈打成招，承认自己有反叛之意。

公元前208年秋，李斯被处腰斩之刑，三族被灭。

李斯一生以非凡的才智和超群的远见，为大秦帝国的建立创下了不朽奇功。在大秦帝国建立后，他又采取种种措施，维护了秦王朝的统一，强化了秦王朝的政权，促进了全国各地经济和文化的交流。从这个意义上来讲，他不愧为一个杰出的政治家。

但他为了一己之私，残害忠良，最后却也未能自保。他的下场，也可以说是咎由自取。

赵高乱秦

秦始皇驾崩后，赵高将秦二世扶上帝位，随后便在朝廷里肆意妄为，专权弄事，为秦二世的暴政推波助澜，逐渐使秦王朝走上了末路。秦朝末年，他竟然想登基称帝，结果被乱刀砍死，实在罪有应得。

阴谋矫诏，拥立胡亥

赵高，战国时赵国王族，出生于咸阳。秦灭赵国后，赵高父母搬到咸阳定居，其父因罪受过宫刑，他和兄弟姐妹都是母亲与他人私通所生。

秦灭六国后，将六国所有后宫女眷送往咸阳，如此一来，后宫人数剧增。为了照顾后宫的众多嫔妃，朝廷下令征召宦官，并将六国的宦官并入宫廷。赵高就是在此时进入皇宫的。他善于钻营、阿谀奉承。当时，他发现秦始皇非常注重法制，于是便利用一切时间研究法令，以期赢得秦始皇的青睐。很快，他便精通了法令。不久，秦始皇闻听他既有才能又精通法令，就晋升他为中车府令，负责掌管皇帝车马。

始皇少子胡亥很受秦始皇喜爱，于是赵高就千方百计地迎合胡亥，胡亥很快便对赵高异常信任。就在此时，秦始皇又让赵高教授胡亥如何断案。就这样，赵高每天和胡亥住在一处，并对其关怀备至。如此一来，秦始皇和胡亥都对他信任有加。

秦始皇每次出外游巡时，赵高都会为其准备一支规模巨大的车队，同时令所到之处的官员，务必献上当地名品。当然，赵高也会趁机中饱私囊。

公元前210年，秦始皇病死在出巡途中。当时，秦始皇身边只有李斯、赵高以及胡亥跟随。秦始皇下诏准备让长子扶苏继承皇位，然而赵高却篡改秦始皇遗诏，逼死扶苏，让胡亥继承了帝位。

残酷无情，杀害忠良

胡亥登基后，担心朝臣和其他皇子怀疑其登基的合理性，便与赵高决定诛杀朝臣和众皇子。

秦始皇生前对蒙恬和蒙毅十分器重。蒙氏兄弟曾为秦王朝立下过汗马功劳，在朝廷里位高权重，因此赵高对其十分嫉恨。赵高经常在二世面前诋毁蒙氏兄弟，胡亥便准备斩杀蒙氏兄弟，他的叔父听说此事后，忙来劝说。但昏庸的二世偏听偏信，在赵高的鼓动下，最终将蒙氏兄弟逼死。此后，赵高仍不断排挤朝廷中的正直大臣，然后任命自己的亲信为官。其弟赵成便被封为中车府令，其女婿阎乐则被封为咸阳县令。

赵高想独自控制秦二世，便设法防止二世接触其他朝臣，他欺骗胡亥道："皇帝之贵，就在于有威仪，让人们无法见其行、闻其声。所以您最好只在宫里治政，凡事由下臣负责。如此，天下人都会颂扬陛下之圣明。"于是，胡亥便将朝政大权交给赵高，自己则身居内宫，不理朝政。

权力越大，野心也越大。赵高此时已经不满足于一般官职，他希望自己能够出任丞相之职。为此，他将丞相李斯诬陷致死，并斩杀其三族。

指鹿为马，篡权被诛

李斯死后，赵高出任丞相，独揽朝政。此时，全国各地已爆发了无数次农民起义。

在国家危亡之际，作为朝廷重臣，赵高不去想力挽狂澜，却想趁机登基称帝。为了试探朝臣的态度，他上演了一场遗臭万年的"指鹿为马"的闹剧。一日，他拉来一只鹿，当着众大臣的面对胡亥说："陛下收下这匹好马吧！"胡亥笑道："丞相是否搞错了？这是鹿，哪里是马？"赵高并不理会胡亥，却仔细观察周围人的反应，有人跟着赵高随声附和，有人却说真话指出是鹿非马。后来，说真话的陆续都被赵高谋害了。自此，赵高在朝中俨然皇帝一般。

看到众多起义军向京师杀来，胡亥才猛然醒悟过来，原来赵高说的天下太平竟是谎言，于是言谈之中对赵高很是不满。赵高发现胡亥怀疑自己后，害怕其追究责任，便派亲信直闯胡亥的行宫，逼死了胡亥。

胡亥死后，赵高欣喜若狂，大步走上朝堂准备登基。但文武百官皆低头不从，以无声的反抗粉碎了他的皇帝梦。赵高只得临时改变主意，将皇位传给了扶苏的长子子婴。子婴明白自己不过是一个傀儡，不愿重蹈胡亥的覆辙，便与属下商定计划，准备斩杀赵高。当赵高应约到子婴府第时，子婴便让事先埋伏好的刀斧手将赵高砍死。随后，子婴下令将其三族夷灭。

赵高的种种行为加速了秦王朝的灭亡。虽然秦朝灭亡的责任并非都在他身上，但他残害忠良、排除异己的行为，确实为秦王朝的覆灭埋下了祸根。

战神蒙恬

蒙恬、蒙毅兄弟出身名门，蒙恬在外带兵，蒙毅在内辅政，他们深受秦始皇的信任。当时的其他将领也都对二人十分敬畏。后来，蒙恬出兵匈奴，扬名边关，并监修长城，青史留名。他军事才干超群，上至皇帝，下到士兵，都对其赞赏有加。对于秦王朝统治的巩固，蒙恬可谓居功至伟。

抗击匈奴，威震边关

蒙恬，祖居齐国，祖父蒙骜、父亲蒙武均是秦国名将。蒙恬小时候就很喜欢学习法律，长大后还做过审理案件的文书官。

公元前221年，蒙恬被秦始皇封为将军，后来又因为破齐立功升任内史，此时其弟蒙毅担任上卿之职。他们兄弟二人很受秦始皇信任。

战国末期，北方匈奴人趁中原战乱，经常突袭北方各地。就在秦王朝刚刚统一中原的时候，匈奴大军也趁机渡过黄河，占据了河套平原的大片领地，从而对秦王朝的都城咸阳构成了威胁。

公元前215年，嬴政派蒙恬率三十万大军出征匈奴。由于他谋略得当，亲自勘测地形，做到了知己知彼，并率军勇猛冲杀，首次出兵便击退了匈奴。

次年春，蒙恬发动了具有决定性的战役。此战中，两军进行了殊死搏杀，结果匈奴军大败而退。蒙恬率军随后进击，一直将匈奴的残兵败将追到千里之外。经此一役，蒙恬收复河南地（今内蒙古河套南鄂尔多斯市一带），自榆中（今内蒙古伊金霍洛旗以北）至阴山，设三十四县，并迁徙内地人民充实边县。

战后，秦王朝内外皆平，而秦军之威也传遍了长城内外。在北征匈奴的十年时间里，蒙恬逐渐成为秦王朝的护国大将。

镇守边陲，功劳卓著

匈奴兵败后，蒙恬率军继续驻扎在边疆。匈奴是游牧民族，匈奴人逐草而居，他们战时作战，闲时放牧。鉴于此，秦军若贸然出兵，匈奴人定会绕道而行，去别处抢掠一番，也可能绕到背后攻击秦军。秦军远征在外，如果经常无法找到敌军，必然会被拖垮。于是，蒙恬建议秦始皇修建长城，以此来防备匈奴大军的突然袭击。为修建长城，蒙恬调动了数十万士兵和无数的壮丁。他们先将战国时秦国、赵国、燕国的长城连接起来，然后加以修固，最后终于建起了西起临洮（今甘肃临洮县）、东达辽东（今辽宁）的万里长城。有了长城，匈奴大军的南进计划受到了遏制。不久，朝廷又在河套地区划分行政区域，设置行政机构，统一由九原郡管辖。

公元前211年，为了发展兆河、榆中地区经济，加强边防军力，蒙恬将三万多名罪犯迁到此地。同时，为改善九原的交通状况，连通京师咸阳和九原，蒙恬又调派军队修建了四通八达的道路。这些措施既促进了边疆各民族之间的文化交流和经济交流，又使官军的后勤得到保障，战略意义十分重大。

经过蒙恬十年经营，北疆基本实现了安定。由此，秦始皇对他大加赞赏。

奸臣专权，含冤而亡

秦始皇驾崩后，赵高恐扶苏登基，便与丞相李斯、公子胡亥密谋篡改诏书，胡亥由此继承了皇位。以前，蒙毅曾依法处理过赵高，赵高为此心存怨恨，于是矫诏以不忠之名赐扶苏、蒙恬死，结果扶苏自杀。蒙恬疑诏书有诈，不肯就范，被囚禁于阳周（今陕西子长县）。胡亥本想释放蒙恬，但赵高与蒙毅有私怨，担心蒙氏兄弟复出不利于自己，便罗织罪名，加以陷害，说蒙毅曾对先皇说过胡亥的坏话。胡亥大怒之下决定处死蒙毅，还派人迫使蒙恬服毒自杀。

蒙恬悲愤地说："我手中有三十万大军，虽然身遭囚禁，可仍足以谋反。但我宁死也不反，不然我无颜面对先人。自祖父起，我蒙氏对君王忠心无二，如今我无辜被害，难道是做过愧对上天之事吗？"低头沉思片刻后，他又无奈地自言自语道："我的确罪过不轻，起临洮、到辽东筑长城，挖沟渠一万多里，可能破坏了地脉，这也许就是我的罪过吧！"说完便服毒而亡。

蒙恬的死讯很快便传到了军中，众兵将痛哭不已。随后，他们以战袍兜土安葬蒙恬，由于兵将众多，人人兜土，因此蒙恬的坟墓高大如山丘。

蒙恬之死，直接瓦解了秦朝大军的军心，也拉开了秦王朝灭亡的序幕。可见，作为秦朝的护国良将，蒙恬的影响是何等巨大。

《史记·蒙恬列传》中说蒙恬居高位，却对秦始皇大兴土木未加劝谏，不懂国家初建需休养生息，反而滥用人力修筑长城，这些都是他的污点。但在那个时代，君权至上，君命不可违，而作为忠臣，又必然会遵循此规。因此，不可否认的是，蒙恬确是一代良将、忠臣。

昏君秦二世

秦朝只经历了两代，秦始皇是开国之君，秦二世是亡国之君。秦二世本就荒淫昏聩，再加上奸臣赵高的教唆鼓动，统治手段的残酷比其父更甚。他不仅残忍屠戮朝中大臣，还残杀自己的兄弟姐妹。二世在位期间，大秦帝国朝纲败坏，民不聊生。

篡夺帝位，荒淫无道

公元前210年，经过赵高和李斯的一手筹划，胡亥趁秦始皇驾崩之机，矫诏赐死兄长扶苏，顺利地继位为帝。此后，他便开始胡作非为。

秦始皇在位时，颁布了非常严酷的法令。其中最残忍的一条就是：一人犯法，罪及三族；一家犯法，邻里连坐。胡亥在制定法令上有过之而无不及，他制定了更为残忍、荒谬的法令，竟然以官员收税和杀人的数量作为评定忠臣的标准，这直接导致各级官员滥抢民财、滥杀百姓，使人民苦不堪言。

胡亥一心寻欢作乐，还养了许多珍禽异兽供自己玩赏。为了给众多珍禽异兽提供粮草，他竟然让全国各地的官员向咸阳供应粮草，而且禁止运粮草的人在路上吃所运的粮食，而必须自己带粮食。

胡亥将秦始皇葬于秦始皇陵后，下令将宫中没有生子的妃子活埋，为其父陪葬。在残杀了众多嫔妃后，胡亥又将数以万计的修建秦始皇陵的工匠活埋在陵墓里，因为他担心陵墓的信息日后被工匠泄露。

诛杀手足，残害忠良

胡亥的天下本是篡夺而来，因此他害怕诸公子与他争帝位，再加上赵高的怂恿，他决定一不做二不休，残杀众公子。很快，胡亥的十二个兄弟就惨遭毒手。在赵高的诬陷下，胡亥又在杜邮（今陕西咸阳东）将六个兄弟和十个姐妹杀死，刑场惨不忍睹。将闾等三人也是胡亥的兄弟，而且比其他兄弟都沉稳，胡亥实在找不出什么罪名，就把他们关在了宫内。最后，胡亥逼他们三人服毒而死。

在胡亥的所有兄弟中，只有公子高没有被诛杀。在胡亥开始屠杀兄弟姐妹时，公子高就知道自己也不会幸免。为了保全自己全家老小，公子高上书胡亥要求为父皇殉葬。胡亥一看非常高兴，于是就免了他全家的死罪，并赐钱十万厚葬公子高。

秦始皇的子女都被杀完了，胡亥又开始借故制造冤狱，残杀忠臣。赵高想起蒙毅曾经判过自己死刑，再加上他担心手握重兵、功高盖世的蒙恬对自己构成威胁，于是想尽办法诬陷蒙氏兄弟。而偏听偏信的昏君秦二世竟然先派人逼蒙毅自尽，然后又派人逼蒙恬自杀。

见胡亥大开杀戒，大臣冯去疾和将军冯劫为免遭羞辱，也自尽了。此后，赵高把很多亲信安插进朝廷，其弟和女婿摇身一变，都成了朝廷大员。

处理完当朝大臣后，地方官员又成了二世斩杀的目标。公元前209年，二世出巡全国各地。途中，赵高建议他趁机树立自己的威信，将那些不听话的官吏全部诛杀。胡亥再次听了他的话，一路下来，杀了不少地方官吏，以致许多地方都没人敢当官了。

不久，在赵高的陷害下，秦朝重臣李斯也被残杀。至此，秦朝的忠臣良将几乎全部惨死，而朝廷则由奸臣所控。大秦帝国开始分崩离析。

走投无路，被逼身亡

将忠良诛杀殆尽后，二世便终日深居后宫，寻欢作乐。于是，赵高便趁机独揽朝政大权。胡亥一直都不了解天下的真实情况，等到陈胜的军队逼近了咸阳，他才着了急，听从了章邯的建议，让他率领骊山刑徒出战迎敌。后来，章邯兵败于项羽。失去了章邯的秦朝根本不堪一击，江山危在旦夕。

眼见大势已去，胡亥才明白过来，所谓天下太平，只是赵高编造的谎言，眼看亡国在即，二世开始埋怨赵高了，屡次派使者责备他。赵高见胡亥已有不信任自己的迹象，就准备对他下手了。不久，他假称有盗贼进宫，需要人进宫捕捉，派亲信进宫杀二世。二世哀求杀手："我能见见丞相吗？"杀手没同意。胡亥又说："我只求做一个郡王。"杀手还是说不行。胡亥又说："那让我做一个万户侯吧。"对方依然说不行。胡亥无奈地说："做百姓总可以吧？"但还是被拒绝了。最后，年仅二十四岁的二世被逼自杀了。

秦朝建国之初，秦始皇意气风发地诏告群臣："朕为始皇帝，后世以计数，二世三世至于万世，传之无穷！"不料，他预想的万世基业在二世手中便结束了，贻笑后世。至于胡亥的结局，只能说是咎由自取，用西汉名家司马相如的话说就是"持身不谨兮，亡国失势；信谗不悟兮，宗庙灭绝"。

大泽乡起义

秦始皇和秦二世统治期间，不顾百姓死活，穷奢极欲，滥用民力，大兴土木，使百姓生活于水深火热之中。公元前209年，陈胜、吴广率先在大泽乡发动起义，"揭竿为旗，斩木为兵"，誓要推翻暴秦。在他们的推动下，起义烽火很快便烧遍了秦朝大地，反秦大起义如火如荼地开展起来。

朝廷征夫，陈胜揭竿

秦朝建国后，秦始皇及至秦二世不断地征发徭役和劳役，修建阿房宫、骊山陵墓、长城，并对南越用兵。这些行为虽对巩固统一有积极作用，但却耗费了大量人力和财力，致使人民的负担日益沉重。

公元前209年，秦二世命令阳城（今河南登封）官员派两名军官押送九百人到渔阳（现在的北京密云）去守卫。押送官为了便于管理，便从这些民夫中挑了两个人，让他们去管理这九百人。其中一个是以打长工为生的阳城人陈胜，另一个是阳夏（现在的河南太康县）农民吴广。

陈胜自幼家境贫寒，但素有大志。由于自小就给地主做长工，深受压迫和剥削，他心里逐渐产生了反抗压迫、变革现实的思想，立志要干点大事业。一次劳动时，他对其他长工说："苟富贵，勿相忘。"伙伴们觉得好笑，便问道："你是一个为地主耕地的人，怎么可能富贵呢？"陈胜叹息道："嗟乎，燕雀安知鸿鹄之志哉！"表明了他的非凡志向。

陈胜起初并不认识吴广，被征召为民夫后，他们才相识为友。为了按时赶往渔阳，他们带领民夫们日夜赶路。当时正是雨季，道路泥泞难行，他们走到大泽乡（今安徽省宿州市）时，天下起了大雨，无法继续走路。无奈之下，他们只好就地休息。

但是，如果不能准时赶到渔阳，按照当时法律他们是要被处死的。面对这种处境，陈胜和吴广商量："从这里到渔阳，迢迢三千里，在规定的期限内是无论如何也赶不到的。即使去了，我们也是送死！"

"那我们干脆跑吧。"吴广建议道。

"去也是送死，逃亡被抓回来也是死，与其都是死，还不如选择反抗而死！如今，秦朝暴政已经引起了天下人的不满。秦二世乃是篡位之主，秦始皇长子扶苏以及楚国大将项燕都颇有威名，如果咱们借其名义召令天下人反秦，必可成事。"陈胜自信地对吴广说。

吴广觉得陈胜言之有望，便同意了他的计划。

号召民众，反抗暴秦

为了尽可能号召更多的民众，陈胜和吴广便利用鬼神迷信来达到目的。

一天，他们用朱砂在一块绸帕上写了"陈胜王"三个字，然后把绸帕塞到渔民捕来的鱼的肚子里。人们买鱼回来吃，发现了鱼腹中的三个大字，都觉得不可思议。

不久，夜里半空中还经常会回荡着"大楚兴，陈胜王"的呼喊。士卒们吓坏了，鬼神的预言震慑住了他们，他们开始相信陈胜就是未来的王。

陈胜首先除掉了押送他们的两名军官。他让吴广故意对喝醉的军官说要逃跑。军官大怒，当众鞭打吴广，并举剑假装要杀他，吴广趁机夺剑，回身杀掉军官。陈胜就势带领愤怒的民夫杀死了另一个军官。

随后，陈胜召集其他民夫，大声说："我们已经耽误了行程，按照法律会被斩首。即使不被杀掉，在北方打仗也是九死一生。反正去与不去都是死，不如就此起事。壮士不死便罢，死就要死得轰轰烈烈！王侯将相，宁有种乎？"众人齐声赞同。

接着，陈胜筑坛盟誓，打起公子扶苏的旗号，号称大楚。陈胜号令大家要万众一心，推翻暴秦。他们没有武器，就将树枝作为武器，正式起兵。陈胜自立为将军，以吴广为都尉，两人率队一举攻下了大泽乡。

转战南北，最终兵败

陈胜、吴广起义后，很快得到了附近饱受苦难的老百姓的积极响应，他们纷纷为义军送粮食，并举锄加入起义队伍。

在陈胜、吴广的率领下，起义军从大

陈胜大声说："王侯将相，宁有种乎？"众人齐声赞同。

泽乡出发后又攻下了蕲县。随后，陈胜又派兵连克五县，很快把起义的火种带到了中原大地。

起义军打进陈县（今河南省淮阳县）时，军队已经浩浩荡荡：战车六七百辆，骑兵千余人，步兵数万人。

当地的豪杰和名士纷纷劝说陈胜拥立六国后人为王，以此来巩固战果，但被陈胜断然拒绝。随后，起义军建立了张楚政权，陈胜自立为王。起义军乘胜前进，分三路攻秦：吴广西击荥阳，武臣北进赵地，周文进攻关中。

陈胜自立为王，推动了反秦斗争的深入发展。百姓正因朝廷压榨困苦不堪，此时陈胜起义的消息传来，于是各地百姓纷纷攻击官府，斩杀贪官污吏，以此来响应起义军。特别是楚地民众，他们纷纷聚集在一起，准备响应义军。

周文以前是战国末年楚国著名将领项燕的部将，其军事才能非常出众。他率领军队一路过关斩将，军队很快便拥有车千乘，士兵几十万，不久便进抵今陕西临潼境内，逼近咸阳。

秦二世见起义军打到都城附近，十分惊慌，急忙派章邯率领几十万在骊山修墓的刑徒，迎击起义军。周文率领的农民军，虽然英勇作战，但因为孤军深入，加上缺乏训练，没有多少作战经验，所以连吃败仗。最后，周文兵败自刎。

吴广带领的起义军迟迟攻不下荥阳，此时，义军将领田臧又与吴广在军事部署上发生分歧，最后竟然阴谋杀害了吴广。吴广死后，军心涣散。章邯率军攻来，田臧兵败被杀。

接着，章邯率军向陈县扑来，陈胜亲自领导起义军奋力抵抗，但因为兵力太少，不幸失利，败退至下城父（今安徽亳州一带），被车夫庄贾暗杀，庄贾后来投降秦军。闻听此信，陈胜的部将吕臣率领"苍头军"反攻陈县，处决了叛徒庄贾。但此后陈县又被秦军占领。轰轰烈烈的大泽乡起义失败了。

大泽乡起义沉重地打击了秦王朝，开辟了中国古代农民反抗封建统治的道路。

虽然陈胜和吴广领导的农民大起义最终失败了，但作为中国历史上第一次大规模农民战争的领导者，他们必将名垂青史。

刘邦沛县起兵

在大泽乡起义的推动下，农民起义的烽火很快烧遍了秦王朝的各个地区。义军不断攻城拔寨，建立政权，使秦王朝的统治日益瓦解。在这种情况下，沛县的刘邦也起兵抗秦，从而开始了其反秦称霸的人生历程。

志向高远，沛县豪杰

刘邦，字季，秦朝泗水郡沛县（今江苏沛县）人。刘邦为人豁达大度，厌恶读书，虽然爱说大话，但乐于助人。不过，刘邦不愿做农民，所以常被父亲责骂，说他不如兄长会劳动，但刘邦毫不理会。后来，他做了泗水的亭长（相当于村长之类的小官），由于为人豪爽，在当地人人知其大名。

刘邦素有大志。有一次，他在路上遇到了秦始皇率领大队人马出巡。看到秦始皇众星捧月一般坐在豪华的车上，他心里十分向往，便自言自语道："做人就应该像这样啊！"

刘邦之妻是吕公的女儿吕氏，名叫吕雉。吕公和家乡的人结下冤仇后来到了沛县定居，因为他和沛县县令十分交好。

吕公刚到沛县时，很多人登门拜访。刘邦也去了，主持接待的是县吏萧何，他规定礼钱不到一千钱的人到堂下就座。刘邦虽然分文未带，却说："我出贺钱一万！"吕公听说了，赶忙迎接。他一见刘邦就非常喜欢，经过一番交谈后，更是非常看好刘邦的前途，便决定将自己的女儿嫁给他。刘邦正巴不得，便马上应承了下来。

吕雉得知此事后，十分生气，哭诉道："你说女儿将来一定可以嫁入豪门，就是沛县县令都没有资格娶。我本以为你会为女儿找一个公卿贵族，谁知你竟然将女儿嫁给一个无财无势、只会吹牛的人！"但吕公心意已决，吕雉也无可奈何。

不久，刘邦被派去押送犯人，这些犯人是被强迫去骊山服役的，很多人知道到了骊山肯定难逃一死，因此都趁机逃跑了，刘邦也没办法制止。后来，刘邦干脆将所有犯人都放了，让他们赶紧逃命。有些人不愿离开，都表示要跟着他，与他同舟共济。于是，刘邦便带领他们当起了草寇，四处流亡。

据说有一次，他们转战途中，一条大蛇拦住了去路，众人都不敢前进，刘邦怒骂道："我们经历过千难万险，还怕这种东西！"他边说边抽出剑斩杀了此蛇。接着，他们继续前行，走了一段路，刘邦突然感到头晕难耐，于是就地躺倒休息。

过了一会儿，队伍后边的人过来对刘邦说，他看到路边有个痛哭的老婆婆说她的儿子被人杀了。问她原因，她说其子是白帝之子，刚变成蛇便被赤帝之子杀害。人们本以为她是胡言乱语，谁知她说完后竟突然消失了。

听了这些，刘邦欣喜不已，由此也更加相信自己确非凡人。许多人闻听他是赤帝之子，便纷纷前来归附。自此，刘邦之名便传遍了沛县各地。

趁势起兵，举旗反秦

陈胜、吴广起义爆发后，各地百姓纷纷杀官吏，响应起义。沛县县令也想起事，以便继续掌握沛县政权，但他的手下的萧何和曹参反对由他带头起义，因为他们觉得县令的威望不够，到时应者必然少。因此，他们建议拥立当时已经颇有威名的刘邦为首领，以此来号召更多的人加入他们的队伍。

于是，县令马上派人召唤刘邦。但是不久，县令又命人将城门关闭，拒迎刘邦，因为他担心刘邦威胁到自己的权力。不仅如此，他还迁怒于萧何和曹参，准备捕杀他们。得到密报后，萧曹二人立即潜出沛县，随后找到刘邦，叙述了事情的经过。

刘邦闻听后火冒三丈，马上修书一封送到沛县城中。在信中，刘邦尽数县令种种恶行，最后号召人们斩杀县令，开城放他们进去。沛县百姓早就听说过关于刘邦的神奇故事，对他非常敬仰，加上人们本来就对县令很不满，于是杀了县令后开城门迎进刘邦。

接着，众人又准备推举刘邦为沛公，领导大家起义。刘邦推辞说："我何德何能，根本无力担此重任。沛县英雄豪杰应有尽有，希望大家重新找一个人来当此重任。"但是，所有人都说他是赤帝之子，此番领导起义，乃是天意。刘邦见众人确实是真心推举自己，便当仁不让地坐上沛公之位，领导百姓祭旗反秦。

也许刘邦起义之初确实未曾想到自己将来会登基称帝，不过，当他走出第一步时，便已经身不由己地卷入了群雄争霸的洪流中。

项氏揭竿反秦

项梁和项羽是楚国旧贵族，出身高贵，再兼人脉较广，因此吴中百姓对他们颇为敬仰，凡是当地发生重大事件，通常都要请他们出面协调。大泽乡起义爆发后，项梁也顺势以复国为名发动起义，实力日渐强大起来。陈胜死后，项梁便将所有义军联合起来抗秦，沉重地打击了秦王朝的统治。

楚国贵族，趁势举兵

公元前209年，陈胜发动了大泽乡起义，由此点燃了推翻暴秦的导火索。不久，项氏后人项梁和项羽也拉起了反秦的大旗。

项梁是项羽的叔叔，项羽自幼父母双亡，一直和叔叔生活。项羽身长八尺开外，力能扛鼎，但从小便不喜欢读书。于是，项梁便让其学习剑术，学了一段时间后，项羽又没有兴趣了。项梁大发脾气，说他学什么都学不成，将来一定没出息。不料，项羽却自信地说："读书只要会写自己的姓名就可以了，而剑术即使学得再好，那也只能对付几个人。我要学就学那能敌万人的本领。"闻听此言，项梁便开始教他兵法。

后来项梁因故杀了人，为了躲避官府的缉拿，便带着项羽逃亡到江南隐居起来。由于他们叔侄二人既有文才，又有武功，所以当地年轻人都愿意结交他们。无事可做时，项梁便教这些人学习武术和兵法。

秦始皇巡游会稽时，项羽和项梁也站在旁边观看。项羽看着威风八面的秦始皇，非常自信地用手指着秦始皇说："彼可取而代之。"项梁连忙捂住他的嘴说："快别胡说，要灭族的。"但心中暗暗称奇，觉得项羽不同凡响。

陈胜领导的农民大起义爆发后，各地纷纷起兵响应，项梁、项羽杀死会稽郡郡守殷通后，也召集江南八千子弟兵发动起义，以配合陈胜。

横渡长江，向北进军

公元前208年，陈胜部将召平率领所部攻击东海郡的秦军。他率起义军猛攻广陵，但却迟迟攻不下来。正在此时，陈胜被杀的消息传来，于是他马上撤兵，横渡长江，前往项梁营地。到达项梁军营后，召平以陈胜之名封项梁为楚国上柱国，让他马上率领所部渡江抗击秦军。项梁起兵后，已经将江东收复。如今召平让他率军进击秦军，正中下怀，稍事休整后，他和项羽便率领江东八千子弟兵渡江东上。

项梁和项羽本是楚国名门望族之后，在楚地影响力极大，如今以陈胜之名前去抗秦，更是倍感畅快。一到楚国旧地，陈婴便首先率领自己的部队归附，不久当地许多反秦军队也纷纷前来归附。项梁的兵力猛增至六七万人，到这时，未来所向披靡的楚军主力已基本形成。更为重要的是，那些日后名声显赫的谋臣猛将也都在此时加入了楚军，例如谋士范增、骁勇善战的名将钟离昧、一代名将韩信以及张楚政权的吕臣等人。与此同时，淮南地区的英布、蒲将军也率领所部人马前来归附。

重新整编队伍后，各路起义军开始互相合作、互相协调，继续攻击秦朝军队。最先报捷的是项梁义军，他们先在东阿大败章邯，后又在濮阳再次大败章邯。接着，项羽率军又攻克了山东和河南的一些地方。

此时陈胜已死，项梁便在薛城召开会议，希望可以重新选出一个领导人。军师范增对项梁说："陈胜兵败，必有缘由。六国之亡，楚国乃是无辜遭难。楚怀王被骗到秦国，最终客死他乡，楚国人对此十分在意。有人曾说'楚虽三户，必亡秦'，陈胜虽然首举义旗，但他自立为王，因此号召力比较弱。如今，项将军起兵江南，许多楚国的义军都纷纷归附将军，只是因为将军的先人乃是楚国大将，但他们肯定希望将军可以拥立楚王的后代为王，进而复建楚国。"

项梁也有此想法，便准备拥立楚怀王的后代，于是派人四处打探楚怀王的子孙的去处。最后终于找到了在民间生活的楚怀王之孙熊心，随后项梁便会同其他义军将领拥立熊心为王，亦称楚怀王。自此以后，楚地参加起义军的人数日渐增多。看到项梁拥立楚怀王之后，其他五国国王的后代也纷纷复国。

接着，项梁又多次击败大将章邯率领的秦军。最后，他率兵攻入了定陶，又派刘邦和项羽带领军队向西进军。

项梁自从渡江以来，连战连捷，但是在胜利面前，他渐渐滋长了骄傲情绪和轻敌思想。在他的感染下，三军将士亦是如此。在项梁缺乏戒备的情况下，章邯趁雨夜偷袭定陶，并击杀了项梁。

虽然腐朽的秦王朝并不是项梁直接率军推翻的，但是，各路起义军就是在他的组织下实力大增。因此也可以说，他为消灭秦王朝作出了巨大的贡献。

秦末大将章邯

秦末农民起义轰轰烈烈开展起来后，秦朝名将章邯便成为镇压农民起义军的急先锋。章邯的军事才能确实非常出众，他谋略过人，曾击败许多义军。正是因为有他，才使秦王朝灭亡的脚步减缓了。但是，秦朝的腐朽统治已经走到了尽头，无论章邯如何英勇，都无力回天。

义军蜂起，率军镇压

章邯，秦朝末年名将，担任过少府之职。

公元前209年，秦二世眼见陈胜部将周文领导的起义军逼近都城咸阳，于是立即以章邯为帅，命令他带领骊山修墓的刑徒阻击起义军。在此后的数次战役中，章邯都率部取得了胜利。他的胜利使秦朝得以苟延残喘。

章邯消灭张楚政权后，挥师北上，将进攻的目标锁定在魏国。章邯击魏，事先已经有所计划。经过激烈的战斗，魏军彻底失败。魏王魏咎知道城必破，便投降了秦军。一切谈妥后，魏咎自焚而亡。那个时代，军队一旦攻破坚守不降的城池，通常都会屠杀全城百姓。魏咎之所以投降秦军，只是为了保全全城百姓之命，堪称仁义；投降后，他又放火自焚，维护了一国之主的尊严，堪称壮烈。

灭亡魏国后，章邯继续发兵攻打齐国。此时，齐王田儋已然身死，田儋之弟田荣继位。

面对章邯大军的咄咄逼人之势，田荣率部后撤。为了能够顺势剿灭齐国，章邯率军急追田荣，追到东阿时，终于追上了。

项梁闻听田荣陷入章邯大军的包围中，非常焦急，便率领所部北上救援田荣，并在东阿大败章邯军。章邯率军撤往濮阳，项梁则紧追不舍，追到濮阳后，再次击败章邯军。此时章邯军一分为二，其中一部撤入城阳，另一部则在章邯的带领下撤入濮阳。

濮阳是军事重镇，紧靠黄河渡口。章邯在濮阳筑护城壕，引黄河水，准备坚守此城。他的目的很清楚，就是要控制后勤通道——黄河渡口，然后寻机再战。

败于义军，归附霸王

秦军自出函谷关，一路势如破竹，未遇强敌，鲜有败绩，但是在东阿城下，却被打得大败而逃，到了濮阳，竟然又被击败。章邯被围困于此，心里甚是难受。

秦二世看到章邯屡败，便派人前来问罪。章邯担心赵高在朝内诬陷自己，便派长史司马欣秘密前往朝廷面见赵高。但是，赵高拒不接见。司马欣明白赵高已经对主帅有意见，急忙赶回军中。他深知危险重重，因而没有走原路。就在他走后，赵高果然派人前去截他，但没有找到他。

司马欣到了军中，对章邯说："赵高在朝廷肆意妄为，下面的人无法成事。如果我们屡打胜仗，赵高必定嫉妒；仗打不赢，又免不了被处死。希望将军深思熟虑。"

就在这时，陈余来信道："白起是秦国名将，为秦国攻城略地，功勋卓著，最后却竟然被赐死。蒙恬击败匈奴，开疆辟土，最终也被逼死。为什么呢？只因他们功劳太高，朝廷不能按功行封，只得害死他们。现在全国各地都有起义军，你能够将他们全部剿灭吗？赵高为陛下所宠幸，如今天下到处都是起义军，他为了推脱责任，肯定要以将军之命来向陛下请功，以此来避过。何况你常年在外带兵，朝中大臣都与你关系不佳，你现在的处境是，不管打胜打败，都难逃死罪。再说，秦朝气数已尽，没有人能够挽救。现在，朝内怀疑将军，朝外又处境险恶，实在可悲啊！如今之计，将军只有与起义军议和，倒戈反秦称王，才是最佳出路。反秦做王还是被害而死，将军慎重选择！"章邯看后，认为自己的处境确实如此，便决定倒戈。

随后，项羽召集各路将领集会，因军中粮草日渐短缺，因此准备和章邯议和。于是，项羽与章邯及其部下会师于桓水南岸，筑坛结盟，签订协定。章邯面见项羽时痛哭失声，讲述了被赵高逼迫的无奈，项羽就立章邯为雍王，将他安置在楚军营中。

公元前205年，章邯被刘邦击败，围困于废丘城。不久，韩信用计水淹城池破城，章邯拔剑自刎。

正所谓乱世出英雄，章邯即是乱世中的英雄。他曾默默无名，但在秦末农民起义爆发后，他以非凡的军事才能显耀于朝廷。他一生中最为辉煌的功绩，就是为暴秦镇压了起义军。作为军事统帅，他确实非常杰出。

巨鹿之战

　　章邯击败陈胜后，立即率军攻击河北的起义军，经过一番角逐，秦军最后包围了起义军。在此危急时刻，项羽带兵前来营救，而刘邦则率军西击秦军，攻打关中。在秦军远远多于起义军的情况下，项羽以惊人的胆魄，"破釜沉舟"，在巨鹿击败了秦军。巨鹿之战不仅沉重打击了秦军主力，也为刘邦牵制了秦军主力，使他顺利攻下了咸阳。

章邯破赵，义军被围

　　项梁死后，章邯决定撤出黄河以南地区，平定赵国，因为他觉得楚军已然元气大伤。随后，章邯击败赵军，占领其都城邯郸。赵王歇退守巨鹿城，章邯命王离部包围巨鹿，自率大军屯兵巨鹿以南的棘原，修通道补给王离大军。

　　赵王歇遣使求救于楚军。为避免反秦武装力量被各个击破，楚怀王分兵两路：一路以宋义为上将军、项羽为次将军、范增为末将，率军北上救赵，桓楚、英布、蒲将军等楚将亦同行；另一路兵马由刘邦率领西进关中。楚怀王明言："先入关中者王之。"

　　楚军到达今山东曹县一带后，宋义就驻兵不进，企图坐观秦赵相斗，待其两败俱伤后坐收渔翁之利。项羽一再建议立即渡漳河救赵，与赵军内外夹击以破秦，否则以秦之强必灭赵。宋义不听，反驳道："牛虻斗牛，志不在虮虱。楚军目的在于灭秦，不在救赵。眼下秦军攻赵，战胜则马乏兵疲，我军可趁机胜之。秦军若败退，我军也可乘势西进，直接进攻关中，一举灭秦。因此，秦赵先斗，楚作壁上观，乃是上策。"宋义随后下令，军中如有不从命者皆斩。

　　当时天气很冷，又下起了大雨。楚营里军粮接济不上，兵士们受冻挨饿，都抱怨起来。宋义却和部下饮酒作乐。项羽看到后非常生气，说："身为将军，就应该鏖战于沙场，誓死攻击敌军。如今军营里没有粮食，上将军却按兵不动，自己喝酒作乐。这样不顾国家，不体谅兵士，哪里像个大将的样子。"众兵将闻听，也非常气愤。

　　宋义和齐国的关系一直很好，因此决定将儿子推荐到齐国担任要职，齐国也同意了。高兴之余，宋义决定要亲自送儿子一程。到齐国和楚国的边境无盐县后，宋义又在此摆宴大肆庆祝。

无盐县紧邻齐国，而宋义大军就驻扎在安阳，安阳位于无盐西南。宋义将儿子送到无盐的消息被楚国兵将得知后，士兵们都产生了强烈的抵抗情绪。无盐之行是宋义致命的错误，但对于项羽而言，这是一个绝佳的夺权机会。

有一天，项羽对众将道："大家觉得当秦军和赵军大战时，我们可以坐收渔翁之利吗？我认为这绝对不可能。但宋义却是这么认为的。你们都明白，秦军实力十分强大，赵军最后肯定失败。一旦赵军失败，秦军肯定士气大振，到时我军将很难战胜。再说宋义每天都在饮酒作乐，不关心士兵的死活，他根本就不是一个合格的统帅！"

众将都赞同他的看法，开始责骂宋义。项羽见此情景，马上闯入宋义帅帐，抽剑杀死了宋义，接着召集三军将士，大声说道："宋义身为统帅，却驻兵在此，不去营救赵军，其实他想谋反，幸亏被我察觉，我已经斩杀了此贼。"众将士闻听宋义被杀，均高声欢呼，并立即推举项羽代替宋义为上将军。随后，项羽马上率军渡过漳河，抢占对岸阵地。

破釜沉舟，秦军大败

渡河后，项羽下令烧毁军营，将军中所有做饭的炊具一律砸碎，并将所乘船只凿沉，每人只带三日干粮，以示誓死决战的决心。看到既无多余之粮，又无战船，楚军将士明白，如今已是无路可退，只有击败秦军，才有生存的可能。接着，项羽率军和王离的秦军展开了殊死搏杀。

其实，当时有众多兵马前来救援赵国。但是，慑于秦军之威，都按兵不动，静观其变。当他们看到楚军和秦军激烈的战斗后，全看呆了。楚军士兵舍生忘死地冲杀秦军，使前来救援赵国的各路兵马吓得浑身颤抖。楚军大胜后，邀请他们到军营相见，他们一进大营，便不由自主地跪地而行，连抬头的勇气都没有。

此战中，秦将苏角战死，王离被俘。自此，各路反秦将领皆臣服于项羽，各路诸侯也都纷纷表示听命于他。

巨鹿大战中，义军一举歼灭了秦军主力，扭转了整个农民战争的战局，对于灭亡秦王朝反动腐朽的统治具有决定性的意义。自此以后，秦王朝已经名存实亡。

刘邦入关亡秦

在巨鹿之战进行的同时，刘邦所部正在向西进发。巨鹿之战牵制了秦军主力，所以刘邦在西进时受到的抵抗较少。他沿途收编了许多地方武装，也招降了许多郡县，最后非常顺利地逼近了咸阳城。面对强大的起义军，秦王子婴最后无奈出城投降。于是，中国历史上第一个大一统的封建王朝宣告灭亡。

刘邦西进，兵临咸阳

项羽大战秦军时，刘邦正率军西进。刘邦大军所到之处，那些曾被秦军打败的义军游兵纷纷前来归附。此外，各地的许多反秦力量也都归附于刘邦，因此刘邦的大军日渐强大。

公元前207年初，刘邦率军攻取了陈留（今河南开封东南）的粮仓，使得大军的粮草问题得以彻底解决。

一个月后，刘邦率军攻打开封。但此地秦军寸土必争，刘邦只好转道北上东郡，到达白马津时，却遇到了秦将杨熊，于是又是一番大战。最终，秦军大败而逃。刘邦一直追到今河南中牟一带，最终将杨熊军逼至荥阳，杨熊最后被朝廷下令处死。随后，刘邦所部顺利攻至南阳城。

同年夏，起义军大败秦军，秦军溃退宛城。刘邦急于西进，军师张良劝道："秦军在关中的兵力十分强大，且占据着武关，对我们非常不利。现在若贸然进军，必定难以取胜。虽然秦军在南阳大败，但其主力尚存，如今南阳尚未攻克，若我军不顾南阳而西进，就会受到秦军的两面夹击。到时我军将无路可退，危险至极，望主公三思。"刘邦听后，立即将本军旗帜全部换成秦军旗帜，然后率军连夜急行，绕道前往南阳，在黎明时分包围了南阳城。

南阳守将眼看城破在即，便要拔刀自刎。军师陈恢拦住了他，自动请缨，说愿意前去说服刘邦，签订和约。随后，他翻城而下，面见刘邦，说："听说怀王曾与众将军约定，谁先入关，谁就可以称王。现在，如果将军要攻下南阳，恐怕要耗费一些时间，城中百姓听说降者必死，因此肯定会死守城池。若将军率军西进，宛城秦军肯定会追击将军，这也可能导致别人抢占先机，先入咸阳。如果将军能与南阳签订和约，让郡守依旧守城，让士兵归附将军。这样，南阳自然就会开城迎接将军，到时将军便可顺利进入武关。"

刘邦听后欣喜不已，立即同意了陈恢的提议。随后，他让南阳郡守继续镇守南阳，并封其为侯，另封陈恢为千户。接着，刘邦下令，所有将士进入南阳城后，如有奸淫掳掠者一律处斩。百姓听说后，自然欣喜。此后，沿途的秦将大部分都被刘邦招降，就连秦朝各地的王爷也投降了。

子婴出降，秦朝灭亡

不久，刘邦率军兵临武关，并很快拿下了武关。武关失陷，咸阳必将不保。赵高看到咸阳危在旦夕，便派人阴谋杀害了秦二世，然后派人到刘邦军中谈条件。赵高的条件是，自己投降后，能够担任关中王。刘邦听后，立即就拒绝了。没过几天，赵高便被秦王子子婴设计斩杀。公元前207年秋，刘邦率军兵临灞上，而灞上正是咸阳城的最后一道屏障。

刘邦大军压境，子婴情知败局已定，便带玉玺亲自前来请降。军中众将希望刘邦斩杀子婴，以平民愤。但刘邦没有同意，他认为，正是因为自己宽容大度，楚怀王才让自己带军西进。何况子婴是主动来降，如果杀了他，必会引起民众反感。于是，刘邦允诺了子婴的请求，率军入驻咸阳。至此，秦亡。

刘邦进入咸阳后，马上就被豪华的宫殿楼阁、夺目的金银财宝和倾国倾城的后宫佳丽所迷惑，这些以前见所未见的东西彻底让他陶醉了，于是他想长驻此地。看到刘邦沉湎于酒色赌气之中，军师张良等人便劝他应以大局为重，现在咸阳已成众矢之的，万万不可贪恋此间财物。刘邦听后幡然醒悟，立即封好金库，回兵灞上。为阻止其他人马入关，他随后又在函谷关布下重兵。

几天后，刘邦召集各县有威望的父老豪杰到灞上，说："你们已经吃尽了秦朝的苦头，议论一下朝政就会被满门抄斩，探讨一下时势就要被杀头，这太残暴了。现在，我和大家约法三章：第一，杀人要偿命；第二，打伤人要治罪；第三，偷盗的要判刑。除此之外，秦朝的法律一概废除。我是替父老们除害来的，决不会坑害大家，希望大家回去后把我的话转告百姓们。"

老百姓听说刘邦对他们如此宽大仁慈，便争先恐后地拿着牛羊肉、酒和粮食去慰劳士兵，刘邦再三推辞。老百姓看到刘邦如此爱护他们，都希望他能够永远在关中做王。在这种形势下，有人建议刘邦增兵函谷关。他们认为，只要将函谷关守住，其他军队便无法入关，这样一来，刘邦便自然成为关中之王了。刘邦听后激动不已，马上加派兵力镇守函谷关。

自此，一统天下的大秦帝国正式退出了历史舞台。

楚汉争锋

鸿门宴

闻听刘邦欲做关中王，项羽大怒。在项羽看来，如果不是自己击败秦军主力，刘邦必定无法顺利入关，如今，他竟想做关中王，丝毫不把自己放在眼里，简直是胆大包天，因此决意向其问罪。刘邦明白自己还不是项羽的敌手，所以前往项羽军中请罪。于是，项羽便摆上了杀机暗藏的鸿门宴。鸿门宴过后，反秦斗争宣告结束，但刘邦与项羽之间的楚汉之争却正式开始了。

刘邦入关，项羽恼怒

项羽率军到达函谷关时，函谷关已经被刘邦占领。项羽看到关门紧闭，又听说刘邦已经接受了秦王的投降，而且还广纳秦军兵将，封闭所有入关通道，非常愤怒。

于是，项羽命令英布率军攻打函谷关。经过一番激战，英布很快便将函谷关拿下。随后，项羽率领大军进驻鸿门（今陕西临潼东），意图消灭刘邦军。

这时，亚父范增建议项羽抓住时机，急速出击，消灭刘邦。他的理由是，刘邦本是一个贪财好色之徒，但是他入关之后，却未将金库据为己有，也未将秦朝的后宫佳丽纳为妾室，由此可见，他必有长远打算。

刘邦大军的驻地距离项羽的军营较近，因此来往十分方便。一天，刘邦军中的叛徒曹无伤派人前往鸿门面见项羽，将刘邦的一些具体情况，例如刘邦欲做关中王、封秦王子婴为相、将秦宫珍宝据为己有等凡是涉及到刘邦大军的秘密，全部报告给了项羽。

项羽本来就对刘邦派兵镇守函谷关拒绝自己入关之事气愤不已，如今闻听此言，更是火冒三丈。大怒之下，他命令三军做好准备，次日一早便出兵攻打刘邦。

项羽的叔父项伯平时和张良十分要好，他担心项羽攻打刘邦时杀害张良，便连夜骑马赶到刘邦军中私会张良，将项羽准备攻打刘邦的事情告诉了张良，想叫张良和他一起离开。

张良对项伯说："我受人之托辅助沛公，如今沛公有难，我单独逃跑是不讲道义的，我必须将此事告诉他。"

项伯看他心意已决，便默许了。

于是，张良随后就把项伯说的情况详细告诉了刘邦。刘邦听完大吃一惊。

张良说："以目前情况来看，主公能够抵挡住项羽的攻击吗？"

刘邦坦白地说："不能。"

张良说："我也这样想。敌方势力强大，我们不能与其硬拼，只能忍辱负重，向项羽示弱，因此，主公应该先向项伯表明自己忠于项羽的决心。"

刘邦赞同张良的看法，随后便接见了项伯，故作诚恳地说："我进入关中后，连极少的财物都不敢据为己有，金银珠宝、珍玩美器全都记录在册，登记封存，以等待项将军的到来。另外，我之所以派遣官兵去把守函谷关，那是为了防备盗贼和防止意外发生。我日日夜夜盼望着将军的到来，怎么敢反叛呢！希望您将我的心意告诉项将军，我并非忘恩负义之人。"项伯见他言辞恳切，便答应了。

随后，项伯回到了项羽的军营，把刘邦的话详细地报告给了项羽，并趁机为刘邦说情，说刘邦非常忠心，并没有反叛之意，还要亲自前来请罪。

于是，项羽取消了作战部署，答应和刘邦面谈。

项庄舞剑，意在沛公

第二天，刘邦带领一百多人来见项羽。到达鸿门后，只见军中旗帜招展，戒备森严，来到项羽帅帐时，宴席已上，座位已定，上席坐着项羽和项伯，次席坐着范增。刘邦被安排在范增对面的席位上，张良则被安排在末席，身后便是帐门。

众人入席后，刘邦恭恭敬敬地向项羽谢罪，并说自己是如何如何的忠心，绝对不会背叛项将军。项羽看到刘邦如此谦卑，心中十分得意，便不再怀疑刘邦。

接着，项羽明确表示将撤销命令，不再攻打刘邦。刘邦听后自然欣喜万分，并说此次误会都是奸人挑拨，希望以后大家可以和平相处。项羽被刘邦的好话冲昏了头脑，竟然说："所有的事情都是你的左司马曹无伤说的。不然的话，我怎么会这样呢？"范增闻听此言，吃惊不已。

看到项羽原谅了刘邦，范增十分气愤，他多次给项羽使眼色，让项羽斩杀刘邦，但项羽均视而不见。想到刘邦的狡猾，范增决心除掉刘邦，认为不这样做，日后项羽必然死在此人手中。仔细思量一番后，范增便出了大帐。

范增出去召来项庄，项庄是项羽的堂兄弟。他对项庄说："主公心肠太软，不忍下手杀掉刘邦。你进去上前祝酒，祝酒完毕，你就请求舞剑助兴，顺便把刘邦杀了。不然的话，你们将来都会成为他的俘虏！"

项庄就进去祝酒。祝完酒，他对项羽说："主公和沛公饮酒，军营里没有什么可以用来娱乐，请让我舞剑助兴吧。"项羽允诺了。

项庄就拔出剑舞起来。这时，项伯看出项庄舞剑意在沛公。于是，他也请求舞剑助兴。项庄边舞剑边寻机刺杀刘邦，但项伯常常用自己的身体掩护刘邦，因此项庄始终得不到机会。

面对眼前的刀光剑影，刘邦吓得冷汗直流。

借故离席，逃归大营

随后，刘邦借口如厕走出大帐，不一会儿，张良也来到帐外。张良让刘邦立即回营，刘邦虽然有点犹豫，但在张良等人的劝说下，还是决定马上返回灞上，让张良留下向项羽辞谢。

张良问道："主公来时带些什么礼物？"

刘邦说："我拿来一对白玉璧，准备献给项王；一对玉酒杯，要送给范增。刚才正赶上他们发怒，不敢献上去，你替我献给他们吧。"

张良说："遵命。"

张良估计刘邦快到大营时，才进去辞行，说："沛公酒量小，已经醉了，不能前来告辞。谨叫我奉上白玉璧一对，敬献给霸王；玉杯一对，敬献给大将军。"

项羽接受了白玉璧，放到座位上。

范增拿过玉杯后便丢在地上，拔出剑砍碎了它，说："唉！这小子不值得和他共谋大业！日后夺走项王天下的一定是沛公，我们将来都会被他俘虏。"

刘邦返回灞上后，便斩杀了曹无伤。

鸿门宴上众人表面把酒欢歌，实则暗藏杀机，各怀鬼胎。鸿门宴的结束，宣告了楚汉战争的开始。

西楚霸王项羽

刘邦返回灞上后，项羽便率军将咸阳洗劫一空，他将秦朝宫殿统统焚毁，将金库中的财物全部据为己有。随后，他又自称西楚霸王。接着，他将各路诸侯分封为王，刘邦被封为汉王。项羽自以为天下无敌，可以称霸中华了，便率领大军返回了彭城。但是他在咸阳的所作所为，致使百姓对他很是失望，也使许多诸侯心生不满。

火烧秦宫，自封霸王

在鸿门宴上，项羽提出了诸多苛刻的条件，要求刘邦将咸阳和关中交由自己管辖，将秦朝遗民全部交由自己处理，同时要求刘邦驻军灞上，但只能带领原先的部队，而且要听令于自己，刘邦都爽快地答应了。其实，项羽之所以始终没有同意范增斩杀刘邦的计划，其妇人之仁是一方面的原因，最直接的原因还是刘邦彻底接受了他的所有条件。鸿门宴后，项羽成为所有反秦军队的统帅，随后便率军从鸿门前往咸阳。

项羽与刘邦不同，他并没有被咸阳城富丽堂皇的宫殿所迷醉，进入咸阳城后，便回忆起当年楚怀王（非项梁扶持的楚怀王）被骗入秦最终客死他乡以及项梁惨死于秦军的往事，这些国恨家仇让他对秦朝愤恨不已。大怒之下，项羽在处死子婴后，又放火焚烧秦宫，大火一直烧了三天三夜。

这时，又有人提出，残害六国百姓的不只有秦王，还有秦国的官员。于是，项羽下达命令，将秦国官员和贵族统统处死。一时间，咸阳城血流成河。秦国百姓看到此种惨况，人人自危。此时此刻，项羽在他们眼里与暴君无异。

这时，一个叫韩生的人对项羽说："关中自古以来便是兵家必争之地，此地易守难攻，进可攻退可守，并且物产丰富，如果想一统天下，就必须占领关中。"项羽闻听，说道："人们一旦发达了，就应该回家乡。否则就如同穿着华丽的衣服走夜路，根本没人看得见。"韩生出去后，气愤地说："早听说楚人虚有其表，胸无大志，果然如此！"项羽得知后，便杀了韩生。

当初追随项羽西进灭秦的所有诸侯都盼望灭秦后可以受封为王。在这种形势下，项羽决定按功劳大小重新划分领地，便让人前去请示楚怀王，怀王让他按原先的约定处理。项羽闻听，气愤地说："怀王没有丝毫战功，根本没有资格处理天下大事！当初，我们为了合力推翻暴秦，才拥立他为王。但是，众所周知，灭亡秦朝是我们南征北战了三年之久才实现的，可以说，灭秦的最大功臣是我和诸位。"各诸侯的利益与项羽一致，所以都表示支持项羽。

紧接着，项羽便召开了各路诸侯参加的会议，在此次会议上，项羽尊楚怀王为"义帝"，自封为西楚霸王，然后按自己的喜好分封了十八路诸侯，其中以汉王刘邦、九江王英布最为著名。但是，项羽分封诸侯时"任人唯亲"，所以此举不但没有统一各路诸侯，反而加剧了他们之间的矛盾。

诸侯反叛，霸王平乱

分封完毕，项羽命令诸侯们前往各自的封地。诸侯们虽然很气愤，但在项羽的威慑下，都率部赶往自己的封地。项羽也率部带着从咸阳宫中抢来的财宝和美女返回老家彭城（今江苏徐州）。他的所作所为，使百姓们失望至极。

不久，齐将田荣最先起兵反对项羽，他首先将齐王田都驱逐出境，接着将胶东王田市斩杀，随后又派部将将济北王田安杀害。至此，齐国辖地都被田荣占领，田荣自立为齐王。田荣反叛不久，陈余也起兵反叛，他认为自己和张耳地位平等，但张耳被封侯，自己却没有任何封地，他不服，所以联合田荣赶走张耳，占领了赵国封地。接着，他又将赵国分为赵国和代国，自己做代王。

田荣和陈余反叛后，项羽十分震怒。不过，在他眼中，刘邦才是最大的威胁。因此，他将关中大地一分为三，分别由秦降将章邯、司马欣和董翳镇守，"三秦"之称就是由此而来。之所以如此分配，就是为了让他们牵制刘邦。

刘邦率军前往封地前，张良建议刘邦在到达封地后，一定要将通向汉中的栈道全部烧毁。刘邦大吃一惊，忙问这是为何，张良说，这样做既可以消除项羽对你的猜疑，也可以断绝其他王侯袭击汉中的念头。

刘邦照做后，张良赶去对项羽说："现在汉王已经前往封地，而且将通向外边的栈道全部焚毁了，可见他决定常驻汉中。如今田荣起兵反叛，我建议您立即率军镇压。"项羽听后，表示赞同。从此他不再派人监视汉王，而是率军前去讨伐田荣。

刘邦到达汉中后，立即任命萧何为相，曹参、樊哙、周勃为将军。同时，他下令发展生产，操练士卒，开始为将来争霸天下做准备。

项羽在咸阳城的疯狂屠杀，已使其丧失了民心；在分封诸侯时，任人唯亲的行为更引起了很多人的愤慨。项羽的所作所为，注定他难成天下之君。

汉王定三秦

当初，楚怀王曾与众诸侯约定，谁先入关，谁就为关中王。刘邦最先入关，然而，项羽却没有遵守约定封其为关中王，刘邦为此十分气愤。但项羽实力强大，他也只能忍气吞声。后来，刘邦终于抓住时机，率军将关中大地全部占领。自古以来，关中就是兵家重地，占领关中后，刘邦开始了东进争夺天下的步伐。

韬光养晦，平定三秦

进入封地后，刘邦立即下令整饬军备，储备军用物资，积极为东进做准备。在此期间，刘邦得到了一位杰出的军事统帅——韩信。

韩信，淮阴人，出身于贫穷之家，既受过乞讨之罪，又受过胯下之辱。反秦起义爆发后，他便加入了项氏义军，担任郎中。他虽谋略过人，但却从未受到重视。刘邦率部入汉中时，韩信便投于刘邦麾下，被任命为大将。

韩信为将后，为刘邦分析道："主公如果想一统天下，那就必须将三秦大地拿下，因为三秦的战略作用非常重要。可以说，占据三秦是夺取天下的基础。"刘邦认为韩信的分析非常正确，于是决定按照他的建议行事。

经过分析，刘邦等人一致认为攻打三秦一定能成功，原因有三：

第一，军队的士气十分高涨。军中的士卒大都是山东人，他们时刻盼望回到故乡。因此现在应立即出兵攻打关中，然后兵临彭城，与项羽一决雌雄。胜利后，士兵们便可以返回家乡了。士兵们在归乡情绪的激发下，士气一定会高涨。

第二，三秦百姓可用。当年，三秦王率领众多三秦子弟东征义军，结果死伤惨重，这使当地百姓心痛不已；再加上项羽曾将二十万秦军坑杀，又在咸阳城烧杀掳掠，肆意妄为，已经让三秦百姓对其愤怒不已。至于三秦王，更是被当地百姓恨之入骨。因此，即使三秦王作战凶悍，但只要收拢民心，必可攻克三秦，拿下关中。

第三，可以利用诸侯们因项羽分封不公而引起的不满情绪。当初，项羽打着"按功分封"的旗号，实际上却是"因亲分封"，这引起众诸侯的不满，分封完毕后，各诸侯王之间便开始了争夺封地的大战。在这种情况下，趁诸王混战之机出兵汉中，必定能够拿下三秦。

于是，刘邦开始整军备战，攻打三秦。

公元206年秋，韩信、曹参和樊哙出兵南郑，转向故道（今陕西凤县境内），迂回至章邯军侧后发动突然攻击，获得全胜，汉军迅速推进到陈仓（今陕西宝鸡东）附近。章邯感到形势严峻，立即率军驰援陈仓，结果被汉军一举击败。首战失利，章邯命军队分向废丘（今陕西兴平一带）和好畤（今陕西乾县东）两方撤退。汉军乘胜追击，再次大败章邯军。章邯率领残军退往废丘，但又被汉军追上并包围。

与此同时，汉军分兵三路攻打其他三秦要地。一路由周勃率领，在攻克漆县（今陕西彬县）击败秦将章平（章邯弟，一说章邯子）和姚印后，又占领了陕西陇县和甘肃一些地方，一路势如破竹；另一路由靳歙和郦商率领，先后占据了陇西诸郡；第三路由灌婴率领，兵临栎阳（今陕西临潼一带）后，塞王司马欣出城投降；接着汉军北上上郡（今陕西榆林南），翟王董翳也出城投降了。

至此，汉军攻占关中大部，基本实现了平定三秦的目的。

采取措施，巩固后方

为了巩固战果，刘邦在占领关中后，采取了众多措施。

第一，在平定三秦后，刘邦马上攻克陇西，并不断地向北进军，生擒章平。稍事休整后，刘邦亲率大军出关，击败河南王申阳和韩王昌的军队。这样一来，函谷关外到河西的广大地区，都已经成为刘邦的。

第二，设都建国，建立政权机构以统治辖地。公元前205年，他将栎阳定为国都，并将辖地按郡县制重新划分。此外，他还设置了政权机构，并任命了行政官员，在地方上分别设置县令、丞、尉；在县、乡中则设立"三老"，所谓三老，就是指当地五十岁以上的有威望的人，三老的职责就是协助当地官员管理地方上的教化事务。

第三，招纳降军，扩充实力。平定三秦后，刘邦发布诏令：谁若率部或以郡来降，就封谁为万户侯。面对如此优厚的条件，沛郡人王陵首先率部归降刘邦；接着，张耳率领残部也投奔而来。

第四，减轻人民负担，发展农业。刘邦下令整修河道、释放犯人、分割秦朝皇家园林的耕地于百姓；免除关中百姓两年租税，免除关中士兵一年赋税。

第五，废秦立汉，对关外百姓施恩，加以安抚。

以上措施的实行，使当地百姓尽享福泽，也使刘邦得到了关中百姓的拥护。如此一来，关中便成为其根据地，为其击败项羽、一统中华奠定了基础。

楚汉分界

刘邦占据关中后，率军出关大战项羽。初战时，刘邦连吃败仗，连家人都被项羽所擒。后来，刘邦逐步占据了优势，而项羽却陷入了兵穷粮尽的困境。无奈之下，项羽只得与刘邦划分辖地，签约议和。其实，划分"楚河汉界"只是刘邦的权宜之计，他早就立下了消灭项羽、一统天下的决心。

号召诸侯，讨伐项羽

关中安定后，刘邦发现项羽已经陷入齐赵联军的夹击，他认为出兵争夺天下的时机已经到来，所以决定出关东进。就在这时，义帝被项羽阴谋杀害，刘邦闻讯后，痛哭不已，随后宣告天下，希望天下诸侯合兵一处，共同讨伐项羽。这样，刘邦便在舆论上抢得了先机。接着，他以为义帝发丧为名，派人联络诸侯，公开声讨项羽，从而拉开了楚汉战争的序幕。

公元前205年春，刘邦率领灌婴、曹参等进攻魏王豹，魏王豹投降，并与刘邦合兵攻击殷王司马卬。汉军犹如神兵天降，司马卬事前并未做任何准备，所以临战便败，也投归刘邦。很快，刘邦便占据了河内地区。

形势对项羽非常不利，此时他仍陷于齐地无暇回顾。于是刘邦乘机率领军队渡过黄河，占领了洛阳以东的广大地区，接着一举攻占彭城。项羽闻讯后，急率精兵支援彭城。双方在彭城西遭遇，刘邦大军虽有六十万，但最后却全部溃逃。不久，汉军又在沛县大败，死伤惨重；接着，双方又在彭城睢水上大战，汉军大败，汉军尸体堵塞了睢水。最后，刘邦被项羽军团团围困。在无路可退之时，突然大风骤起，碎石横飞，转眼间，天地昏暗，漆黑一片。项羽军中乱成一团，刘邦乘乱逃出重围，赶到下邑，遇到了内兄吕周的大军。而各诸侯王见楚强汉弱，便又纷纷背汉附楚。

随后，刘邦退往荥阳，军队得到萧何征得的关中兵员的补充，韩信此时亦率援军赶到。刘邦率军在荥阳南打败楚军，阻遏了楚军的西进攻势。此后，楚汉双方便在荥阳地区进入了相持阶段。

刘邦为打开局面，全力争取项羽手下大将英布，通过各种方法联合反楚力量。项羽也数次派人切断汉军运粮通道，并最终围困了汉军。

眼见走投无路，刘邦便准备与项羽议和，并提出以荥阳为分界线划分领土。项羽认为此条件可以答应，但范增坚决反对，认为现在正是消灭汉军的最佳时机，若纵虎归山，将后患无穷。项羽只好继续围攻荥阳城。刘邦见范增破坏了议和之事，非常生气。为了除掉他，刘邦用陈平的反间计，使项羽开始怀疑范增。此后，凡是范增的计谋，项羽都不予采纳。范增无奈，只好踏上了返乡的旅程，却病逝于途中。自此，项羽身边便再无擅长谋划之人了。

随后，项羽猛攻荥阳，此时刘邦已无路可逃。这时，汉军大将纪信决定假扮刘邦，投降项羽。当化装成汉王模样的纪信坐在一乘龙车上出降时，刘邦等人便乘机突出重围。项羽知道上当后，气愤至极，下令烧死纪信以泄恨。

相持不下，鸿沟分界

项羽占领荥阳后，立即率军奔赴成皋（今荥阳西汜水镇），并一举攻克。不久，成皋又被刘邦夺回。项羽回师救援，结果双方又在荥阳相持不下。

汉军依仗险要地形，坚守不战。双方对峙数月后，楚军粮食缺乏，陷入被动。而刘邦则有萧何不断地补充粮草。为打开局面，项羽以烹煮刘邦之父刘太公（刘太公与刘邦之妻吕雉在彭城之战中被项羽所俘）相要挟，逼迫刘邦出城投降。刘邦干脆耍起无赖："我和你曾'约为兄弟'，所以我的父亲就是你父亲。你一定要煮我父亲，就请便吧，不过别忘了给我留碗肉汤。"项羽听了气得七窍生烟，下令将刘邦的父亲杀死。旁边的项伯忙劝道："将军，现在谁能得天下还很难说，何况争天下的人都是不顾家人生死安危的，杀了他的亲人也起不到什么作用，相反倒会增加双方的仇恨。"项羽只得作罢。

之后，项羽又约刘邦单打独斗。刘邦大骂项羽，历数他的种种罪状，如违背咸阳之约、杀死首领宋义、杀死秦王子婴、坑杀秦卒二十万、暗害义帝等，还说要率领众将领诛杀项羽。项羽听得火冒三丈，拉弓射了刘邦一箭，结果正中刘邦的胸部。刘邦为了稳定军心、迷惑项羽，便故意弯腰摸脚道："真是蠢物，射技太差了，只能射到我的脚趾。"项羽无计可施，只好率军回营。

楚汉双方一直对峙了一年多，因有关中和蜀地的支援，刘邦逐渐占了上风，而项羽则逐渐兵源缺乏，粮草不足，难以抗敌。在这种情况下，刘邦让项羽释放自己的家人。迫于无奈，项羽只好答应，并和刘邦签了停战协定：楚汉以鸿沟（今河南荥阳、中牟和开封一线）为分界线，东西分治，东归楚，西归汉。

楚汉分界是项羽走向衰弱的标志，此时，他已无法摆脱失败的命运。

埃下之战

划分"楚河汉界"后，项羽已经丧失了战略优势，但他深信鸿沟和约之力，对汉军没有丝毫戒备便率军后撤，这便给了刘邦乘势追击的机会。面对刘邦大军的咄咄逼人之势，项羽决定退守垓下，不返江东，这是一个重大的战略失误：其实，项羽并不是已经无路可退，但他却顽固地与刘邦对峙，最终导致楚军陷入汉军的重重包围之下。

撕毁和约，攻击霸王

项羽签约后，便马上领兵，回归后方基地。此时，占据齐鲁大地的韩信也已经自立为齐王。

项羽走后，刘邦本来也打算领兵回关中。但是，张良和陈平极力劝说刘邦趁机灭掉项羽，因为这时项羽缺粮少兵，而若让他回到彭城，就等于纵虎归山。刘邦听了赶紧命令追击，同时命令韩信和彭越快速进兵，攻击项羽。

公元前202年，刘邦率领大军追上了项羽，但是到了固陵（今河南淮阳西）时，韩信和彭越的军队却还没有到来。项羽察觉后，便向汉军发动猛烈反击，并一举将汉军击溃。

眼见形势不妙，刘邦问谋士张良："如今我们陷入如此境地，韩信和彭越却没有按时赶来，军师有什么良策吗？"张良说："项羽现在已经是强弩之末，而韩、彭二人尚未得到封地，肯定是在静观其变。唯今之计，只要主公许诺将来对二人封地赐爵，他们两个肯定会火速进兵的。当初，主公并不愿意封韩信为齐王，至于彭越，攻克梁城后，由于魏王豹在位上，所以只能当丞相。如今，魏王豹已死，他当然希望可以做魏王了。因此，现在只能封给韩信齐地，封给彭越梁地。如果能够这样做，他们两人肯定能合力攻楚，到那时，项羽必败无疑。"刘邦很赞同张良的看法，便马上派人许诺韩信和彭越，击败项羽后立即封他们为齐王和梁王。韩信和彭越也很快有了回音：立即进兵。

此时，刘邦为了联合南方诸侯共攻项羽，已经封英布为淮南王。至此，汉军南、北、中三路大军对楚军最后的战略决战一触即发。

不久，韩信率军南下，以一部兵力引诱楚军出击，双方战于九里山（今江苏徐州西北）一带。楚军陷于韩信大军的埋伏圈，结果大败而逃。紧接着，韩信命令骑兵部队向彭城进攻，结果一举占领彭城，楚国许多大将都被汉军俘获。之后，汉军接着向萧、谯、苦等地推进，并相继攻克了江东大部分地区，最后兵临霸王项羽的大军后营。

项羽兵败，再失彭城，此时江东大部分地区都已被汉军占领，眼见无法稳定局势，他便率领亲信将领们携物资撤退。公元203年冬，项羽率军撤退到垓下（今安徽灵璧县），和季布、钟离眜等人分析后认为，垓下易守难攻，是一个非常理想的军事要地。因此，众人决定在垓下整军备战，迎击汉军。

诸侯合击，垓下被围

得知项羽率军向彭城撤退，韩信便一直率军追击。项羽退至垓下后，楚旧将周殷投归刘邦，后又率领九江兵占领了楚地，随后还联合汉将刘贾攻占了城父。

当时，垓下东北驻扎着齐王韩信的齐军，西南驻扎着九江王英布的九江兵，北部驻扎着梁王彭越指挥的梁军。各路大军将垓下彻底包围后，便开始积极准备与项羽军的大战，以求将项羽军完全消灭。

经过一番考察后，韩信决定在垓下设下十面埋伏，然后设法将项羽引入埋伏圈。为了让项羽中计，韩信让士兵冲着楚营大喊："人心都背楚，天下已属刘；韩信屯垓下，要斩霸王头！"

项羽听后，怒骂道："你这逆贼，死不足惜。如果有胆量，马上出来与我一战，我定会亲手砍下你的头！"随后，他果真率军攻击韩信军，但很快发现四周都是汉兵，这才明白自己中计了。

不久，刘邦、韩信、刘贾、彭越、英布等率领各路汉军大战楚军。汉军以韩信军为主力，孔熙军和陈贺军为辅，刘邦则率军跟进，周勃率军断后。结果，汉军大败楚军。

垓下之战既是楚汉之争的终点，又是大汉王朝的起点，在中国历史上具有重要意义。因规模空前、影响巨大，垓下之战被列为世界古代七大著名战役之一，有"东方滑铁卢"之称。

楚霸王自刎乌江

项羽被汉军围困于垓下后，张良采取"四面楚歌"之计，使他误以为楚地尽失。项羽惊恐之下，方寸大乱，竟然抛下十万大军，仅率百余精骑突出重围，来到乌江口。最后，项羽以无颜见江东父老为由拒不过江，自刎而死。项羽之死，标志着楚汉之争的结束。身为武将，项羽以其勇猛光耀后世；身为君王，项羽却以其愚蠢贻笑大方。

四面楚歌，霸王别姬

项羽被汉军围困于垓下，军队缺兵少粮，处境非常艰难。在前线作战的楚兵，每当停战时，便听到四周有人在唱楚地歌曲。士兵们听到故乡的歌曲，再看看自己现在的处境，不由得心生凄凉，因此战斗力大打折扣。此时，项羽的叔父项伯已经被刘邦收买，他反复规劝项羽夜间巡营，就是为了让他听到楚歌，以此来瓦解他的意志。项羽听到这些歌声后，吃惊地说："汉军已经攻占了楚国全境了吗？为什么他们军中会有如此多的楚人呢？"为此，项羽很是烦恼，经常饮酒消愁。

不久，许多曾追随项羽东征西战的士兵均不辞而别。最后，楚军大将只剩下虞子期和桓楚，而士兵则只剩千人。

项羽有位宠妃，名叫虞姬，还有一匹宝马，叫骓。项羽想到伤心处，便边喝酒边唱歌："力拔山兮气盖世，时不利兮骓不逝。骓不逝兮可奈何，虞兮虞兮奈若何！"闻听此歌，虞姬不胜伤感，也唱道："汉兵已略地，四方楚歌声。大王意气尽，贱妾何聊生？"唱完便抽刀自杀了。项羽看见爱姬自刎而死，不禁泪流满面。属下人看到这种惨状，也都泪流满面，沉浸在悲伤的气氛之中。

安葬虞姬后，项羽跨上战马，部下八百多人骑马跟随，当晚便突出重围。直到天亮时分，汉军才察觉，韩信立即命令骑兵将领灌婴率领骑兵追击项羽。项羽急于突围，结果许多骑兵未能跟上他，当他渡过淮河后，身边只剩下一百多名骑兵。

项羽逃奔到阴陵时迷路了，于是向一个农夫问路，老农骗他说："往左拐。"项羽便率部往左走，但没走多远，众人的马匹就陷入了一片低洼地里。眼看汉军就要追上来了，项羽又率部向东走。到了东城的时候，他身边只有二十八个骑兵了，而追击的汉军则有几千人。

项羽估计这回无法逃脱了，便对手下骑兵说："我从起兵打仗到现在已经八年了，经历过七十多次战斗，从没有败过，因此才称霸天下。但是，我今天却被困在这里，我已抱定必死之心，愿为大家痛快地打一仗。我发誓，在强敌包围之中，我也可以斩杀汉将，砍倒帅旗，让各位明白，这是上天要亡我，而不是我不会打仗。"

随后，项羽就把他的随从分为四队，朝着四个方向冲杀。项羽大声呼喝向下直冲，很快就斩杀了汉军一员大将。汉军把军队分成三部分，重新包围上来。项羽又冲出去，斩了汉军的一员大将，并杀死一百多人。之后，项羽集合他的骑兵，发现只不过损失了两个人，便问他的随从："我打得怎么样？"骑兵们都佩服地说："主公真是勇猛无敌！"

无颜过江，自刎身亡

接着，项羽趁乱杀出重围，一路向南狂奔，来到了乌江口。当时，乌江的亭长正撑船靠岸等待项羽，他对项羽说："江东虽然地方小，但也方圆千里，还有几十万的百姓，足够您称王，请大王急速过江。这里只有我有船，汉军即使追到这里，也没有船只可渡。"

项羽答道："上天要灭我，我还渡江干什么？况且我项羽当初带领江东子弟八千人渡过乌江向西挺进，但现在却无一人生还，即使江东的父老兄弟怜爱我仍然拥我为王，我也无脸见他们啊！我知道您是忠厚的长者，这匹马跟随我五年了，常常日行千里，我不忍心杀掉它，就把它送给您吧！"说完，项羽便命令部下下马，拿刀与汉军厮杀。项羽一人就杀死汉军几百人，但他也受了重伤。

此时，项羽已经无力再战了。他突然看到了汉军骑兵司马吕马童，便对他说："你不是我的老战友吗？我听说汉王悬赏千两黄金买我的脑袋，我就将此头送与你吧！"说完就自杀了。

项羽死后，刘邦很快便平定了西楚大地。在张良的建议下，刘邦以国君之礼厚葬了项羽，而且还亲自祭奠他。

项羽生于乱世，起兵抗秦，勇猛无敌，最终称霸天下，但终因性格弱点败于刘邦，他的结局为"性格决定命运"之说做了最好的诠释。

西汉王朝

刘邦长安称帝

公元前202年，刘邦登基称帝，建立了大汉王朝，并采取众多措施来巩固国家政权。政治方面，汉承秦制，刘邦沿用了秦朝建立的中央集权政治制度；经济方面，采取休养生息之策，与民休息，减轻人民的徭役负担。

称帝建汉，迁都长安

公元前202年初，刘邦按照与韩信、彭越的约定，立韩信为楚王、彭越为梁王。此外，刘邦还下令赦免全国的罪犯。此时，刘邦已然成为天下统帅。不过，为了避免重蹈项羽裂土封王导致诸侯纷争的覆辙，刘邦并未马上按功封赏，只是将韩信、彭越、张耳和英布等功劳显著的人封了侯。

为了稳定局势，许多诸侯联合文臣武将共同上书刘邦，请他即位称帝。刘邦起初假意辞让，但众人说："大王虽然出身贫寒，但能率领众人消灭秦王朝，诛杀项羽，统一天下，功劳显著，所以您称帝是众望所归。"刘邦顺水推舟地说："我乃一介平民，本难当此大任，但既然大家一致要求我当皇帝，为了天下百姓的福祉，就按你们说的办吧。"不久，刘邦在汜水之北举行登基大典，定国号为汉，史称汉高祖。刘邦认为洛阳有龙虎之气，便决定将大汉王朝的都城定在洛阳。同时，封夫人吕氏为皇后，儿子刘盈为太子，并追认已经逝去的母亲为昭灵夫人。不久，刘邦又大封功臣，有七位功臣被封王：楚王韩信、赵王张耳、韩王韩信（为避免与"受胯下之辱"的功臣韩信混淆，史称韩王信）、梁王彭越、淮南王英布、燕王臧荼、长沙王吴芮。

随后，刘邦在都城洛阳大宴群臣。席间，他有说有笑，与众人分析楚汉战争双方胜败的经验教训。刘邦说："夫运筹于帷幄之中，决胜于千里之外，吾不如张良；振国家，抚百姓，供给军饷，不绝粮道，吾不如萧何；连百万之众，战必胜，攻必取，吾不如韩信。他们三位都是人中龙凤，吾能用之，所以取天下。项羽只有一个范增，但不用，所以为吾所败。"群臣听后，无不敬服。

不久，有一个叫娄敬的人从山东赶来见刘邦，说大汉和先前的周朝不一样，所以不应该像周朝那样以洛阳为都城，应该到关中定都，这样便可以在秦地固守险地，国家才能长治久安。张良十分赞同娄敬的建议，也认为关中

"金城千里，天府之国"，退可守，攻可出，进退自如，因此力劝刘邦迁都长安。最后，刘邦同意了迁都之议，很快便将都城迁到了长安。

继承秦制，巩固皇权

汉朝几乎完全沿用了秦朝的政治制度，中央实行三公九卿制，地方则实行郡县制。除此之外，汉朝还实行封国制，所谓封国制，就是让诸侯王治理封地属国。后来，经过刘邦的清理，汉初分封的七个异姓王，除了长沙王吴芮外，其余都被陆续消灭。此后，汉高祖又分封了九个同姓王，他们都是高祖的子侄兄弟。但此后同姓王仍然叛乱不断。

为了显示皇威，刘邦可谓煞费苦心。连刘父太公看到刘邦后，也要躬身行礼。不久，刘邦又下诏尊太公为太上皇。这不但明示了皇帝的威严，也显示了皇帝的孝敬之心。接着，刘邦通过处理季布和丁公来威慑群臣。楚汉之争时，他俩都是项羽大将。季布几次领兵将刘邦打败，丁公也领兵追击过刘邦，但最后放过了他。刘邦做皇帝后，记恨季布打败过自己，就把他抓了起来。但想到自己也需要这样的忠臣来辅佐，就不再记仇，不但放了他，还对他封官加爵。丁公听说后，觉得连季布这样给过刘邦难堪的人都能做官，他这个曾对刘邦有恩的人就更不用说了。不料，他却被刘邦逮捕下狱。刘邦在朝廷上对众臣道："丁公做项羽的将领时不忠，就是他这种人使项王败于我手。"刘邦下令处死了丁公，以警众人要做忠臣，不要学丁公。

在法律思想上，西汉以儒家思想为主，以法家思想为辅，取消秦朝"严刑峻罚"的做法，废除连坐法及夷三族，提出了"德主刑辅"，即以教化为主、刑罚为辅，达到宽柔相济、严松相当的统治效果。

由于秦末农民起义的打击，生产受到严重的破坏，社会经济凋敝，农民生活困难。刘邦采取了"休养生息"的政策，减免其徭役，减轻人民的负担，如减轻田租、什五税一、释放奴婢等。这些措施的实行，使百姓得以生息，民心得以凝聚，生产得以发展，国家得以巩固。到高祖刘邦末年时，经济已经明显好转，为平息、反击各少数民族的叛乱、侵扰打下了坚实的基础。

刘邦生于乱世，起兵反抗暴秦，经过一番血战，最终一统天下，建立了大汉王朝。在其统治期间，汉政权建立了一套行之有效的政治体制和经济制度。毫不夸张地说，大汉王朝是中国历史上实力最强大的王朝之一。中国的主体民族——汉族，即是由汉朝开始繁衍而来。由此可见，汉高祖刘邦不仅对汉族的形成作出了巨大贡献，对统一华夏和弘扬汉文化也作出了重要贡献。

开国良相萧何

萧何，汉初三杰之一。刘邦起兵之初，萧何便已跟随左右。在刘邦一统天下的过程中，他立下了汗马功劳。刘邦被封为汉王后，便任命萧何为相。此后，萧何又将大将韩信推荐给刘邦。楚汉争霸时，萧何镇守关中，将关中打造为汉军的根据地。刘邦处于困境时，萧何征召士兵，筹备粮草，将其源源不断地运往战场。正是因为拥有有力的后勤保障，刘邦才能最终击败项羽，一统天下。刘邦登基称帝后，论功行赏，封萧何为侯，并尊他为开国首勋。

辅佐刘邦，赢取天下

萧何，汉初三杰之一，江苏丰县人。萧何曾当过沛县的普通官员，平日十分好学，对历代律令很有研究。萧何很喜欢结交朋友，与刘邦就是贫贱之交。当时，刘邦只是一个小亭长。

公元前209年，刘邦起兵抗秦，不久率军直抵关中。萧何身为丞督，负责管理地方事务，保障军队的后勤供应。

公元前206年，刘邦率军进入咸阳。不久，项羽也率军入关，并自封为西楚霸王，同时封刘邦为汉王，以偏僻的巴、蜀和汉中地区作为刘邦的封地。刘邦憋了一肚子气，要和他决一死战。萧何冷静地分析了当时的形势，劝刘邦不要逞一时意气："您在汉中称王，即使条件再差，也比白白去送死好吧？"刘邦不解地问："怎么是白白送死？"萧何答道："主公现在的实力不如项羽，如果冒失去攻打他，肯定会败，这难道不是白白送死吗？现在看来，蜀中地势险要，最适合我们培养实力。只要我们关爱百姓，广纳贤才，日后同样可以争夺天下。"刘邦听了萧何的话，如梦初醒，连连称是，于是拜萧何为丞相，率军进入汉中，休养生息，为将来一统天下做准备。

坐镇关中，保障军饷

不久，刘邦率军向东进发，留下萧何管理巴蜀，为大军提供粮草。很快，刘邦便率军占据了关中。随后，刘邦让萧何管理三秦大地，安抚民心，同时还要征召兵员，筹备粮草，为汉军提供后勤保障。

萧何入关后，看到关中因战事破败不堪，便立即采取措施，收拾关中的残破局面。他一方面对百姓施恩惠，以安抚民心；另一方面颁布法令，建立行政机构，选拔有德行的人辅佐县令，教化民众。

另外，萧何还开放了原来秦朝的皇家园地，让百姓耕种，并减免租税。这些措施使关中的农业生产很快便走入了正轨，从而也保证了汉军的粮草供给。

楚汉之争中，萧何坐镇关中，征发士兵，运送粮草，为汉军不断补充给养；教导太子，制定法令，建立宗庙秩序。

每当刘邦惨败缺兵少将时，萧何便立即调拨兵员前去增援。正是有了强大的后勤支持，刘邦才能屡败屡战，终至胜利。

开国功臣，众卿之首

公元前202年，刘邦即帝位，接着就论功行赏。刘邦认为张良、萧何、韩信是自己最得力的功臣，但萧何应为首功，于是封他为酂侯，食邑也最多。很多功臣因此愤愤不平，说他们都身经百战，而萧何只不过发发议论，毫无战功，为什么他的食邑反而最多？闻听这些议论，刘邦便问大臣们："你们知道猎狗吗？打猎的时候，追杀野兽的是猎狗，指示行踪、放狗追兽的是人。如今诸位只是能猎获野兽，相当于猎狗。至于萧何，他能放出猎狗，指示追逐目标，就相当于猎人。况且你们只是一个人追随我，多的也不过带两三个家里人，而萧何却是全族好几十人跟随我，这些功劳怎么能抹杀呢？"群臣听后，都无言可答。

分封完毕，接着是排位次。群臣都说："平阳侯曹参功劳最大，他攻城略地，战功赫赫，身受七十多处伤，应排第一。"刘邦已经封萧何为侯，对排位次的事也就不好再说什么。不过，他心里仍然认为萧何应该排在第一。

这时，关内侯鄂君说："在楚汉相争的五年中，皇上有好几次都是全军溃败，只身逃脱，全靠萧何从关中

刘邦即帝位，定萧何为首功，封他为酂侯，其食邑也最多。

派出军队来增援。有时，就是没有陛下的命令，萧何也一次派遣几万人，正好救了皇上的急。不仅是士兵，就是军粮也全靠萧何由关中供应，才保证了军队的后勤。这些都是流传后世的大功劳，怎么能把像曹参等只是立过一些战功的人列在萧何的前面呢！我认为萧何功劳最大，曹参次之。"

这番议论，正中刘邦下怀。于是刘邦便把萧何列为第一，并特许他穿鞋带剑上殿，而且还封赏了萧何的父子兄弟十多人。就这样，萧何成为西汉第一功臣，人称"开国第一侯"。

功高遭疑，自污名节

自从开国以来，刘邦对萧何信任有加，恩宠备至。朝中大臣见萧相国如此受高祖宠信，纷纷前往萧何府上祝贺，萧何也很是高兴。

但是，当高祖带兵出征后，却常常派使者回长安询问萧何的近况。当使者告诉高祖，萧何如何关爱百姓，百姓如何拥护萧何时，刘邦便沉下脸去，不言不语。萧何对皇上的这一举动很是疑惑。

一天，萧何将此事告诉了一个门客。门客忙对萧何说道："相国大人，灾难就在眼前，你赶快采取措施补救吧！"萧何听后，惊问原因。

"你居相国之位，功称第一，如此勤勉，还想再高升吗？大人从入关中开始，至今已十余年了，深得百姓拥戴。皇上之所以不断地询问您的作为，就是怕您深得民心，有反叛之意。依我之见，大人不如在京师多置田地，强迫百姓贱价卖地，故意败坏自己的名声，使关中百姓都骂你。这样，皇上知道你贪财，而没有政治野心，也就放心了。"

萧何自任丞相以来，一心为国，不谋私利，但为了解除皇上对自己的猜忌，他不得不采纳这位门客的计谋，故意欺行霸市，抢夺百姓物产，自污名声。果然，萧何的骂名很快就传到了高祖那里，汉高祖听后，心里畅快无比。出征归来后，关中百姓拦道向高祖上书，控告萧相国欺压百姓，欺行霸市。高祖回朝后，笑着对萧何说："相国竟如此大胆，抢夺百姓物产，欺行霸市！"随即便把百姓的上书交给萧何，说："你自己去向百姓谢罪吧！"从此刘邦便不再怀疑萧何了。

无论是在楚汉争霸时，还是在汉朝建立后，萧何的所作所为，都体现出一个古代政治家的良心和智慧。他一生中，对国家忠心耿耿，对百姓关爱有加，使大汉王朝国泰民安。正是因为其显著的功绩，他今天依然广受百姓敬仰。

张良运筹帷幄

张良是汉朝开国功臣，他可以"运筹于帷幄之中，决胜于千里之外"，堪称奇才。在乱世之中，他胸怀国亡家败之恨，纵横于沙场。危机重重的鸿门宴，他智救刘邦脱险；楚汉争霸中，他妙计频出，帮助刘邦平定天下。作为汉初三杰之一，他为大汉王朝的建立立下了汗马功劳。

反秦复国，因缘得书

张良，字子房，安徽亳州人（一说为今河南人，因河南部分地区属战国时韩国领地），先祖是战国时期韩国人，祖父、父亲都曾在韩国为相。秦灭韩国时，张良拿出全部家产，寻访收买刺客，谋划刺杀秦始皇，为韩复仇。

后来，他找到一个力士，并为其制作了一把重50斤的铁锤，准备寻找时机刺杀秦始皇。

公元前218年，秦始皇率大队人马，离京东游。张良趁此机会，与力士锤击秦始皇于博浪沙。结果误中副车，两人不得不急速而逃。

秦始皇下令全国搜捕刺客。张良只好隐姓埋名，躲藏到了下邳（今江苏睢宁北）。

有一次，张良到一座桥上去散步，遇到了一个老人。老人走到张良面前时，故意把鞋子掉到桥下，然后对张良说："小子！去把鞋给我捡回来。"

张良见他是个老人，便强压怒火，下去给他捡了回来。

老人又命令他给穿上。张良觉得做了好事，就做到底吧，于是给老人穿上了鞋子。穿好后，老人便笑着走了。

不一会儿，那位老人又返回来，让张良五天后在桥上等他。张良很惊讶，但还是答应了。

五天后，天亮时分，张良去了，结果

老人训斥张良说："你不该迟到，五日后你再过来吧。"

老人早就到了。老人训斥他不该迟到，让他五日后再来，就走了。

五天后，张良拂晓时就去了，结果老人还是比他先到。老人让他过五天再来。

这次，张良半夜就去了。老人很满意，送给他一本书，并说："读此书则可为王者师，十年后天下大乱，你可用此书兴邦立国。十三年后再来见我。"

说罢，老人扬长而去。张良后来才知道，这位老人就是传说中的神秘人物——圯上老人。

张良惊喜异常，天亮时分，捧书一看，乃《太公兵法》。

从此，张良日夜学习兵法，终于成为一个深明韬略、文武兼备、足智多谋的"智囊"。随后，他便开始跟随刘邦纵横天下。

扶持韩王，妙计入关

公元前208年，楚怀王后人熊心被项梁拥立为王，然后号召各路起义军灭秦。

张良不忘国仇，忙对项梁提议道："将军既然已立楚王后人为王，如果再将韩王后裔立为王，就可以召集更多人马。"

项梁一口答应，于是命人找到韩王成，将其立为韩王，并封张良为司徒。于是，张良"复韩"的目的终于达到了。

此后，张良竭尽全力扶持韩王成，但迟迟未能开创大局面。这时，熊心命刘邦、项羽分兵伐秦。刘邦攻克颍川（今河南禹州境内）后，韩王和张良便与刘邦会合了。刘邦请韩王留守阳翟（今河南禹州），让张良随军南下。

刘邦率军抵达峣关（今陕西蓝田南），想要强行攻取。张良劝道："目前秦守关的兵力还很强大，不可轻举妄动。"

刘邦唯恐项羽大军先入关中，因而心急如焚，忙向张良问计。

张良向刘邦献了一个智取的妙计。他说："我听说峣关的守将是个屠夫的儿子，这种市侩小人，只要用点财币就可以打动他的心了。您可以派先遣部队，准备五万人的粮草，并在附近山上遍布军队的旗帜，虚张声势，作为疑兵。然后再派人带上大量珍宝财物去劝诱那守将，事情必成。"

刘邦依计而行，峣关守将果然献关投降，并表示愿意和刘邦联合进攻咸阳。

刘邦大喜，张良却认为不可。他冷静地分析道："眼下只不过是峣关的守将想叛秦，他部下的士卒未必服从。如果士卒不从，后果将非常严重。唯今之计，不如乘秦兵不备将其全部消灭。"

于是，刘邦率兵向峣关突然发起攻击，结果大败秦军。刘邦乘胜追击，占领峣关，然后大军继续西进，很快便到达灞上（今西安市东），进入咸阳。

屡出奇谋，安定天下

刘邦占据咸阳，预示着楚汉之战就要开始了。

公元前204年，刘邦被项羽包围在了荥阳。刘邦为摆脱困境，打算用郦食其的计谋，让六国后裔复国，牵制项羽。

张良闻听此事，便立即为刘邦陈述利害，他说现在很多人跟随你四处奔走，就是想以后得到封地，但你现在却要扶植六国后裔，就等于把这些人的希望灭掉了，他们肯定会离开你。刘邦听后，十分后怕，马上撤销了复建六国的命令。

后来，经过一番征战，项羽自刎乌江，刘邦则在洛阳登基称帝。刘邦称帝后，封张良为留侯。张良对巩固汉朝政权作出了重要贡献。

首先，汉朝建国之初，很多将领争论不停，认为天下已定，但自己却没有得到封地，因此非常不满。张良建议刘邦先封自己最不喜欢的雍齿为侯，让群臣觉得刘邦不喜欢的人都能被封侯，那自己一定也可以被论功行赏。人心于是稳定下来。

其次，建议定都长安。当时有人建议刘邦在长安建都，但群臣坚决反对，主要原因在于他们都是中原人。但张良认为，关中乃是"金城千里"的天府之国，进退自如。刘邦也赞同张良的看法，便动身入关，定都长安。

再次，对刘邦选择继承人产生重大影响。刘邦认为太子刘盈太过软弱，他十分喜欢皇子如意，一直想让他取代刘盈。于是，吕后让张良帮忙。张良便让太子去请刘邦一直尊敬、想请但请不来的四位德高望重的老人，人称商山"四皓"。后来，四皓果真陪太子入朝。刘邦看到太子得民心，便打消了改立太子之心。

张良一生，为建立大汉王朝作出了重要贡献。战场上，他运筹帷幄，决胜于千里之外。虽然手无缚鸡之力，不曾亲上沙场拼杀，但其奇谋妙计却非常人可比。在后世史家的心中，张良绝对有资格得到"谋圣"的美誉。

韩信遭诛

身为汉军主将，韩信官高位尊，功高盖世。自投奔刘邦后，他率军攻无不克，战无不胜，直至在垓下围困楚军，逼死项羽。在此期间，韩信几乎从未战败过，可谓常胜将军。作为秦末汉初最优秀的将领，韩信用兵的最大特点便是灵活，韩信算是中国战争史上最善于灵活用兵的将领，他指挥的众多战事都堪称经典。

功高震主，贬官为侯

刘邦登基称帝后，便立即采取措施巩固皇权。最让他不放心的就是在各地的异姓王，于是他便开始逐个铲除异姓王。

当时，韩信功劳卓著，兵权在握，威胁最大，因此，刘邦决定首先解决韩信。实际上，韩信晋升为将军后，便引起了刘邦的猜忌。为了让韩信服务于己，他最初让韩信率军征战沙场，攻城拔寨。在楚汉争霸天下时，韩信率军破魏平赵，收燕伐齐，刘邦便按功封其为齐王；待汉军在垓下围困项羽后，刘邦马上晋封韩信为楚王，以使他远离根基深厚的齐地。建立汉朝政权后，刘邦便开始逐步压制韩信。

公元前201年，有人告韩信谋反。刘邦用陈平的计策，说自己要出外会见诸侯，并通知诸侯到陈县（今河南淮阳）相会，其实是想抓捕韩信。到达陈县后，韩信前来觐见，结果刘邦令武士把韩信捆绑起来。

韩信说："古人云，'狡兔死，走狗烹；飞鸟尽，良弓藏；敌国破，谋臣亡。'现在，天下已归大汉，我也该死了！"

但是，后来高祖并没有找到韩信谋反的证据，便赦免了他，改封他为淮阴侯，加以监视。韩信由此开始怨恨刘邦。

韩信深知，刘邦之所以监视自己，主要是担忧自己之才，因此他常称病不朝，终日在家中独自生闷气。韩信十分轻视汉将周勃和灌婴，但现在自己却和他们爵位相同，因此深以为耻。

一天，韩信前往樊哙府上，樊哙立即以跪拜礼迎接韩信，并说："大将军光临鄙舍，真是臣下之幸。"

韩信离开后，自语道："没想到我竟然落到和樊哙同列的地步！"

朝廷之上，高祖经常兴致勃勃地和群臣讨论众将领的才能。

一天，刘邦问韩信："以寡人之才，你看能带多少兵？"

韩信答："陛下不过能带十万兵马。"

刘邦又问："那么以你之才，能带多少兵呢？"

韩信怔了一下，突然狂傲地大笑："对我而言，那是多多益善！"

刘邦笑着说："既然多多益善，那为何你的地位在我之下呢？"

韩信说："陛下不能领兵，但善于领将，因此我才会为陛下所用。"

在形同软禁的时间里，韩信与张良共同整理了先秦以来的一百八十二篇兵书，他们二人也是我国历史上第一次大规模整理兵书的人，为我国军事方面的学术研究奠定了基础。与此同时，韩信对军中律法也进行了完善和修订。此外，韩信还写了三篇兵法，但都已散佚。

有一天，韩信部将陈豨即将被调往他处任官，来韩信府上告辞。韩信屏退仆人，惆怅地对陈豨说道："我可以同你说真心话吗？"

陈豨表示一切听从将军的命令。

韩信说："你到任的地方，是屯聚天下精兵之地，而你又是皇上宠爱的臣子，若有人说你反叛朝廷，皇上一定不相信；但若再有人告你反叛朝廷，皇上就会产生怀疑；若还有人告你反叛朝廷，皇上定会大怒，并亲率军队讨伐你。因此你不反就是死路一条，如果你下了死心，那么一旦事发，我为你在长安做内应，我们就可得到天下了。"

陈豨向来崇拜韩信，便听信了其计谋，许诺一切听从韩信的指示。

策划谋反，事发遭诛

公元前197年，陈豨举兵反汉。刘邦大怒，准备亲率大军平叛，韩信以有病在身为由，拒绝同刘邦一起征伐叛军，还让人到陈豨处联系，要陈豨大胆反叛，自己在长安做内应。韩信准备在夜里假传圣旨，赦免监狱中的犯人，利用囚犯攻打皇宫。一切计划好后，只等前方消息。

这时，韩信惩罚了一位犯错误的门客，并扬言要处死他。那位门客的弟弟听说后，便密告吕后说韩信要起兵造反，而且将韩信的计划统统告诉了吕后。

吕后大惊，马上召丞相萧何进宫商量对策。经过一番谋划，萧何派部下扮作军人，让他在外游走一段时间，最后从长安北边进入都城，假称自己受高祖指令，从前线返回，说高祖已经成功平叛，不久便要还军。

朝臣们闻听叛军已灭，都到皇宫道贺，然而韩信却没有来。

次日，萧何派人请韩信进宫，但韩信以有病为由拒绝进宫。萧何又假意探病，来到韩信府上。

看到相国亲自来请，韩信知道无法再装病，便出来与萧

韩信刚踏进宫门，便被早已埋伏在宫中的武士捆绑起来。韩信知道自己中计了，便大喊萧何救命。

何面谈。

萧何说："我们交情匪浅，今日前来，确实有重要事情相告。"

韩信问："是什么事情呢？"

萧何欺骗他说："陛下派人回来报信，说叛军已经大败而逃。你今日不进宫道贺，已经引起了群臣猜忌。所以我亲自前来请你入宫，虽然你有病，但还是应该支撑一下，以消除群臣和皇后对你的猜疑。"

闻听此言，韩信便决定与萧何一同入宫道贺。

不料，韩信刚踏进宫门，便被早已埋伏在宫中的武士捆绑起来。韩信情知中计，便大喊萧何救命。萧何却早已去往别处。

吕后端坐长乐殿，尽数韩信和陈豨密谋反叛朝廷、阴谋暗害自己和太子之事，随后，也未加审判，便在长乐宫的钟室里斩杀了他，并诛灭其三族。

韩信之死，与其性格有莫大关系。刘邦登基建汉后，韩信不识时务，大肆张扬，居功自傲，目中无人。他不去了解当时的特定环境，也无法对自己有一个清醒的认识，因此必死无疑。他的死也是封建社会"兔死狗烹"的又一典型事件。

身为汉初三杰之一，韩信精通兵书、善用兵法，领兵以来，在沙场拼杀多年，攻无不克、战无不胜，为大汉王朝的建立作出了杰出的贡献；身为军事理论家，他不仅参与整理了先秦兵书，还亲自编写了三篇兵法，在丰富我国军事理论方面也是功绩显著。

樊哙闯帐救主

汉朝开国猛将樊哙早年便与刘邦出生入死，刘邦非常信任他。咸阳城里，樊哙苦口婆心劝说刘邦还军灞上，远离秦宫的女色珍宝；鸿门宴上，樊哙勇闯帅帐，力挽狂澜；入关后，樊哙提议刘邦与百姓约法三章。除此之外，他率军攻城拔寨，所向披靡，为建立大汉王朝作出了巨大贡献。

攻城拔寨，劝主勿贪

樊哙，江苏沛县人，出身于贫寒之家，年轻时以屠狗为生。他与刘邦交情很好，刘邦做了沛公后，便让樊哙做了他的随从副官。

此后，樊哙跟随刘邦征战四方，战功显赫。抵抗章邯军队时，樊哙率先登城，斩了二十三人首级，因功被赐爵为列大夫。其后，他率军很快便攻克了户牖，接着又大破李由（李斯之子）军，被赐上间爵。在围攻赵贲的军队时，樊哙屡次冲锋陷阵，斩杀敌军首领。不久，由于攻打宛城立功，樊哙又被赐贤成君的封号。作为刘邦的一员猛将，樊哙每次都在战斗中担任先锋官。

刘邦率部进入咸阳后，被秦朝宫室中的珍宝和女色所迷醉。看到刘邦沉湎于金银女色，樊哙便力劝刘邦撤出咸阳，驻军灞上。在樊哙和张良的反复劝说下，刘邦最终率军返回了灞上。

鸿门险宴，闯帐救驾

鸿门宴上，危机四伏。张良看到事态严重，便出帐找到樊哙，说："主公处境十分危险，此时项庄舞剑，意在沛公。"樊哙闻听，急道："情况紧急，我必须马上进去，保护主公。"说罢，便带剑闯进军帐。

守卫不让进去，樊哙便用随身盾牌撞倒守卫。进帐后，樊哙站在项羽对面，怒发冲冠，双眼直视项羽。项羽按住自己的宝剑准备动手，并问此人是谁。张良回答说是刘邦的卫士樊哙，项羽便让下人赏赐给他一杯酒，樊哙将酒一饮而尽。看到他如此豪迈，项羽又让下人送给樊哙一个猪腿。樊哙把猪腿放在盾牌上，用剑切着吃。项羽笑道："壮士！还能不能喝酒？"樊哙答道："我连死都不怕，还怕喝酒吗？秦二世残酷狠毒，杀人如麻，天下人都起来反抗暴秦。当初，怀王与诸侯曾有约定，谁先入关，谁就为关中王。我们主公先到咸阳，却并没有占领都城，而且也没有抢夺任何秦宫钱财，反而将金银财宝封存起来就退到灞上，等待大王您来接收。现在大王受小人挑唆，对我们主公不仅没有封赏，还起了疑心，甚至要杀害功臣，这与残暴的秦王有何区别？大王的所作所为，怎么能让人服气呢？我恐怕天下人都会对大王您有所不满啊。"项羽一时之间无话可说，便让樊哙坐下。于是，樊哙挨着张良坐下。

不一会儿，刘邦假装去厕所，顺便将樊哙和张良招出，樊哙和张良让刘邦立即回营。但刘邦认为不告而别有些不妥。樊哙道："做大事的人，不用拘泥于小节。现在，人为刀俎，我为鱼肉，再不告辞就走不了了！"于是，樊哙等人护驾，保护刘邦逃走，张良则留下向项羽辞行。

征讨叛军，大胆进谏

汉朝建立不久，便有诸侯反叛。由于樊哙勇猛异常，因此刘邦经常让他担任主帅，讨伐叛军。燕王臧荼反叛后，樊哙率军俘获臧荼，平定了叛乱。韩王信反叛后，樊哙斩杀韩王信，平定了叛乱。此后，樊哙又和周勃合兵征讨代地。陈豨反叛后，樊哙又出兵征讨，很快便大败叛军，收复辖地，并因功被封为左丞相。

樊哙功劳卓著，再加上平叛有功，还是吕后的妹夫，因此深得刘邦信任。英布起兵反叛朝廷时，刘邦已经卧床不起，他交代宦官，无论什么人一概不见，文武大臣都不敢进宫探望。一直过了半个月，樊哙实在无法忍受了，便径直闯入后宫，其他大臣则紧跟其后。进宫后，大家看到高祖头枕着宦官的腿，正在睡觉。樊哙马上哭道："当年皇上与臣等在沛县起兵抗秦，经过南征北战，历尽千辛万苦才一统天下，那是何等的激动人心啊！但是，如今天下初定，陛下却因病不上朝，不与我等讨论国家大事，难道只想和宦官告别吗？前朝宦官赵高作乱之事难道皇上已经忘记了吗？"刘邦听后，大笑而起，随后便带病出征，一举平定了叛乱。

正所谓乱世出英雄，每当天下大乱、风云际会之时，英雄便会走到时代前端。初为屠夫的樊哙，在经过一番打拼后，建立了显著战功，从而被封为侯爵，成为大汉建国元勋，真应了那句话"王侯将相，宁有种乎？"

叔孙通制汉礼

经过南征北战，刘邦终于统一天下，建立了大汉王朝。但是，在战争的摧残下，天下礼崩乐坏。汉初，每次上朝时，群臣都会因争功在宫殿上大肆争吵，刘邦看到这种场面，十分生气，但又无计可施。于是，叔孙通向刘邦提出建议，希望可以制定宫廷礼仪，以显示皇权的威严。刘邦听后，表示赞同。后来，叔孙通制定的汉礼便通用于大汉王朝。司马迁非常欣赏叔孙通，说他因时而变，为大义不拘小节，堪称"汉家儒宗"。

博才多学，制定礼仪

叔孙通，薛县（今山东滕州南）人，自幼聪慧善断，灵活机变，后成长为一位才学渊博的大儒。由于声名远播，他被召入秦宫。

陈胜起义后，叔孙通最初追随项梁，后来又先后追随过楚怀王和项羽。

公元前205年，刘邦率军攻入彭城，叔孙通率领诸弟子投降。当时，刘邦看不起儒生。于是，叔孙通就改穿短衣，打扮成百姓模样去见刘邦，完全没有儒生的繁文缛节和迂阔。刘邦见后非常高兴，从此便十分信任叔孙通。

此后，叔孙通经常为刘邦举荐人才，但他推举的都是刚猛勇武之人，这样一来，儒生们便对叔孙通很是不满。叔孙通知道后，笑着对他们说："在取得天下时，君主最器重的当然是那些冲锋陷阵、厮杀疆场的武士。但是，到了守护天下时，便该你们上场了。你们尽管耐心等待，我一定会及时推荐你们。"

刘邦入关后，将叔孙通封为博士。

刘邦统一天下后，便下令废除秦的礼仪。但是，由于不讲朝仪，每次上朝

叔孙通笑着对儒生们说："你们尽管耐心等待，我一定会及时推荐你们。"

时或刘邦在宫里举行宴会时，那些开国功臣们经常在大堂上争功，夸耀自己的战绩，不高兴时甚至拔剑击柱，致使场面混乱不堪。刘邦深感忧虑，但又不知道如何处理。

叔孙通得知这些事情后，便自荐为皇帝制定朝仪。随后，他前往山东邀约儒生共制礼仪。有几个儒生非但不肯前去，反而指责叔孙通道："你辅佐过的主人有十个之多，你都是靠阿谀奉承才得到富贵的。一个新建的王朝，只有经过了一个世纪的教化，才能制定礼仪。如今天下初定，你却要制定礼仪，必然是为了讨好刘邦，你的所作所为违背了古训。我等不愿和你同去！"

叔孙通讯笑他们说："你们真是鄙陋不堪啊，怎么就这么不懂得随机应变呢！"

儒生们被他的话说动，也认为其言之有理，遂同他一同去了长安。

很快，叔孙通便与从山东征召而来的儒生制定了宫廷礼仪。接着，他又带领众人反复练习这些礼仪动作。待演练成形后，叔孙通邀请汉高祖前来观看。

汉高祖看后十分高兴，他认为这些礼仪很好地凸显着皇帝的尊贵和威严，而且简单易行。于是便命令大臣们进行彩排，准备在不久后的朝岁大礼上正式施行。

公元前200年，长乐宫落成。汉高祖首次使用叔孙通制定的宫廷礼仪主持朝岁大礼。

当天黎明时分，由专人负责将群臣一一领入殿门。当宦官高声大喊"趋"时，群臣便依次进入大殿。功臣、王侯、将军等军官在西面排成一队，向东而立；文官自丞相起也在东面列队，向西而立。然后刘邦坐着辇从房中出来，文武大臣则手拿旗帜高呼万岁。接下来，宦官按照官位高低宣示朝臣上殿。地位低于诸侯王但俸禄高于六百石的官员一一向刘邦朝觐。这时，众官员对刘邦的敬畏感油然而生。

仪式完毕后，酒会便开始了。宫中仆人蹲在地上向群臣敬酒。从始至终，当朝御史都在场监督，如有大臣违反礼仪，则立即逮捕。在这种严肃的气氛下，众人都依礼而行。

汉高祖对此次朝岁大礼非常满意，认为自己终于真切地体会到了身为皇帝的尊荣。大喜之下，他委任叔孙通为太常，并赐其五百斤黄金。

叔孙通趁热打铁，又为众弟子表功，刘邦悉数封他们为郎官。叔孙通又把刘邦赐给自己的五百斤黄金统统分给弟子。弟子们则高兴地称赞叔孙通为当世圣人。

无疑，叔孙通是个聪明人。当刘邦需要强化皇权、彰显威严时，他便趁机请求为其制定礼仪。其后，为了让刘邦直接地感受皇帝的尊贵，他又指导群臣在朝堂上演习宫廷礼仪，使刘邦龙心大悦，从此开始信任儒生，从而为儒学在西汉的兴起奠定了良好的基础。

出任太傅，辅佐惠帝

制定完宫廷礼仪后，叔孙通又制定了关于皇帝衣服的规则。为了体现皇帝在上朝、祭祀等时刻的威严，以及适应四季气候变化，叔孙通和萧何等人上书高祖道："一年有春夏秋冬四季，所以陛下的皇袍也应该随四季变化而穿。其实，不仅是皇帝、文臣武将，就是普通百姓，也都应该遵从天地之法，顺从季节之变穿衣，以保国泰民安。"

刘邦听后，表示赞同，随后下诏任命四位大臣分别掌管皇帝春夏秋冬四季的衣服。

公元前198年，叔孙通出任太子刘盈的太傅。在担任太子老师期间，叔孙通为太子答疑解惑，传授学问。由于经常接触，他们的关系非常亲密。然而，刘邦认为太子过于懦弱，一直想重立太子。

三年后，刘邦有意改立刘如意为太子。叔孙通曾以历史上一些王朝更换太子终致朝廷陷入混乱的事实劝谏刘邦。后来，在其他许多大臣的劝谏下，刘邦才打消了重立太子的念头。

刘邦死后，刘盈继位，是为汉惠帝。叔孙通被任命为太常，仍然负责制定礼仪。

叔孙通为朝廷制定的礼仪，使儒学的宗旨与功能开始被汉初君臣所了解。当儒家古礼实行于朝堂之上时，儒学的思想价值才为统治阶级所认识，儒学也才逐步进入统治阶级思想的殿堂。

叔孙通的所作所为，为儒学的传播和发展作出了突出贡献，同时也为儒学在汉代朝廷上争得了一席之地，因此司马迁誉其为"汉家儒宗"。

高阳酒徒郦食其

郦食其素有大志，谋略出众，归附刘邦之后，不费吹灰之力便计降陈留县令，占领了陈留县。此后，他更是妙计频出，为刘邦统一天下、建立大汉王朝立下汗马功劳。但令人惋惜的是，郦食其最后却因韩信而惨死于齐王之手。

高阳酒徒，投奔沛公

郦食其，河南开封人，喜好读书，性情豁达，家中穷困，连基本的生活保障都没有。即使如此，他仍然爱酒如命。由于生活无着，他便做了一个看门人。不过，虽然他地位低下，但当地豪绅却不敢欺辱他，还对他敬畏有加，称呼他为"狂生"。

大泽乡起义爆发后，全国各地烽火骤起，许多起义军东征西战，打击秦军。有起义军经过高阳时，郦食其便想前去投奔，但听说这些起义军将领固执己见、嫉贤妒能，他便打消了念头，从此深居简出。后来刘邦率军抵达陈留县城外，郦食其闻听刘邦招贤纳士、知人善用，于是便决定投奔刘邦。

一天，郦食其前去拜见刘邦，当时刘邦正在洗脚。郦食其为人不拘小节，只是拱一拱手，便说："你是想助秦攻诸侯呢，还是率领诸侯破秦？"刘邦大骂道："你这个该死的儒生，暴秦残害百姓，人人都想消灭它，因此诸侯才起兵抗秦，我怎么会帮助秦朝攻打诸侯呢？"郦食其道："既然你要诛暴秦，那为何用这样傲慢的态度对待长者呢？"刘邦听后，连脚都来不及擦，赶忙起身，请郦食其上坐，并备酒款待。

随后，刘邦与郦食其谈论目前的局势，郦食其分析得井井有条。刘邦大喜，问道："先生果然谋略出众，但不知如何破秦？"郦食其说道："你带领的乌合之众，数量还不到一万，竟然要攻打强秦，这不过是羊入虎口罢了。陈留这个地方，是天下的要冲，交通四通八达，城中又积了很多粮食。我认识县令，让我来劝说他投降，他如不投降，你可以举兵攻打，我做内应，则大事可成。"刘邦觉得有理，就采纳了郦食其的建议。

郦其食进了陈留城，找到县令劝降。但县令由于惧怕秦朝的苛刑，没有同意。无奈，晚上郦其食便杀了陈留县令，又派人报告刘邦。刘邦引兵攻打县城，并在城门外大喊道："城里的将士们赶快投降吧，你们的县令已经死了！要不我们破城后，你们也要被砍头。"城上守军见县令已死，无意再守，便投降了。

刘邦进城后，十分高兴，因为此战不仅得到了许多兵器和粮食，而且还收降了一万多士兵。之后，刘邦没有忘记郦食其的功劳，赐封其为"广野君"。

游说齐王，惨遭烹杀

公元前204年，楚汉相争时，郦食其对刘邦说："楚汉相争久持不下，就会导致混乱丛生，百姓不安。主公应该立即率军攻占荥阳，占据军事重地，如此，天下迟早将归属于你。"他还自荐去游说地方割据势力齐王田广。刘邦点头同意了。

郦食其到了齐地，向齐王晓以利害："如果大王明白天下人心所向，就可以保全齐国，如果大王不明白天下人心所向，齐国就无法保全。"齐王问道："如今人心归向谁呢？"郦食其答道："如今天下人心归向汉王。"齐王问："可有凭证？"郦食其将当时的形势分析一番后说："现在天下英雄全都归于汉王，他们都听命于汉王。起初，汉王率领大军一举平定三秦，接着又率军攻克井陉，斩杀成安君，随后出兵战胜魏王，将三十二座城池纳入囊中。这样的战绩，与远古的蚩尤的无敌军队相同，汉王并非依靠人力取胜，乃是依靠上天保佑。如今，汉王已经占据了敖仓、成皋，守住了白马渡口，堵塞了大路，扼守住了蜚狐关口，天下诸侯如果不投降，则只能被灭。大王若立即投降汉王，齐国则可保全；若拒不降汉，恐怕厄运很快便会降临。"齐王同意降汉，自此罢兵守城，天天和郦食其纵酒谈心。

这时，韩信闻听郦食其凭三寸不烂之舌毫不费力地便劝降了齐王，收降了齐国七十多座城邑，心中嫉妒不已。为此，他率领大军急速进军齐国，并夜袭齐国。齐王得到报告，误认为是郦食其出卖了他，于是决定将郦食其烹杀。

齐王说："如果你能劝退汉军，我就赦你死罪。"郦食其说："做大事的人，就不要顾及小节；有高尚德行的人，就不怕别人指责。事已至此，我没什么可说的了。"说罢就跳入了沸腾的锅中。

郦食其辅佐刘邦的时间很短，但他凭借自己超群的政治远见和卓越的军事见解，为刘邦早期平定天下的立下了汗马功劳。作为一名谋略超众的人，他不仅有如簧之舌，还有无惧无畏之心。可能正是因为具备了这些特性，他才成为人人敬仰的一代"狂生"。

田横五百士

在秦末农民起义的大潮中，齐国贵族之后田横也起兵加入了反秦大军，并为消灭腐朽的秦王朝作出了重要贡献。秦朝灭亡后，田横占地称王。刘邦登基称帝后，田横不愿意归顺汉朝，因此刘邦时时刻刻想铲除田横。面对朝廷的巨大压力，田横不甘受辱，自刎而死。田横的死讯传到军中，其部下五百壮士竟然全部自杀，如此悲壮的场面，在中国历史上实属罕见。

从兄反秦，自立为王

田横，山东高青人，本为齐国贵族之后。秦末，田横和大哥田儋、二哥田荣起兵反秦。他的两位兄长都曾自立为王，兄弟三人在当地威望很高。

不久，田儋在与章邯的征战中战死。后来，田荣与楚王项羽交战，亦兵败被杀。当时，项羽大肆屠杀齐国百姓，导致齐国百姓纷纷起兵反抗。在此情况下，田横召集残部，得数万兵马，反击项羽。面对田横的阻击，项羽大军无法进退，双方陷入相持状态。

此后，刘邦出关攻城拔寨，项羽急忙从齐国撤兵，前去对付刘邦。田横趁项羽与刘邦争战之机，率军收复了齐国的所有失地。接着，田横立田荣之子田广为齐王，他自己则担任相国，辅佐田广处理政务，实则独揽大权。

齐国灭亡，避难海岛

不久，韩信率领汉军大败齐军。齐国被攻破后，齐王田广独自逃到高密，田横则败走博阳，丞相田光跑到城阳，大将军田既率领残兵败将跑往胶东。后来，楚军将领龙且率部前来救援齐国，在高密与齐军会合。但是，楚、齐联军不久便在韩信和曹参大军的攻击下溃败，结果龙且战死，齐王田广则被生擒。接着，齐相田光也在汉军的攻击下兵败被俘。

田横听说田广被俘，于是自立为齐王。其后，他又打了几仗，但都败了，便逃往梁地。当时，梁地由彭越管辖。不久，曹参进兵胶东，杀死田既。之后，韩信让灌婴率领大军攻打千乘，最后破城，并诛杀了齐国大将田吸，平定了齐国。这时，韩信上书刘邦，请求他赐封自己为齐国代理国王。刘邦虽然恼怒异常，但由于身处困境，还是极不情愿地答应了。

楚汉之战结束后，刘邦登基称帝，建立汉朝，并赐封彭越为梁王。田横闻听彭越投奔刘邦，害怕彭越出卖自己，便率领门下五百宾客逃入东海之岛。

不堪受辱，引颈自刎

刘邦得知此讯后，非常焦虑。在他看来，田横兄弟在齐国经营多年，齐国人都敬重他们，如今田横逃匿海岛，是个隐患，不如让他仍回齐国安定民众。于是他下诏特赦田横无罪，召他回来。但田横曾烹杀郦食其，而其弟郦商现为汉将，田横便以恐遭报复为由，坚决不肯归朝，表示自己情愿做一个普通百姓，在海岛上安度余生。刘邦对田横始终不放心，于是对郦商说："齐王田横即将回来，如果有人敢动他和他的人马随从，就诛杀九族！"随后，又派人将此诏的内容告知田横，而且对田横说，他回到朝廷，不是封王就是封侯，若执意不答应，那朝廷就立即出兵，将其族人全部诛杀。

田横无奈，便带领随从二人前往洛阳面见刘邦。一行走到离洛阳还有三十里的地方时，田横对随从说："当年，我与汉王一样是名震天下的诸侯。如今，汉王登基称帝，而我却四处逃亡，现在还要以俘虏的身份去朝拜汉王，实在愧对先人，也无颜面对尊崇自己的部将和齐地的父老乡亲。我将郦商的兄长杀害，如今却要与郦商同朝为臣，即使郦商不敢犯上报复我，我也十分惭愧。皇上之所以要见我，也只是希望亲眼看看我失败的模样罢了。这里距离洛阳并不远，若砍下我的头送去洛阳，我的容貌应该不会有大的变化。我死后，皇上便再也不用担心我会威胁他了。"说完，他便自尽了。

随从将田横的头带到洛阳，面见高祖。刘邦感慨道："真遗憾，能说出这样的话，能做出这样的事，确实是壮士。田氏兄弟三人相继称王，真不愧是贤能之人。"高祖说完，不禁泪流满面，随后任命田横的两名随从为都尉，且以王者之礼厚葬田横。田横入葬后，他的两个门客把他的坟墓两边掘开，也自刎并埋于此。刘邦知道此事后，认为田横的门客都是贤才，便立即派使者到海岛上招抚留在岛上的五百人。然而，这些人知道田横死后，便全部自杀了。

田横临死之际，言语甚为悲壮，其气魄丝毫不亚于伍子胥。后人在唏嘘田横悲壮的言行之余，也深为门客们自刎殉主的大义所感动。孟子曾说，当生与死、义与利无法兼得时，君子应该舍生取义。但是，纵观历史，古今中外，试问有几人真正做到了舍生取义呢？

白登之围

汉初，匈奴的冒顿单于率军四十万包围了韩王信的封地马邑（今山西朔州市）。韩王信抵挡不住，向冒顿求和。为此，高祖开始对他有所猜忌。韩王信在恐惧之下便投降匈奴，与其联手对抗汉朝。刘邦得报后，亲率大军征讨冒顿，但最后被匈奴围困于白登（今山西大同东），幸亏陈平以奇计助汉军脱围。

韩王反叛，高祖出征

韩王信出身旧贵族，祖上为战国时期的韩襄王。秦末，汉高祖率军征战于河南，韩王信投奔汉军。刘邦占领关中后，拜他为太尉，让他率军攻打韩国故地，并在不久后赐封他为韩王。但是，韩王信在荥阳战败后，投降了楚军，很快又逃回汉营。刘邦没有计较，再次赐封他为韩王。此后，韩王信追随刘邦东征西战，功劳卓著。刘邦称帝后，韩王信被封在颍川。

后来，刘邦认为颍川是军事重地，担心韩王信日后反叛，便借口防御胡人，将其封地改为太原。韩王信上书刘邦，请求把都城定在马邑，得到批准。

不久，匈奴的冒顿单于带领大军包围了马邑。面对匈奴大军，韩王信自认无法抵挡，便向冒顿求和。刘邦得到这个消息后，开始对他有所猜疑，随后派使者前去责备韩王信。韩王信害怕汉高祖治他的罪，便向匈奴投降了，此后竟然联合匈奴大军攻打汉朝边境，一直打到了晋阳（今山西太原北）。

汉高祖亲率大军出征，很快便击败韩王信，韩王信逃至匈奴人那里。其部将曼丘臣和王黄拥立赵国后裔赵利为赵王，继续率领韩王信的残兵反叛。冒顿派左右贤王领骑兵与王黄军联合，驻扎在广武（今山西忻州与朔州之间）以南至晋阳之间，企图阻止汉军北进，但被汉军打败，随后，又在离石被汉军击败。不久，汉军再次战胜匈奴军。

见汉军数次大败匈奴军，刘邦便准备北进，一举消灭匈奴。为了做到知己知彼，刘邦派出特使侦察敌情。特使回来报告说，敌方都是老弱残兵，不堪一击。刘邦仍不放心，再派娄敬前去观察。娄敬回来说："我看到的全是老弱残兵，但陛下想想，如果真是残弱不堪，他们怎么可能出兵呢？可见，他们是要引诱我们攻击，然后伏兵四起。所以我认为对匈奴绝对不可采取军事行动。"刘邦不认可娄敬的分析，认为此时敌兵羸弱，正好乘势攻击。但娄敬坚决反对出兵，于是，刘邦便下令将娄敬下狱。

白登被围，奇计脱困

果然不出娄敬所料，冒顿故意把老弱残兵暴露在外，而将精兵隐蔽起来，就是为了引诱汉军出兵。汉高祖以为敌军都是老弱残兵，他率领先锋军到达白登山时，汉军主力尚未赶到。正在这时，冒顿率领十万精锐骑兵突然杀出，把汉军重重包围。

汉高祖被围七天七夜，汉军内外不能接济，当时正值冬季，寒风凛冽，汉军冻伤、饿死者甚多。这时，陈平探知冒顿的王后十分受宠，于是决定利用她。他派使者带黄金、珠宝去密会王后。王后见到如此多的奇珍异宝，马上沉醉其中。接着，使者又拿出一幅美女图，请王后转交给单于。王后见画上女子十分美貌，马上心生妒意，问使者："此是何意？""汉朝皇帝被困在这里，想和单于化干戈为玉帛。我此番前来，就是想让王后在单于面前多多美言，但又担心单于拒绝，便准备将我大汉最漂亮的女人送于单于。但此女尚未赶到，所以将其画像先行送上。"使者巧妙地答道。王后闻听气愤不已，说："单于根本不会喜欢此女，你们不用献。"使者说："我们皇上说，如果将我朝第一美人献给单于，就可能使单于不再宠爱王后。但是，我们不这样做，就无法脱离困境。当然，如果王后有办法让我们突出重围，那我们就决不会把美人献给单于。"王后害怕失宠于单于，便答应了汉使的请求。

于是，王后对冒顿说："据说赶来救驾的汉朝大军明天就会到。"单于有些不信，问："此事当真？"王后说："当然。我们将汉朝皇帝困于白登山，汉军必会前来救驾。到那时，即使大王大败汉军，占据其城，也会因不适应当地生活而撤军；而大王若败于汉军，汉军内外夹攻，我们必死无疑。"说完恸哭不止。单于见状便犹疑起来，问："那本王该怎么做呢？"王后道："汉军困于此处已经七天，但却毫不混乱，汉朝皇帝必然是有神灵保护。大王若逆天而行，困死汉帝，就会受到上天惩罚。现在，我们让他活命，便可避免灾难临门。"次日，冒顿便下令弃守一个城角，汉军才脱围而出。

刘邦回到军营后，马上特赦娄敬，并加封他为关内侯。

白登之围后，高祖认识到，国家初建，民生凋敝，根本无法对抗匈奴，于是决定采取休养生息、发展生产的策略来提高国家实力。这些措施为大汉日后反击匈奴奠定了坚实的基础。

彭越之死

彭越，汉初三大名将之一。作为武将，其军事才能逊于韩信；作为功臣，其功绩不如曹参。但是，中国战争史上的游击战却是他最早发明并运用的。彭越骁勇善战，在反秦斗争和楚汉之争中功劳卓著。不过，西汉初年他却因部将陷害而被高祖杀害。

聚众为盗，助汉攻楚

彭越，字仲，山东人，出身寒微，曾以捕鱼为生。

秦朝末年，陈胜、吴广以及项梁等相继起兵反秦。这时，有人劝彭越仿效他们，彭越却说："两龙刚开始相斗，我们等等再说吧。"

后来，彭越见时机成熟，才同意那些人的请求，做他们的头领，揭竿而起。起义当天，彭越与众人约于次日早晨集合，迟者斩首。

岂料第二天早上竟有十多人迟到，最后一名中午才到。于是彭越气愤地说："你们再三恳求我做你们的首领，但却不听我的号令。现在有那么多人迟到，不能都杀了吧？但为了严肃军纪，必须杀掉最后到的那个。"随后，他令人执刑。

但受命的人笑着说："何必这样？以后不敢就是了。"

彭越明白他不忍心下手，便亲自拉出最后到的那个人杀了。随后，他设坛用人头祭祀，严明法纪。众人大为震惊，没有一个人敢抬起头看他。

彭越率领这支队伍东征西战，收降游兵，队伍迅速壮大起来。

公元前205年，彭越率领三万大军归汉，辅佐刘邦攻打楚国，不久便连续

彭越气愤地说："你们再三恳求我做你们的首领，但却不听我的号令。现在有那么多人迟到，不能都杀了吧？但为了严肃军纪，必须杀掉最后到的那个。"

攻克魏地城池。这时，彭越想拥立魏国君王后裔魏豹为王。刘邦同意，并拜彭越为魏相，统帅魏军，攻打梁地。

公元前204年，彭越以游击战攻击楚军，切断楚军粮道。在刘邦大军和项羽大军对峙时，彭越趁机攻克多座城池，从而干扰了楚军后方。

鉴于此，项羽派曹咎坚守成皋，他亲率大军攻击彭越。一番激战后，彭越战败，丢掉了所有城池。但是，彭越的军事行动打乱了项羽在前方的军事部署，因而对刘邦十分有利。

不久，刘邦终于将项羽困于垓下，项羽自刎身亡。随后，刘邦封彭越为梁王。

部将诬陷，蒙冤遭杀

公元前197年，陈豨起兵反叛朝廷，刘邦亲率大军前去讨伐，抵达邯郸后，便向彭越调兵。但是，彭越却称病不去见刘邦，只派部下前去。刘邦勃然大怒，认为彭越居功自傲，还专门派部将前去责怪彭越。

彭越感到事态严重，便想面见刘邦请罪。但其部将扈辄认为，彭越之前没去面见皇上，现在皇上勃然大怒才前去谢罪，是自投罗网，肯定将有去无回。因此，他极力劝说彭越造反。彭越不赞同谋反，但也不敢前去拜见刘邦，便只好继续装病。

这时，彭越不满自己的太仆，想杀掉他。太仆逃到了刘邦那里，告彭越谋反。于是，刘邦立刻暗中派人去逮捕彭越，然而彭越却没有任何察觉，结果被捕。接着，他被囚于洛阳。刘邦派人前去审问。

彭越本来没有造反之意，但审问他的大臣知道刘邦想借机杀害彭越，于是判定彭越已构成谋反罪，应受死刑。但刘邦念彭越功高，于是仅将他贬为平民，发往蜀地。

彭越被押送到郑地时，遇到了从长安到洛阳的吕后。彭越告诉吕后，自己冤枉，希望可以回到故乡昌邑做普通百姓。吕后答应了他，同他一起回到洛阳。

到了洛阳后，吕后阴险地对高祖说："彭越是一条好汉，如果把他流放到蜀地，无异于替自己留下了后患，不如索性把他杀了。现在他和我已同来洛阳。"刘邦默许了。

于是，吕后亲自设计，让彭越的家臣告发他再次谋反。朝臣审理后，奏请高祖斩杀彭越全族。高祖同意了。

最终，彭越全族被杀，而彭越更是被剁成肉酱，分送给其他诸侯王食用。

高祖下令将彭越之头悬挂在洛阳城门上示众，并且下令："有敢来收殓者，就立即逮捕。"

彭越的好友栾布前去为彭越收尸，并痛哭流涕。

高祖闻讯后，立即召见栾布，骂道："你难道是彭越的同谋吗？我下令不准任何人为其收尸，你却违抗君命，哭他祭他，看来你也想同彭越一起造反。来人，把他给我拖下去烹杀！"

就在卫兵抬起栾布走向汤锅时，栾布说："希望陛下能让我说几句话再死。"

高祖说："说吧。"

栾布说："当年陛下被困彭城，兵败荥阳，楚霸王无法顺利西进，主要原因就在于彭王占据着梁地，牵制着楚军。当时，若彭王改旗归楚，那么汉军就失败；若跟汉联合，那么楚军就失败。还有，垓下之战汉军如果没有彭王相助，项羽就不会失败。如今天下安定，四海升平，彭王受封为王，便准备将爵位世代相传下去。现在陛下仅因到梁地征兵，彭王没有前去拜见便怀疑他谋反，而且根本就没有找到他谋反的证据，就因此诛其全族。我实在为陛下担心，如此一来，那些功臣元老们便会人人自危。如今彭王已死，我活着也是无趣，请陛下将我烹杀了吧。"

高祖听完栾布的一番话，认为他重情重义，便下令赦免了他，并任命他做了都尉。

身为汉初三大名将之一，彭越和韩信、英布一样，为推翻秦朝、建立汉朝作出了重要的贡献。

但是，"飞鸟尽，良弓藏"，一个新王朝建立后，为了巩固统治、加强皇权，统治者都会用血腥的办法来实现目标。因此可以推测，彭越即使不是死在此时，也会死在彼时。

英布谋反

　　英布，汉初三大名将之一，曾追随刘邦南征北战，攻城略地，为建立汉朝作出了突出贡献，因功被封为淮南王。汉初，英布听说吕后先后阴谋杀害了淮阴侯韩信和梁王彭越，便极为恐惧，担心某一天灾祸也会突然降临己身，还不如趁早为自己进行打算。因此他开始秘密集结部众，准备反叛。高祖知道后，亲自率军前去征讨，最后英布兵败被杀。

反秦归汉，屡立战功

　　英布，安徽六安人，出身贫寒，勇武好战。小时候，有人给他算命，说他在受刑之后会被封王赐爵。到壮年后，他果然犯了秦法，结果被施以黥刑（即在脸上刺字），因此也有人称他为黥布。

　　英布受黥刑后被送往骊山服刑。骊山刑徒众多，英布结交其中的豪杰之士，逐步聚集队伍。不久，他率领一伙人逃入江泽中做了强盗。

　　大泽乡起义爆发后，英布率部响应。公元前208年，章邯逐步将陈胜义军击灭，几乎要扫平义军。此时，英布率军北上，最后大败秦军。项梁率军抵达淮南后，英布便率部投奔项梁。归顺项梁期间，英布冲锋陷阵，勇冠全军。

　　此后，项梁拥立楚王后裔为王，自封为武信君，且封英布为当阳君。不久，项梁在与章邯大战中身死。随后，楚怀王定都彭城，英布率部保卫彭城。

　　公元前206年，项羽尊楚怀王为义帝，定都长沙，但暗中却命令英布等人暗杀前往长沙途中的义帝。不久，英布追上义帝后将其杀害。

　　公元前205年，项羽出兵攻打齐国，向英布征兵，英布称有病在身，不便前往，只派将领率几千人前往。刘邦在彭城击败项羽，英布也托病不救，致使彭城落于刘邦之手，这就引起了项羽对英布的怨恨。项羽数次派人去召英布，英布害怕，不敢前往。项羽因担心四面受敌，处境不妙，因此没有发兵攻打他。

　　第二年，刘邦派隋何游说英布，希望他能离楚归汉。隋何来到英布驻地，直接对英布说："楚军现在虽然强大，但天下人认为它是不义之师，相反，汉王得到各路诸侯的拥护，所以说楚不如汉，我想你也清楚。假如你投奔汉王，那么汉王肯定为你赐地封王，到那时，整个淮南都将归你所有。"

英布听后，便决定投奔汉王，但不敢马上宣布此事。

这时，楚使者急催英布发兵救楚。隋何担心英布出尔反尔，便对楚使者说："英将军已归附汉王，楚王凭什么让他发兵？"

楚使者大吃一惊，起身走了。

隋何趁势劝说英布："大王归汉已成事实，应当立即杀掉楚使者，不让他回楚。"

英布已经骑虎难下，只好派人杀死楚使者，随后起兵攻楚。项羽知道此事后，马上派项声、龙且攻打英布。几个月后，英布大败，逃到汉地。

英布拜见刘邦时，刘邦无任何欢迎的表示，边洗脚边召见他。英布大怒，后悔归汉，便要自杀。但当他回到为自己所准备的房间时，发现屋里的用具竟然和刘邦的相同，不由得大喜过望。随后，英布派人又一次进入九江，得知项羽已经派项伯收编了九江部队，并杀掉了自己的妻子儿女。使者找到英布的不少故旧宠臣，率领几千人投奔汉王。汉王又增拨军队给英布，跟他一路北上。

公元前203年，英布被赐封为淮南王。不久，刘邦在垓下围歼楚军，项羽自杀。第二年，刘邦登基称帝，建立大汉王朝。

起兵反叛，兵败而亡

公元前196年，吕后诛杀淮阴侯韩信，引起了英布的惊慌。随后，刘邦又杀梁王彭越，将他剁成肉酱，分赐给诸侯。英布知道后，更为恐慌，怕迟早祸及自身，于是暗中聚合部队，随时注意朝廷的动静。

就在这时，英布的爱姬生病了，外出求医。医生家与中大夫贲赫家离得很近。贲赫看到英布的爱姬常去医生家，为了讨好英布，便常常送财宝给爱姬。爱姬便在英布面前称赞贲赫有长者之风。不料英布听后大怒，责问她为什么会认识贲赫。爱姬见英布发怒了，不敢隐瞒，向其讲述了事情的前后经过。英布不信，怀疑她跟贲赫淫乱。

贲赫得知后吓坏了，称病不出。但这却让英布觉得他是做贼心虚，于是更加怀疑他，想出兵逮捕他。贲赫情急之下，赶忙乘车赶往长安。英布派人追赶，但没赶上。

贲赫到了长安后，上书刘邦称英布已有谋反的迹象，建议刘邦在英布发兵前将其杀掉。

刘邦与丞相萧何商量对策，萧何认为英布不会如此，说这恐怕是仇家诬陷，建议先拘捕贲赫，再暗中派人察访。

英布见贲赫已逃，还上书言变，怀疑他说出了自己暗中布置之事。再加上汉朝使者前来查验，英布更觉得自己谋反之事已被高祖知晓，便杀了贲赫全家，干脆起兵反叛。

消息传到长安，刘邦赦免贲赫，封他为将军。

令尹分析道："英布的所作所为只是为了自身，而不考虑为百姓谋福，不为后代子孙着想。所以他只会选择下策。"

随后，刘邦召集大臣讨论对策，诸将都说："出兵攻打他，然后活埋了他！"

这时，令尹为高祖分析道："英布现在有上、中、下三策可施。东取吴，西取楚，并齐取鲁，传檄燕赵，这样他将占据山东，此为上策；东取吴，西取楚，并韩取魏，据敖仓之粟，塞成皋之口，这样胜败难以预测，此为中策；东取吴，西取下蔡，归重于越，身归长沙，如此必败，此为下策。虽有三策，但英布的所作所为只是为了自身，而不考虑为百姓谋福，不为后代子孙着想。所以他只会选择下策。"刘邦认为他分析得非常精确，便决定亲率大军讨伐英布。

英布造反之初，曾对将士们说："皇上现在年老多病，讨厌战争，此番肯定不会亲征。至于其他将领，我只担心韩信和彭越，如今他们已死，我没有什么可怕的了。"但他万万没有想到刘邦会亲征，因此后来自己也有些胆怯了。

不出令尹所料，英布果然采用下策，因此不久就被高祖击败身亡。

作为开国功臣，英布为建立汉朝南征北战，冲锋陷阵，可谓功劳显赫。至于起兵造反，其实不是其本意，只因他恐怕吕后加害自己，不得已才谋反。抛开这些不谈，身为汉初三大名将之一，英布确实名副其实！

吕后专权

在平定英布的叛乱中，汉高祖被流矢射中，回到长安后不久就离开了人世。吕皇后为了肃清所有威胁太子继承帝位的政敌，在宫廷内大肆残杀异己。当时，她独揽朝廷军政大权，不仅强夺元老重臣的权力，迫使他们解甲归田，还将吕氏诸亲一概封王赐侯。吕后的行为使刘氏皇族和元老重臣十分不满。

高祖亡故，吕后掌权

刘邦在平定英布叛乱时被流矢射中，回到长安后病情已很严重。公元前195年，刘邦去世，终年六十二岁，庙号高祖。自此，大权落入皇后吕雉手中。

吕雉，字娥姁，山东单县人。刘邦称帝后封她为皇后，后世称其为吕后。吕雉性格刚强，智谋出众，从刘邦起兵之初便跟随其左右，为汉朝的建立作出了重要贡献。汉初，吕后设计擒杀功臣、剪除异姓王，稳定了大汉社稷。

高祖刚驾崩时，吕后担心那些建国元勋居功自傲、趁机作乱，因此想秘不发丧，然后秘密处决所有掌握兵权的将领。郦商闻听此信，赶忙劝吕后道："现在陈平和灌婴率军十万驻守荥阳，樊哙和周勃率军二十万驻守定州。如果他们得知高祖驾崩，皇后要处决武将，必然会合兵一处杀奔长安。到那时，京城的文武大臣定会起兵响应。如此一来，汉家社稷就将灭亡。"吕后闻听，十分惊恐，便立即发丧。随后，太子刘盈登基为帝，是为汉惠帝。

心狠手辣，报复异己

惠帝登基后，吕后决定铲除高祖宠爱的戚夫人及其子刘如意。公元前194年，吕后令赵王刘如意回长安。惠帝知道吕后肯定要加害于他，便亲自去迎接，让赵王同自己一同进宫，吃住都在一起。一次，惠帝早起出外打猎，回来后赵王已被吕后派人毒杀了。随后，吕后又让人将戚夫人的四肢砍去，挖去双眼，熏聋双耳，给她服食哑药，关在猪圈里，还将其命名为"人彘"（彘者，猪也），让宫里人观看。惠帝见母亲如此残暴，自己又无力阻止，变得心灰意冷，从此不再过问朝政，整日沉醉于酒色之中。他在位七年后，郁郁而终。

专权乱政，病疾而终

惠帝驾崩后，吕后假装哭泣，但是却没有眼泪。张良之子张辟疆看到后，便对陈平说："太后只有一个儿子，现在陛下已经驾崩，但是太后却不掉眼泪，丞相知道这是为何吗？"陈平说不知道，张辟疆说："惠帝之子都尚未成年，因此太后担心你们这些老臣不服管辖。现在，丞相应该立即上书太后，请求任命吕氏族人担任大将，让他们统领军队，入朝掌权。唯有如此，太后才不会猜忌你们，你们也可避祸。"陈平听后，表示赞同。

惠帝与皇后本来没有孩子，当初吕后让皇后（吕后的外孙女）假装怀孕，然后将后宫嫔妃之子作为皇后之子，再将那位嫔妃杀死。惠帝死后，这孩子便继位为帝，史称少帝。吕后借少帝年幼，亲自临朝听政，代行皇帝权力。

公元前187年，吕后违背刘邦与群臣"非刘氏而王，天下共击之"的盟约，想立吕姓族人为王。丞相王陵等大臣认为这样做违背了高祖当年定下的"非刘氏不得封王"的誓言，因此强烈反对。吕后勃然大怒，下令剥夺王陵的丞相职位，接着又询问陈平和周勃的意见。陈平和周勃上奏道："高祖一统天下，封刘氏一族为王；现在太后临朝执政，封吕氏一族为王，没有任何问题。"于是，吕后大封亲族，吕氏逐渐控制了汉朝政权。

吕后在将吕氏封王拜侯的同时，全力清除刘氏一族的势力。她将吕氏女子嫁与刘氏王侯，以监控刘氏。此外，她大开杀戒，将刘友、刘恢、刘建杀害。齐王刘肥因为将部分封地献于吕后之女鲁元公主，吕后才未向他动手。

公元前184年，少帝听说自己并不是皇后亲子，而亲生母亲已被吕后杀掉，心中很是气愤，便对左右说："真是可恶，等我长大后，决不会善罢甘休。"吕后得知后，马上命人将少帝囚禁起来，接着下诏废掉少帝，不久又将其杀害，随后立刘义为新君，既不改元，也无帝号。很明显，刘义只是吕后手中的一个傀儡。

公元前180年，吕后病重，弥留之际，召吕产说："当年，高祖约定'非刘氏而王，天下共击之'，可是你们还是被封了王。大臣们虽没有反对，但心里是不满的。我死后，你们要当心群臣因皇帝年少而作乱。一定要手握兵权，占领皇宫，切不可为我送葬。"说完便死了。

吕后独揽大权的十多年间，排斥异己，大封吕氏，加害刘氏皇族，手段极为毒辣。但与此同时，她进一步推行刘邦的休养生息、无为而治的黄老政治，促进了社会经济的发展，为日后的"文景之治"奠定了坚实的物质基础。

仁弱之君汉惠帝

　　刘邦死后，太子刘盈继位，是为汉惠帝。惠帝在位时，大行"仁政"，为百姓减税，任用曹参为相。他当政期间，国家政治清明，社会安定。不过，由于惠帝性格柔弱，处事犹豫，他统治后期，朝政大权被吕后掌控。面对残酷专权的母亲，惠帝最终抑郁而亡。但是，惠帝在早期继承了高祖时的治国体制，因此对汉王朝的巩固和发展作出了一定的贡献。

仁弱之君，继承帝位

　　汉惠帝刘盈，刘邦嫡长子，母亲吕雉。惠帝处事优柔寡断，软弱无能，但心地善良。不过，高祖不太喜欢他。高祖非常喜欢戚夫人之子刘如意，认为他聪明伶俐，英武果敢，作风很像自己，便想废刘盈，让刘如意取而代之。但吕后和群臣坚决反对。

　　吕后找来张良，希望他能劝劝皇帝。张良为吕后出了一个计策，让太子刘盈将高祖非常敬仰的贤人——商山"四皓"请来，只要他们来，就可以说服皇帝。吕后依言而行。最后在刘盈的请求下，"四皓"答应见皇帝。刘邦这才打消了换太子的念头。但"四皓"面见刘邦后，仍然回到了先前隐居之地。

　　淮南王英布起兵反叛朝廷后，高祖准备让刘盈率军亲征。吕后知道后，立即请"四皓"出面劝阻刘邦收回成命。在"四皓"的一番游说下，再加上吕后反复哭诉，刘邦最终收回诏令，自己率军亲征。

　　刘邦平叛归朝后，箭伤复发，卧病在床。这时，他又准备废掉刘盈。张良闻听，多次表示反对，但刘邦未加理会；随后，群臣上书反对废除太子，刘邦依然没有理会；最后，"四皓"答应出山辅佐太子，才打消了刘邦的念头。

　　不久，刘邦驾崩，刘盈随后登基，时年十六岁。

　　有一年，齐王刘肥入朝拜见惠帝，刘盈十分开心，便在太后殿中设宴相请。刘盈认为刘肥为兄，自己为弟，便将上位让给刘肥。随后，吕后让宦官准备了一壶毒酒，放到刘肥桌上。接着，刘肥为刘盈斟酒，吕后担心刘盈中毒，便故意碰翻酒杯。刘盈立即醒悟过来，马上暗示刘肥，刘肥便故意装醉离开太后殿。不久，惠帝派人告诉他说吕后想谋害他，让他马上离开皇宫。

惠帝年满二十岁后，由吕后做主，将惠帝姐姐鲁元公主的女儿张氏立为皇后，张氏是惠帝的亲外甥女。张氏嫁给刘盈时年仅十岁，巨大的年龄差异和身份关系让惠帝难受至极。终其一生，两人都未有过夫妻之实。

母亲的残酷无情，皇后的外甥女身份，都让惠帝痛苦不已。为了逃避这些痛苦，惠帝终日沉湎于酒色中，最后抑郁而亡。

推行惠政，英年早逝

惠帝统治期间，沿用了高祖时期的政策，主要体现在以下两个方面：

首先，休养生息。刘邦在位时，为了对内平定叛乱，对外迎击匈奴，所以增加了一些赋税。到惠帝时，内乱已平，匈奴也因为和亲政策不再骚扰边境，所以惠帝便取消了增加的赋税，重新恢复了什五税一的税收政策。随后，惠帝又大力鼓励农民耕作，对于有成绩的农民还免除其徭役。为了促使人口增加，惠帝还下令民女早些出嫁。到了十五岁还不出嫁的女子，朝廷就要征收其家五倍算税。算税是一种针对成人的人头税，每人交一百二十钱。对于原来限制商人的政策，惠帝也大大放松，以促进商业的发展，增加国家收入。惠帝的以上举措，推动了西汉初年社会经济的发展。

其次，惠帝大胆改革文化政策。他在公元前191年，将挟书律废除。所谓挟书律，是秦始皇焚书时的一项法令，该法令规定，只有官府可以藏书，民间禁止私自藏书。高祖统治期间，朝政制度大都沿用秦朝的，挟书律也不例外。惠帝很有魄力地废除了这一法令。这样一来，那些长期受压抑的儒家学者和其他各家的学者都重新活跃起来，这也为后来儒家学说被汉武帝确定为国家的统治思想奠定了基础。

此外，惠帝还全面整修了长安城。高祖统治期间，只修完了长乐宫和未央宫。公元前194年，由于朝廷和外界的交往逐渐增多，为了完善长安城的国都形象，惠帝下诏全面整修长安城。直到公元前190年，这项庞大的工程才竣工。新的长安城宏伟壮观，共有十二座城门，每面城墙有三座，每个城门又分三个门道，右边的为入城道，左边的是出城道，中间的则由皇帝专用。在当时的世界上，除罗马城外，没有哪个城市可以与其相提并论。

惠帝英年早逝，使朝廷失去了一位善良仁慈的皇帝。惠帝执政时间虽然短暂，但是他在位时所推行的措施，推动了汉朝经济和文化的发展，为汉朝此后的继续发展奠定了基础。

曹参无为治国

曹参，西汉开国功臣，早年便追随刘邦起兵抗秦，战功卓著。萧何临终时，举荐他担任丞相。他担任丞相期间，采取无为而治的策略，继续执行萧何执政时的政策，没有丝毫改变，"萧规曹随"这一俗语即由此而来。在他的治理下，社会安定、经济发展、百姓安康，为后来的"文景之治"创造了一个良好的社会环境。

开国功臣，齐国求贤

曹参，江苏沛县人，很早便跟随刘邦起兵反秦，在沙场征战中，身经百战，攻城拔寨，功劳卓著。

公元前201年，曹参被赐封为平阳侯，食邑一万户，仅居于萧何之下，刘邦还让他担任长子齐王刘肥的相国。

曹参到齐国后，立即召来当地名人，向他们请教治理齐国的策略。但是，每个人都有自己的看法，因此众说纷纭，争论不休。曹参看到这种情况，也难下定论。

这时，有人告诉他，胶西有一个盖公，具有治国之才。曹参思贤若渴，立即派人请来盖公，向他请教治世安民之道。

盖公看到曹参真心求教，便将齐国的情况详细地加以分析，然后建议曹参：要想治理齐国，就要采取无为而治的策略。

曹参有些不明白。盖公解释道："所谓无为而治，就是指官府要无为，既不生事也不扰民，这样，百姓就可安定地生活了。百姓安定后，社会经济自然就会发展。社会经济发展了，国家当然也就治理好了。"

曹参听后，点头称赞，并将盖公留在齐国，拜其为师，以便随时向他请教治国之策。

此后，曹参便按照无为而治的方法，制定了各项政策，如不准官员干扰百姓的正常生活，严厉惩治贪污腐败、坑害百姓的官吏，重用老成持重、爱民如子的官员等。

就这样，齐国的社会经济很快便开始得以恢复和发展。同时，社会秩序也日渐改善，百姓得以安居乐业。齐国百姓都非常敬仰曹参。

公元前193年，萧何在弥留之际，大力推荐曹参继任朝廷丞相。曹参履职后，继续执行萧何执政时期制定的所有政策法令，同时还留任了萧何当初任命的所有官吏。

待人宽厚，不计小过

作为一国之相，曹参不仅不计较官吏的小过，有时还设法为他们开脱。因此，当时群臣都团结合作，相安无事，全力为朝廷办事。

丞相府后面有个小花园，小花园旁边就是官吏们的住所。丞相府里的官员每天都在小花园里饮酒唱歌，喧闹不已。朝中大臣十分厌恶此事，于是找来曹参，希望他可以约束一下部下。

谁知曹参来到小花园后，不仅未对他们加以约束，还和他们一同喝起酒来。曹参边喝酒边唱歌，以此来呼应那些喝醉的部下。不久，丞相府里的所有官吏都喝得不省人事。

第二天，官吏们酒醒后，知道丞相昨晚看到了自己的醉酒行为，因此立即赶到相府来请罪。曹参说自己昨晚也喝得酩酊大醉，不知发生了何事。

官吏们心里明白，这是丞相故意为他们开脱。此后，那些官吏再也没有在小花园里喝过酒唱过歌。

萧规曹随，安国利民

身为丞相应该日理万机，但曹参上任之初却终日饮酒作乐，凡事都尽可能推掉不管。群臣以及亲朋见他上任多日，没有实行任何新措施，很是着急。在这种情况下，他们决定到相府面见曹参，劝他励精图治。

不料，他们刚到相府，曹参便以酒相请。当他们准备说事时，曹参就举杯一饮而尽。最后众人全都喝得大醉，踉踉跄跄地离开相府。

这种状况持续了很久。

惠帝初登基，看到曹丞相终日请人喝酒聊天，根本不理朝政大事，感到很迷惑，误认为曹相国欺他年幼，不愿全力辅佐他。

一天，惠帝对担任中大夫的曹参之子曹窋说："回家后，如果有机会，你就问问你父亲，'高祖刚驾崩，如今的皇上太过年轻，根本没有治理国家的经验，正需要您费心辅佐。但是，您身为丞相，却终日喝酒闲聊，既不向陛下报告政务，又不处理朝廷事务。长此以往，您如何能治理好国家、安抚好百姓呢？'你问完后，看你父亲如何回答。下次上朝时，你告诉我事情的经过。但是，你不要说这是我让你问的。"

曹窋回家后，就照惠帝的话做了。

曹参听后，骂道："你这个年幼无知的家伙，知道什么国家大事，再说这事你能管得了吗？"曹参越说越气，竟让人拿板子将曹窋一顿痛打。

曹窋无辜被痛打了一顿，感到非常委屈，上朝后便将此事告诉了惠帝。惠帝听后，十分气愤。

次日下朝后，惠帝留下曹参，批评道："你为何要痛打曹窋呢？他只是转述了我的话，是我让他去询问你的。"

曹参听后，马上摘下帽子，跪在地下，不停地磕头谢罪。

惠帝叫他起来，问道："丞相究竟是怎么想的，不妨直言！"

曹参想了想，便大胆回答道："请问陛下，您和先帝比起来，谁更贤明英武呢？"

惠帝马上说："当然是先帝了，我怎么敢和先帝相比？"

曹参又问："陛下再看我的才德和萧何相国相比，谁强呢？"

惠帝笑道："你好像不如萧相国。"

曹参说："陛下说得非常正确。陛下不如先帝，我不如萧相国。先帝和萧相国已经制定好政策法令，我们只要继续推行，国家就不会出现事端。"惠帝听后，点头赞同。

曹参担任丞相三年有余。在此期间，他主张清静无为不扰民，遵照先前的政策法令来治理国家，从而使政治稳定、经济发展、百姓生活富足。

曹参病逝后，百姓作歌赞颂他："萧何定法律，明白又整齐；曹参接任后，遵守不偏离。施政贵清静，百姓心欢喜。"由此可见，曹参的做法得到了百姓的广泛认可。

作为汉初推行"无为而治"的先锋，曹参使西汉的社会经济得到恢复，使百姓得到安定，实在值得后人景仰。

曹参问惠帝："陛下看我的才德和萧何相国相比，谁强呢？"

周勃平灭吕氏

　　吕后执政末年，担心刘氏在自己百年之后欺压吕氏，因此大封吕氏子孙为侯。吕氏族人在吕后的支持下，逐步掌控了朝政大权。此后，他们胡作非为，打击异己，导致朝廷陷入一片混乱之中。面对此种乱局，大将军周勃等人趁势出击，智取军权，最后平灭吕氏，捍卫了刘氏王朝，从而成为安定汉室的功臣。

功劳卓著，赐封绛侯

　　周勃，江苏沛县人，自幼家境贫寒，为人勇武刚毅，年轻时曾以编织蚕箔为生。

　　刘邦起兵反秦后，周勃便立即投奔刘邦义军，担任侍卫官。在以后的南征北战中，他跟随刘邦出战，在战场上勇猛异常，战功赫赫。

　　秦朝灭亡后，刘邦被推为汉王，周勃则被赐封为威武侯。接着，他和刘邦来到汉中，在刘邦攻克三秦的屡次战斗中立下赫赫战功。

　　汉军出关与楚军交战时，周勃率军守卫峣关，保卫汉军后方的安全；此后，他又率军守卫敖仓，以保证汉军粮饷的储备与供应；他还曾参与追击项羽的战斗。项羽自刎后，他率军一举拿下楚地泗水、东海等郡，占据了二十二个县。

　　西汉初，各地诸侯频频起兵反叛，周勃是当时平叛的主帅。

　　公元前202年，燕王臧荼起兵反叛朝廷，高祖率军亲征。周勃一同前往。同年秋，臧荼兵败被俘。

　　在此战中，周勃率军在驰道上阻击叛军，战功卓著。为了表彰其功，高祖特赐封周勃为列侯，号称"绛侯"，承诺其爵位世代相传。

　　韩王信反叛后，周勃率军在晋阳城大败韩王信的部将和匈奴骑兵，最后拿下晋阳城，成功平定叛乱。

　　高祖被匈奴大军围困于平城（今山西大同）后，周勃则率军不断攻打匈奴骑兵。高祖脱困后，提升周勃为太尉，让他掌管朝廷兵权。

　　不久，周勃又率军先后平定了陈豨和卢绾的叛军。至此，大汉王朝才得以安定下来。

当机立断，诛灭吕氏

公元前180年，吕后病逝。那时，吕后之侄吕禄官拜上将军，吕产官拜相国，他们掌控了朝廷的军政大权，而且准备趁机篡夺刘氏政权。

在吕氏的控制下其他朝廷重臣几乎都没有实权。当时，周勃担任太尉，竟然无权进入军营；陈平担任丞相，竟然无权处理政事。眼见刘氏政权马上就要被颠覆了，周勃和陈平便决定联合起来铲平吕氏。

在长安担任宫廷护卫队长的朱虚侯刘章是刘氏宗室，其妻是吕禄之女，他得知了吕氏密谋篡权之事，于是立即派人通知其兄齐王刘襄，要他发兵来京保护刘氏江山，而自己则在长安做内应。

刘襄随后举兵奔赴长安，同时送信给各诸侯王，揭露吕氏的罪恶阴谋，号召刘氏诸侯王共诛吕氏。

吕产闻讯后，马上派灌婴率军前去迎击。灌婴率军到达荥阳后，按兵不动，静观其变。

陈平和周勃闻听齐王发兵来京，认为诛灭吕氏的时机已到。郦商之子郦寄与吕禄关系亲密，于是周勃派人绑架郦商，然后逼郦寄前去劝说吕禄。

郦寄见到吕禄，对他说："现在太后已亡，少帝年幼，而你却在都城统领军队。这样一来，群臣必定会对你有所怀疑。我建议你现在将军权交于太尉周勃，回到自己的封地，这样才能解除群臣对你的怀疑。此外，刘襄也会因为没有发兵的理由而罢兵。"

吕禄也深知，吕氏擅权已经激起群臣愤慨。略加考虑后，他认为自己并无必胜把握，因此便同意了郦寄的提议。

当时，曹参之子曹窋担任御史大夫，经常与相国吕产在一起议事。

有一天，他看到贾寿和吕产正在密谋，便偷听了其谈话。

贾寿说："你如果不提前赶往封地，恐怕今后就没机会了。"接着，他把灌婴与刘襄等人合谋伺机诛灭吕氏的事告诉了吕产。吕产闻听大惊。随后，经过商讨，他们决定立即率军占领皇宫，挟少帝以令诸侯。

曹窋闻听，立即将此消息告诉了陈平和周勃。

情况危急，周勃马上动身赶往军营，诈称奉少帝旨意，统帅大军。但军中兵士由于未看到帅印，因此有所怀疑。于是周勃立即让郦寄前往吕禄那里，想办法将帅印骗过来。

郦寄找到吕禄后，假传少帝口谕，道："少帝有令，军队全部交由周勃统领。如今军队已经被太尉周勃所掌控，我劝你立即交出帅印，返回封地，不然的话，你难逃一死。"吕禄非常信任郦寄，就将帅印交给了郦寄。

周勃从郦寄手中拿到帅印后，马上传令全军将士："吕氏密谋篡汉，支持吕氏者，请袒露右臂；支持刘氏者，请袒露左臂！"众将士闻听，全部袒露左臂，以示效忠刘氏。就这样，周勃控制了军队。

郦寄假传少帝口谕，对吕禄说道："少帝有令，军队交由周勃统领，请交出帅印。"

接着，周勃让曹窋告诉皇宫守卫，务必将吕产挡在皇宫外。

这时，吕产尚不知周勃已经控制了军队和皇宫，他仍然按计划率军奔往皇宫，结果遭到守卫阻挡。此事随后就传到周勃耳中，他马上命刘章赴未央宫。

正午时分，吕产下令所率军队开饭。刘章趁机率军攻击，吕产大军随即溃散。无路可逃的吕产最后被斩杀。随后，刘章又将长乐宫卫尉吕更斩杀。如此一来，刘章完全控制了皇宫。

周勃闻讯后，马上前去拜见刘章，高兴地说："我所担心的就是吕产占据皇宫。现在你已将吕产铲除，看来大事可成。"随后，他传令逮捕吕氏族人，并将其全部斩杀。

至此，吕氏之乱宣告结束。

当吕氏密谋篡权、侵夺刘氏天下时，周勃勇于担当，一举平定吕氏之乱，从而安定了大汉王朝，避免了宫廷混乱，为保证刘氏江山的延续起到了决定性作用。

夏侯婴终生受宠

夏侯婴是汉朝元老重臣，在追随高祖建立汉朝的过程中战功显赫，最后被封为汝阴侯。汉初，他跟随高祖先后率军诛杀了韩信、陈豨、英布等异姓王。高祖驾崩后，夏侯婴继续在朝中担任要职，堪称四朝元老，为建立汉朝和安定政权作出了杰出贡献。

追随沛公，力救太子

夏侯婴是江苏沛县人，起初在沛县县府掌管马车，与刘邦关系甚好。有一次，刘邦误伤了夏侯婴，被别人告发到官府：当时法律规定，伤人要从严惩罚。夏侯婴坚持说自己没有受伤，以避免刘邦受惩罚。刘邦起兵反秦后，夏侯婴和萧何一起投奔刘邦，他做了刘邦的车夫。

刘邦率部攻克沛县后，被推举为沛公。随后，刘邦赐封夏侯婴为七大夫，担任太仆。此后，在攻打胡陵时，夏侯婴和萧何一起招降了泗水郡郡监，于是，沛公又赐夏侯婴为五大夫。

接着，夏侯婴跟随刘邦在砀县（豫、鲁、苏、皖交界）以东袭击秦军，攻克济阳（今山东境内），占据户牖（今河南境内）；在雍丘（今河南境内）地区，他配合刘邦战胜秦将李由。因为他擅长在战斗中驾兵车快速进攻，刘邦特赐其执帛之位。

第二年，夏侯婴指挥兵车在开封击败秦将赵贲，在曲遇攻打秦将杨熊。战斗中，夏侯婴无惧无畏，俘虏敌兵七十人，收降敌兵八百人，并缴获一箱金印。随后，他又率军配合刘邦在洛阳攻打秦军。在战斗中，夏侯婴驾车纵横驰骋，勇猛冲锋。为了表彰其功，刘邦赐封其为滕公。

不久，韩信因犯军法正要被处斩。韩信举目四顾，看到滕公夏侯婴，便说："大王不是要一统天下吗？那为何要斩杀壮士！"夏侯婴听后，认为此人绝非凡人，便释放了他，然后与其交谈，结果发现韩信谋略过人、才华出众，便和萧何等人一起向刘邦强力推荐韩信。

此后，夏侯婴指挥兵车随刘邦攻克南阳，大战于蓝田、芷阳，他驾兵车冲锋陷阵，勇猛无敌，直打到灞上。

秦朝灭亡后，项羽赐封刘邦为汉王，刘邦又赐夏侯婴为列侯，号为昭平侯，同时让他继续担任太仆，跟随自己出兵。

　　刘邦占领三秦后，夏侯婴跟随刘邦攻击项羽大军。此后，刘邦出兵彭城，汉军大败，刘邦乘车马急速逃跑。在半路上，夏侯婴看见刘邦的子女，即后来的汉惠帝和鲁元公主，急忙将他们拉上车。当时，马已非常疲惫，敌人在后紧追不放，刘邦十分着急，数次将两个子女踢下车，想独自逃命。但是，每次踢下去，夏侯婴都下车把他们拉上来，等当惠帝和公主抓紧自己后才驾车狂奔。刘邦看到这些，非常气愤，甚至想杀了夏侯婴，但最终还是忍住了。经过昼夜奔跑，他们最后终于摆脱了追兵，惠帝和公主也都毫发无损。

　　刘邦抵达荥阳后，收拾残兵重振军威，为了感谢夏侯婴救驾之功，将祈阳赐给他，作为他的食邑。此后，夏侯婴又驾驶兵车跟随刘邦追击项羽，直追到陈县。在攻到鲁国边境时，刘邦又赐给夏侯婴许多封地。

屡建战功，终生受宠

　　汉朝建立后，燕王臧荼反叛朝廷。刘邦亲自率军讨伐，夏侯婴继续驾车跟随他出征。第二年，夏侯婴又和刘邦到达晋阳，大败韩王信的军队。

　　刘邦征讨匈奴时，夏侯婴依旧跟随出征。在平城南边，夏侯婴率军冲杀匈奴骑兵，多次攻破敌阵，斩杀敌兵。

　　白登之围被解除后，刘邦命令夏侯婴驱车急速奔跑。夏侯婴却拉住车马，缓慢而行，同时命令弓箭手做好准备，防备匈奴突袭。最后众人平安地回到营地。事后，刘邦牢记此功，又将细阳赐封给夏侯婴。

　　陈豨和英布造反后，夏侯婴跟随汉高祖出兵平叛。在战斗中，他奋勇杀敌，多次击退敌兵。最后，高祖将汝阴赐给夏侯婴。

　　夏侯婴从追随刘邦起，一直颇受信任。吕后和惠帝十分感激夏侯婴，如果当年不是他援救，惠帝和鲁元公主就不会活下来。为了酬谢夏侯婴，吕后将皇宫边的宅第赐予他，称其为"近我"，也就是说，希望夏侯婴"靠近我"，以此来显示对夏侯婴的宠幸。

　　惠帝死后，夏侯婴依然担任太仆。等到吕后去世后，夏侯婴以太仆的身份入宫清理宫室，并参与废掉少帝，用天子的法驾迎接文帝。

　　公元前172年，夏侯婴去世，谥号文侯。

　　在战将如云的大汉王朝，夏侯婴显得非常普通。他能够受到高祖和吕后宠幸，主要在于营救过惠帝和公主。由此可见，好人自有好报，施恩于前，自会收恩于后。

文帝治国有方

平灭吕氏后，周勃将吕氏所立的少帝废去，迎立汉文帝刘恒回朝即位。文帝当政期间，倡导勤俭节约、休养生息，他为人谦逊克己，知人善任，虚心纳谏，起用了许多人才，例如贾谊、晁错、张释之和周亚夫等，从而开创了文景盛世。文帝钟爱黄老之学，经过他二十三年的统治，汉朝的封建统治秩序逐渐稳定下来，社会经济也得到恢复和发展。

拥立为帝，巩固皇权

汉文帝刘恒，刘邦第三子，其母为薄姬，起初被立为代王，建都晋阳。刘邦共有八个儿子，被吕后杀了四个。当时因为刘恒的地位较低，所以吕后没有加害他。

吕氏被灭后，群臣讨论该由何人继位。最后，众大臣一致推选以宽厚仁慈闻名的代王刘恒。随后，朝廷派人前去请刘恒。

开始，刘恒多次拒绝。经过很长时间的考虑后，他才来到长安，并受到群臣和长安百姓的欢迎。到长安后，他暂住在代邸。接着，群臣前去拜见，呈上皇帝玉玺，尊其为帝，但是，刘恒却谦逊地说自己难当此任。群臣坚决请求，他才进入未央宫，继承帝位。

为了巩固政权，文帝马上让自己的亲信统帅京城守卫部队。随后，他将拥立自己为帝的大臣全部加官晋爵，同时恢复刘姓王的称号和封地，而且重赏开国功臣。通过以上这些措施，文帝巩固了帝位。

此外，文帝谨慎处理与朝廷重臣的关系，以此加强皇权。当时，周勃因平灭吕氏，功劳卓著，所以行为日渐骄横。但是文帝并未指责他，反而更加厚待他。于是有人便劝说文帝，说周勃纵然功劳甚伟，但他终究是人臣，皇上这样待他，有失身份。从此以后，文帝便开始严肃起来，而周勃则越加敬畏文帝。

一次，周勃的属下对他说："主公战功赫赫，但功高盖主就容易招来灾祸。"周勃闻听，立即明白过来，随后便辞官回乡。

第二年，陈平去世。文帝再次任命周勃为相，但此后不久又撤掉了其相位。后来，有人诬告周勃欲反叛朝廷，文帝马上将周勃逮捕。经过核查，周勃并无造反之意，文帝又释放了他。

这件事过后，群臣再也不敢轻视文帝了。

节俭爱民，虚心纳谏

在中国历史上，汉文帝是为数不多的几个真正提倡节约的皇帝之一。他主政期间，曾传令各地官员，一定要节俭行事，切勿骚扰百姓。

公元前178年，文帝曾传令清点长安的政府用马，下令将多余的马匹都送到各地驿站使用。

文帝在位期间，生活非常朴素，身上常穿粗袍；他宠爱的慎夫人，和文帝一样，也过着朴素的生活，平时不穿拖地长裙，只穿劳动妇女那样的衣服，其居室内的帷帐也没有丝毫纹饰。

有一次，文帝准备建造一座露台，后来计算得知，此项工程需花费黄金一百斤，相当于十户中等人家的家产，于是就作罢了。

文帝反对厚葬，他的陵墓建在长安附近霸水之边，称作霸陵。当初建造陵墓时，他命令工匠只需顺着山势挖掘洞穴，不用加高；他的陪葬品全部都是陶器，因为他不准用金银等贵重金属；他还下令，待其驾崩后，就把宫中夫人以下的宫女全部遣送回家，让她们出嫁。

同时，文帝颁布诏令：在全国各地，地方政府每月要为八十岁以上的老人发一石米、二十斤肉、五斗酒；凡是九十岁以上的老人，则每人再增加两匹帛、三斤絮。发给九十岁以上老人的东西，必须由县丞亲自送去；发给八十岁以上老人的东西则必须由乡官送去。经过文帝的大力倡导，全国尊孝敬老之风逐渐盛行起来。

除了节俭爱民，文帝还善于虚心纳谏。

云中太守魏尚曾率军守卫边境，对将士十分爱护。他多次率军大败匈奴，匈奴后来便不敢轻易侵犯汉朝边境。但是，后来魏尚由于谎报斩敌首级数目而遭到罢官判刑的处置。

不久，文帝和冯唐谈论起古代大将时说道："我只叹无法得到廉颇、李牧那样的人为将。如果拥有这样的大将，我何惧匈奴？"

冯唐说："我认为，皇上即使得到廉颇和李牧，也决不会重用。"

文帝听后大怒，问其原因。

冯唐答道："廉颇屡战屡胜，那是因为赵王一直信任他。我听说魏尚在担任云中郡守期间，将当地税收全都奖赏给了众将士，还用自己的俸金买牛宴请军中官吏，军中上下团结一心，所以匈奴人不敢靠近云中郡的边境。但如今魏尚却仅因谎报敌军首级数就被罢官下狱。可见皇上对他的信任十分有限。所以臣认为，即使皇上得到廉颇和李牧，也决不会加以重用。"

文帝听后大喜，立即下令释放魏尚，并恢复了其官职，同时对敢于直言的冯唐也大加奖赏，提拔他担任车骑都尉。

体恤民情，开创盛世

文帝对农业非常重视，登基后多次颁布"劝课农桑"的诏令。此外，他还以身作则，亲自到田地耕作，并下诏：按当地户口多寡设置三老、孝悌、力田等地方官吏，并经常赏赐他们，以此鼓励百姓发展生产。为了减轻百姓负担，文帝经常颁布减少租赋的诏令。

公元前178年和公元前168年，文帝先后两次减轻租税；公元前167年，他又下诏尽免民田租税。与此同时，文帝将每年的算税由以前每年每人一百二十钱减至每年每人四十钱，徭役则缩减为三年一次。

另外，文帝还下诏：全国的土地和山林任由百姓开垦耕种；废除"盗铸钱"令，实行买卖自由政策。实行了以上措施后，凡是交易之物，市场上都有流通，商品经济迅猛发展。农工商业的发展，使文帝时期牲畜日多，财富增加，人口大增，国家的粮仓和钱库全部溢满，全国富足，经济昌盛。

文帝体恤民情还表现在对律令的取舍上。秦代律令规定：一人犯罪，其父母、兄弟、姐妹、妻子、子女以及朋友、邻里都要连坐，重者判处死刑，轻者入官府为奴，此法称为连坐法。公元前179年，文帝下旨废除连坐法。公元前167年，文帝又相继废除了黥、劓、刖等酷刑，减轻了笞刑。

当时法律规定：谁都不可以议论皇帝，更不可以怨恨皇帝，如有违反，就犯了诽谤妖言罪。文帝认为，这种规定让群臣不敢讲真话，导致皇帝无法看清自身的失误，所以下诏加以废除。

公元前157年，文帝驾崩，时年四十五岁。

文帝谦虚克己，勤俭节欲，是一个有作为的好皇帝。他喜好黄老之学，在位期间对巩固汉初统治秩序、恢复发展社会经济，发挥了十分关键的作用。作为中国历史上著名的贤帝，汉文帝必将永垂青史。

神奇谋士陈平

陈平，汉朝开国元勋之一，才华出众，谋略过人。他最初辅助项羽，后来投奔刘邦。陈平曾六出奇计，帮助刘邦解围脱困，为大汉王朝的建立和巩固立下了汗马功劳。吕后死后，他又联合周勃一举铲除吕氏，然后迎立文帝登基。可以说，安定刘氏江山，陈平起了至关重要的作用。

胸怀壮志，营救刘邦

陈平，河南原阳人，出身贫寒，却酷爱读书。

公元前209年，陈胜在大泽乡起义。随后，项氏也揭竿而起。陈平离开家乡，到项羽军中担任参谋，却得不到项羽的重视，郁郁不得志。此后，他在鸿门宴上认识了刘邦，认为刘邦将来必成大器，因此想投奔刘邦。

鸿门宴后，刘邦被项羽扣在咸阳，基本处于软禁状态，处境危险。刘邦让张良想办法，但张良一时也想不到好计策，便去求救于陈平。二人相见甚欢，张良说明来意，陈平一口应承，说自己将尽力帮忙。

第二天，陈平设法支走了项羽的重要谋士范增，然后对项羽说："现在虽然平定了天下，但我们还要节约粮草。如今诸侯的兵力都在关中，每天耗费大量粮食，最好让他们都回到自己的封地。"

项羽觉得很有道理，便马上下令：除刘邦之外，各路诸侯全部回封地。

陈平又授意张良代刘邦向项羽请辞，让刘邦回沛县省亲。项羽犹疑不决，张良便假意劝项羽不要让刘邦返乡，否则他会称王。如今之计，可以把刘邦的家人接到咸阳扣为人质，然后让刘邦去汉中上任，这样一来，他绝对不敢有异心。

陈平也说："刘邦毕竟是被封了汉王的。主公要取信于天下，说话就要算数，否则有损主公名声。臣认为张良之计甚好。"

在张良和陈平的游说下，项羽最终决定放刘邦返回汉中。

刘邦闻讯后，大喜过望，立即率军前往汉中。陈平的计策不仅保住了刘邦的性命，更为刘邦日后东山再起赢得了良机。

投奔汉王，施展奇才

不久，因楚军中不断有人投奔刘邦，项羽便迁怒于陈平。陈平不仅遭到重责，而且他出的计谋项羽也不再采纳。情知自己在这里不可能有所作为，陈平便准备去投奔刘邦。

陈平经汉将魏无知推荐，得以面见刘邦。两人面谈后，都有相见恨晚之感。接着，刘邦破例封陈平为都尉，将他留在身边。众将领听说此事后，非常气愤，都说陈平道德败坏，曾贪污钱财，这种人不能信任重用。

刘邦便将陈平召来，亲自询问了一番："你以前追随项羽，现在又追随我，因此大家认为你没有信义。"

陈平从容回答道："我从前确实跟随过项羽。项羽虽然礼待贤士，却从不信任我们。项羽不会用人，而汉王善用贤士，我当然要投奔汉王了。我两手空空过来，身无分文，迫不得已才收受他人钱财度日。如果主公不信任我，那么我情愿献出所得钱财，回乡种田。"

此番话悲壮凄凉，刘邦听后十分感动，当面向陈平道歉，表示自己完全信任他。

智释樊哙，免祸于身

平定英布叛乱后，刘邦在回朝的路上一病不起。大军到达长安后，又传来燕王卢绾谋反的消息。刘邦卧病在床，无法亲征，便传召樊哙出征。樊哙率军离开长安后，有人向刘邦告密，说樊哙准备联合吕后，斩杀刘邦的姬妾戚氏一族。

刘邦本就对吕后干涉朝政气愤不已，现在闻听她还要联合樊哙，心知事态严重，于是立即召来陈平商议对策。经过一番讨论，刘邦决定按陈平之计，先让陈平前往樊哙军中传诏，并在随行车中暗藏周勃。当他们一行到达军营后，陈平马上宣旨斩杀樊哙，由周勃取而代之。

二人领命上路后，陈平对周勃说："此事非常棘手！樊哙是圣上的同乡，立下无数汗马功劳。他的妻子是吕后的妹妹，他可是皇亲贵戚。现在，皇上大怒之下，要斩杀樊哙。如果我们当真照做，日后只怕会大难临头。所以，我们不如擒住樊哙，将他打入囚车，送回京城交给皇上亲自发落。这样不论樊哙日后如何，我们都不至于受到牵连。"

于是，二人来到军中拿住樊哙，将其打入囚车后送往长安。周勃则代替樊哙领兵继续讨伐叛军。

不料，陈平还没有到达长安，就传来刘邦驾崩的消息。他明白以太子之软弱，根本无法控制大局，日后朝廷的军政大权必然落在精明的吕后手中。想到此，他便快马加鞭，星夜赶赴长安应变。

一到长安，陈平立即至宫中奔丧。在高祖的灵位前，陈平痛哭流涕，哭诉道："皇上命我斩杀樊哙，但我无权处决大将，所以将樊哙押回了长安。"他说这些话，就是为了向吕后表功。

吕后姐妹听说樊哙没死，自然十分高兴。看着陈平泪流满面的样子，吕后还宽慰陈平。陈平便借机请求留在京城，吕后也答应了，还拜他为郎中令，命他辅助新皇帝。就这样，陈平再次保全了自己。

灵敏机智，晋身为相

文帝登基不久，便晋升陈平为左丞相。一天，文帝询问右丞相周勃："老丞相知不知道一年里国家判决的刑事案件有多少？"周勃老实地说不知道。

文帝又问："那么一年里国库有多少收入呢？"周勃仍然说不知道。

文帝很是不满，又询问陈平。陈平从容答道："陛下如果想知道天下有多少案件，可以去问廷尉；想知道国库的收入，则可以去问治粟内史。"

文帝心中有气，于是问道："这些事情都有人管，那么你管些什么？"

陈平答道："作为丞相，我辅助陛下处理全国事务，使得国泰民安，大臣们各司其职。这就是我的职责。"文帝听后，立即转怒为喜。

退朝后，周勃拉住陈平，责备他为什么平时不把这些数目告诉自己。陈平笑道："作为丞相，你还用人教导吗？再说回答了有多少案件后，倘使皇上又问你全国有多少盗贼，你又怎么回答呢？"

周勃听后，明白自己的才能远远不及陈平，没多久，便向朝廷称病请辞，要求免去自己丞相之职。文帝准奏，于是陈平便成为朝中唯一的丞相。

陈平妙计迭出，谋略超群。他先投奔楚霸王，最后归附刘邦，并辅佐刘邦东征西战，南征北讨，数次拯救刘邦于危难之中。但是，纵观其奇谋妙计，全都阴损歹毒，所以他在后世人眼中，形象十分糟糕。当然，他确实为建立大汉王朝立下了奇功，这一点是不容置疑的。

贾谊上疏论政

经过几十年的休养生息，汉朝的社会经济逐步恢复、发展，同时，政权也得到了巩固。此时，当年高祖分封的同姓王实力日益壮大，对中央构成了重大威胁。贾谊深知其中忧患，便向文帝上书，谈论治国之策，从而为朝廷敲响了警钟。

少年得志，仕途顺利

贾谊，河南洛阳人，从小便学习勤奋，喜好读书，十八岁时因才华出众名动河南。河南郡守吴公非常青睐他，把他召到门下为徒。吴公知识渊博，使贾谊受益匪浅。

公元前179年，文帝召吴公归朝，晋升他为廷尉。接着，吴公便向文帝推荐贾谊，说贾谊遍览百家书，才学出众。就这样，文帝将贾谊也召到朝廷，任命他为博士。

从此时起，贾谊便踏上了仕途。当时，他只有二十一岁，真可谓少年得志。

所谓博士，就是专门供皇帝咨询事务的官员。每次汉文帝提出问题时，只有贾谊能对答如流，其他博士都无法清晰流畅地回答文帝的问题。因此，众博士对贾谊非常佩服。

文帝也非常高兴，随后便晋升贾谊为太中大夫。

公元前178年，贾谊看到社会上弃农经商的现象日益增多，于是向文帝上《论积贮疏》，主张实行重农抑商的政策，发展农业生产，加强粮食贮备，预防饥荒，最终实现国富民强。

文帝认为有理，便采纳其建议，下令鼓励农业生产，这对恢复经济、维护封建统治的经济基础起到了极为重要的作用。但是，重农抑商的政策也限制了商品经济的发展。

除此以外，贾谊还修改和订立了许多朝廷政令，并建议遣送王侯离京返回封地。这些建议都得到了汉文帝的认可。

但是，以上的法令和措施，触犯了王侯贵族们的利益，因此王侯们对贾谊充满了愤恨之情。

元老排斥，贬官外放

当汉文帝准备再次晋升贾谊时，却遭到文武大臣的反对。那些元老重臣看到贾谊少年得志，官运亨通，对贾谊开始不满了，比如周勃和灌婴。

周勃和灌婴都出身于贫寒之家，后来跟随刘邦南征北战，屡立战功，是汉朝的开国元勋。他们虽然位高势大，官至侯爵，但基本上都不通文墨。文帝执政时，他们年事已高，但都居功自傲，思想保守，心胸狭隘。

当贾谊这种知识渊博的青年人在朝廷有所作为时，他们的内心非常不舒服。一方面，他们认为贾谊的资历太浅；另一方面，他们又嫉恨其渊博的学识。所以当文帝准备晋升贾谊并委以重任时，他们便联合起来攻击贾谊，说如果让他处理国家事务，只会弄乱国家。

见这些开国老臣们强烈反对，刚刚登基的文帝也只好将此事暂时搁置起来。此外，文帝的宠臣邓通也对贾谊嫉妒万分，而贾谊又非常藐视靠拍马屁起家的邓通。于是，邓通常在文帝面前诬陷贾谊。时间一长，文帝对贾谊也日渐冷淡起来。

开国老臣和邓通的攻击使贾谊无法在朝中立足。后来，文帝将贾谊贬出长安，派他前往长沙，担任长沙王的太傅。

位于南方的长沙距离长安远达千里，路上交通不便，辛苦异常。最使贾谊伤心的是，他知识渊博，才华横溢，胸怀大志，本欲辅佐文帝有所作为，却遭朝臣诬陷而被贬外放。

他感到十分孤独和失望，认为自己的遭遇和屈原一样，于是写了一首《吊屈原赋》，以此来表达心中的不满之情。

上书言事，切中时弊

公元前173年，文帝十分思念贾谊，因此召其返回京师。贾谊返回京师时，发现朝廷的人事变动很大。

当时，灌婴已死，周勃则解甲归田。然而，文帝还是未重用贾谊，只是让他担

贾谊认为自己的遭遇和屈原一样，于是写了一首《吊屈原赋》，以此来表达心中的不满。

任梁怀王的太傅。梁怀王是文帝幼子，很受文帝宠爱。文帝让贾谊担任梁怀王的太傅，也算是很重视他。

此时，贾谊依然关心朝政。当时，朝廷面临两个主要矛盾：一个是朝廷和地方诸侯王之间的矛盾，一个是汉王朝和匈奴之间的矛盾。这两个矛盾日趋尖锐，贾谊已经透过当时表面稳定的政治局势，看到了深层次潜藏的危机，对此十分担忧。随后，他向文帝上疏《治安策》，指出诸侯王是威胁朝廷安定的关键因素。

此外，通过列举诸侯王反叛的历史事实，贾谊又向汉文帝提出了具体的应对之策，即在诸侯王的原有封地上，再次分封诸侯，以此来分散其领地，削弱其实力。然而，文帝并未采纳其建议。

深切自责，忧郁而亡

公元前169年，梁怀王在骑马时摔死。贾谊为此自责不已，并经常哭泣。在这种情况下，他还是以国事为重，经常为文帝建言献策。

梁怀王没有子嗣，按照律令其封国应当被撤销。但贾谊认为，撤销梁国，将影响整个局势。他建议让代王刘参迁到梁国，并扩大梁国和淮阳国的封地。如此一来，即使国家有事，梁国足以抵御齐赵，淮阳王足以控制吴楚，皇上就可以消除山东之患了。

文帝听了贾谊的建议，就下诏封淮阳王刘武为梁王，城阳王刘喜为淮南王。在此后的七国之乱中，梁王刘武抵御齐赵的部署，正是根据贾谊的建议而为。由此可见贾谊谋略之深远。

公元前168年，贾谊抑郁而终，时年三十三岁。

贾谊一生，虽然因遭诬陷被贬外放，未曾封侯拜爵，但他的许多建议依然受到了文帝的重视。后来，他因梁怀王之死深感自责，抑郁而终，真是遗憾至极。

苏东坡曾说："贾生志大量小，才有余而识不足。"但是，从政治家和思想家的角度来看，贾谊的历史贡献足以让其名传后世、万古流芳。

张释之严于执法

张释之，西汉著名清官，文帝时担任廷尉。他认为廷尉是"天下之平"，如果执法不公，有法不依，那么天下人都会不知轻重，百姓就会感到迷惑。张释之执法甚严，当皇帝之诏和律令产生矛盾时，他也会依法而行，维护法律的尊严，时人因此赞誉道："张释之为廷尉，天下无冤民。"

机智灵敏，勇于劝谏

张释之，字季，河南方城人。在家排行第三，平时与两位兄长同住。

文帝当政时，张释之担任骑郎十年之久，虽然为官清廉，却始终未得到晋升。张释之曾对他人说："我长年为官，却无法晋升，依靠兄长度日，心里难受啊。"于是准备辞官归乡。

当时，中郎将袁盎是张释之的直属上司，对他十分了解。认为他辞官回家十分可惜，于是就向文帝上奏，请求调任张释之为谒者。

在袁盎的推荐下，文帝决定接见张释之。

张释之见到文帝，便要谈论国家大事。但文帝却阻止他道："千万不要高谈阔论了，讲些务实的东西吧。"

于是，张释之将秦汉的得失谈论了一番。文帝认为他分析得很有道理，便为他安排了官职。

一次，他跟随文帝外出游玩，来到一个专门为皇家放养珍禽异兽的地方。文帝问负责此地的官员，这里有多少珍禽异兽以及其他一些问题。这个官员回答不上来，觉得十分难堪。这时，他身旁一个人上前替他回答了文帝提出的问题，说得滔滔不绝。文帝听后，对其十分欣赏，便准备下旨提拔此人。

张释之发觉此人说话过分夸张，便上前对文帝道："陛下认为周勃和张相如如何？"

文帝说："他们二人都很忠厚。"

张释之说："陛下既然知道他们都是忠厚之人，那么为什么还要提拔眼前这个人呢？周勃和张相如说话口齿不清，无法流利地表达自己的意思，但他们为人忠厚，为官也很称职，因此受到了世人的称道。现在，难道陛下要让群臣学这个言过其实的油滑之人吗？陛下可曾记得秦始皇的故事？当年，秦始皇只重用言过其实的人，而不重用务实之人，结果致使群臣崇尚空谈，不务实际，最后导致大秦王朝灭亡。现在，陛下仅仅因为此人言词流利就要提拔他为官，我担心日后朝廷中也会形成崇尚空谈、不务实际的坏风气。"

文帝听后，甚觉有理，便没有提拔那个人。回宫后，文帝马上提拔张释之担任公车令，主要负责皇宫警卫。

依法量刑，不谀君王

有一天，文帝乘车经过一座桥时，突然从桥下跑出一个人，惊扰了文帝的车驾。文帝马上下令逮捕此人，交给廷尉审理。

那人本是一个普通百姓。张释之审问他，他说："我听到皇上车马来临的警戒后，便急忙藏在桥下避让。过了一会儿，我以为陛下的车马已经过去，就跑了出来，不料还是惊扰了陛下。"

张释之派人调查核实后，认为他并未犯下过错，因此只略加处罚便将其释放了。

文帝听说后，大怒："他惊吓了我的马，几乎让我受伤，你竟然就这样轻微地处理了？"

张释之解释道："皇帝与百姓都必须遵守律法。律法如何规定，就应当如何执行。他没有犯罪，就应该将其释放。如果任意加重处罚，就会失信于民。如果陛下当初抓住他时就下令将他处死，那就没有任何问题了。但是，现在陛下既然交由廷尉审判，那么廷尉就只能依法行事。陛下要明白，廷尉乃天下法律的天平，若稍有差池，其他执法者便会依样而为，那百姓今后将手足无措了！请陛下明察。"

文帝终究是一个明理之君，听张释之说得有理，也就不再追究了。

张释之解释说："陛下要明白，廷尉乃天下法律的天平，若稍有差池，其他执法者便会依样而为，那百姓今后将手足无措了！请陛下明察。"

犯颜执法，一代清官

不久，京师又有一起大案发生。有人竟然盗窃高祖庙中的玉环，不久后被捕获。

文帝获知此事大怒，下令将此案交给廷尉张释之论处。张释之根据汉律审理后，按规定处以罪犯弃市刑（就是将罪犯斩首示众于热闹的市区）。

文帝得知后极为不满，责问张释之："此人盗窃先帝庙前供奉的玉器，实在胆大妄为，罪该万死。我之所以命你亲自审理，目的是让你判他重刑，将其父族、母族、妻族统统斩杀。而你却按照律令处理得如此之轻！这岂不是让朕有负于先帝在天之灵吗？"

张释之立即免冠顿首争辩道："法律规定，犯盗宗庙服御物罪者，其刑罚为弃市。法律对各种罪犯的处治方法，并非出于主观与随意，我完全是按照法律规定处理的，判弃市刑已经属于最高刑罚了。若是将盗宗庙玉器者斩杀全族，那么，假如以后有人盗长陵（高祖刘邦墓）一抔土，陛下将如何治罪呢？"

文帝听后，认为张释之说得有理，便肯定了张释之的判决。

张释之执法不徇私情，因此得罪了许多人。文帝驾崩后，景帝即位。听说有人准备趁机报复自己，张释之于是想要辞官归家。

这时，有一个叫王生的人来到张释之的官衙，当着许多官员，让张释之替他把袜子脱下来。过了一会儿，又让张释之替他把袜子穿上。张释之都照做了。看到这种情况，许多人都责备王生不该在衙门里当着众人之面侮辱张释之。

王生听后，对众人说："我是贫贱之人，一生都没有跟廷尉张释之有过什么交往。张廷尉现在是全国有名的德高望重的大臣，受人景仰。我之所以故意戏弄他，就是想以此来提高他的声誉。"

的确，张释之并未责怪王生，反而恭敬地按他的要求做了。群臣此后更加敬重张释之。

由于张释之执法公正，时人赞誉道："张释之为廷尉，天下无冤民。"由此可见，他得到了当时百姓的认可与信任。

开明君王汉景帝

汉景帝，汉朝时期的一代明君。他在位期间，推行开明宽松的政策，促进了社会经济的发展，使国家呈现出一片繁荣景象：百姓安定，政治清明，统治稳固，国泰民安。景帝延续了高祖时期的和亲政策，暂时避免与匈奴发生大规模的冲突，从而为发展经济创造了有利的环境，也为日后汉武帝反击匈奴奠定了物质基础。基于此，后世将景帝和文帝统治时期并称为"文景之治"。

休养生息，国泰民安

汉景帝刘启，文帝之子，母为窦皇后，于公元前157年登基，时年三十二岁。即位后，他继续推行文帝时期的政策，鼓励发展农业生产。景帝说："农，天下之本也。黄金珠玉，饥不可食，寒不可衣，以为币用，不识其始终。"鉴于此，他多次下诏让各地各级官员鼓励百姓发展农业。

景帝允许定居在贫瘠之地的农民随意迁往肥沃之地从事农业活动，并将"长陵田"租给无地少地的农民。他还多次严厉打击擅用民力的官员，保证了正常的农业生产。此外，他还曾下令禁止用谷物酿酒、用粟喂马。

公元前156年，景帝下诏：只收取文帝时税收的一半，即三十税一。从此以后，这种税率成为西汉定制。次年，景帝下诏：男子服徭役的年龄推后三年，并减少服役时间。此项规定一直沿用到西汉昭帝时代。

景帝制定的另一项惠民措施就是减轻刑罚。文帝时减轻了笞刑，但鞭打的次数仍然很多，所以景帝又逐渐减少了次数，同时规定了刑具的长短、宽窄，并规定施刑中途不准换人。这样一来，就使刑法更加完善。对于审案断罪的官员，景帝也经常训导他们要宽容，不准随意错判、重判。

在思想领域，景帝也不再严厉禁止其他学派的发展。汉初，黄老学派（即以黄帝和老子命名的学派）最负盛名，此学派主张无为而治，减轻徭赋。景帝在提倡黄老之学的同时，也允许儒家等学派存在和发展，为日后各学派的发展和变革奠定了基础。

在外交方面，景帝继续推行和亲政策，对匈奴加以安抚。对于匈奴的骚扰，景帝没有大举反攻，而是以大局为重，积极防御，同时在边境地带设立市场，和匈奴人做贸易。此举在一定程度上缓和了汉人与匈奴人的矛盾。

在景帝的治理下，国家安定，经济发展，国泰民安。

发展教育，打击豪强

景帝当政期间，在教育领域中最突出的就是支持文翁办学。

文翁，安徽庐江人，学富五车，经官员推荐，被景帝任命为蜀郡太守。文翁到达蜀郡后，开创了郡国官学，对文化的传播起了重要作用。他的成就得到了景帝的肯定，景帝对其办学模式十分认可，随后下诏在全国推行。

景帝一面大力弘扬文教礼仪，一面严厉打击地主豪强。他采取了许多手段，其中最为关键的有两个：其一，景帝仿效刘邦将豪强迁到关中之法，把豪强迁到阳陵，以此达到分离其宗族亲党、削弱其势力的目的；其二，重用酷吏，让其大力打击为非作歹之徒，从而达到了杀一儆百的目的。两项措施让各地豪强人人自危，都不约而同地收敛了暴行。这些措施也局部调整了阶级关系，有利于发展社会经济，改善社会秩序。

宽厚仁慈，患病逝世

景帝非常善于用人。为严格管理皇亲国戚和官僚贵族，他晋升执法不阿的宁成为中尉。宁成很快便将那些胡作非为的权贵们治理得服服帖帖。

对于外戚，景帝也能恰当使用。他见窦太后的侄子窦婴才华出众，就封其为大将军。后来，窦婴立过几次大功。窦太后好几次让景帝拜窦婴为相，但景帝以窦婴不太稳重为由，一直没答应，后来让更合适的卫绾做了丞相。

景帝宽厚仁慈，不记旧仇。他做太子时，张释之曾拒绝其车马入殿门，因为他进宫门时没有下车，违反了当时的律令。而景帝即位后，并没有公报私仇，依然任命张释之担任廷尉。他的仁慈还体现在对兄弟姐妹和宫中嫔妃的态度上。胞弟刘武和景帝很亲近，经常来皇宫跟他谈心。后来，刘武病死，景帝很是伤心，将其五个儿子分别封了王。对于宫中嫔妃，她们做得对，景帝就奖赏，做得不对，景帝就惩罚，均一视同仁。

公元前141年，景帝病死在未央宫，年仅四十八岁。

经过景帝的治理，社会经济获得显著的发展，封建统治秩序日臻巩固，汉朝实力也日益强大，西汉历史上出现了一个盛世景象——文景之治。

晁错削藩

汉文帝时，同姓王的势力日益强大，逐步对朝廷形成了威胁。在此情况下，晁错建议文帝削弱王侯势力，但是未被文帝采用。后来，景帝采纳了晁错的建议，不料却引发了皇室内乱，而晁错也因此被冤杀。

文帝赏识，景帝宠幸

晁错，河南人，最初掌管宗庙祭礼，后被朝廷选派出去学《尚书》，回朝后便开始为文帝讲解《尚书》，因言辞犀利、才华横溢，很受文帝喜爱。不久，他先后被任命为太子舍人、门大夫，后又被提升为博士，专为太子服务。

担任博士后，晁错著《言太子宜知术数疏》，指出：皇帝要建功立业，最重要的是掌握治国之策。他建议文帝将圣人治国之书赐与太子，让其多加学习。文帝甚觉有理，便采纳其言，晋升他为太子家令。晁错分析问题有条有理，见解独到，能言善辩，因此得到了太子刘启的宠爱，号称"智囊"。

后来，晁错多次向文帝提出削藩的建议。文帝虽然没有完全采纳，但还是十分欣赏他。当时，太子刘启赞成晁错的计策，而有些大臣则坚决反对。

刘启登基后，任命晁错为内史。此后，晁错多次与景帝私谈，其建议大都被景帝听取，景帝对他宠爱有加。

位高权重，提议削藩

很快，晁错便升任为御史大夫，至此，晁错的地位仅次于丞相。不久后，他递上《削藩策》，再次向景帝建议削藩，并建议朝廷一定要对实力最强的吴王刘濞加强防御。刘濞乃高祖之侄，刘邦将他封为吴王后便后悔了，但为时已晚。刘濞到任后，便在吴地准备起兵篡位。其子刘贤进京时与时为太子的景帝发生误会，最后被景帝误伤，不治而亡，刘濞一直怀恨在心。待景帝继承皇位后，刘濞已然厉兵秣马四十载。期间，他私铸钱币，贩卖私盐，为增加实力，他将逃犯全部招去，其反叛之心昭然若揭。晁错认为，刘濞迟早会反，现在削其封地，他定会立即反叛，如此正好趁机铲除他。否则，任由他的势力继续发展，将后患无穷。景帝表示赞同。

晁错的主张遭到诸侯王和群臣的坚决反对。晁错之父听到这个消息，立即从家乡赶来，对晁错说："你官至御史大夫，地位已够高。为何不明哲保身，却自找麻烦？你想想，诸侯王与皇室乃是骨肉至亲，你如何去管？你把他们的封地削减掉，他们都会怨恨你、报复你，你这样做究竟是为了什么啊？"

晁错回答道："诸侯王的封地不削，国家将永远不得安宁，天下迟早会陷入混乱。我做这件事，就是为了安定天下。"晁父叹了口气说："你这样做，刘家的天下安定了，但我们晁家却危险了。我老了，不愿意看到大祸临头。"晁父回到老家后，便服毒而亡。

替罪羔羊，冤死刀下

随后，汉景帝下令削藩。恰巧楚王刘戊来到京师长安，于是晁错乘机揭发其罪恶，请景帝将其问罪，收回其部分封地。就这样，景帝削去了楚王封地，随后又削去了赵王的部分封地，然后准备对付实力最强的吴王。

此时，吴王刘濞已打定主意起兵造反了。他打着"清君侧"的幌子，煽动别的诸侯一同起兵叛乱。最终吴、楚等七国联合反叛，景帝十分恐慌。这时，晁错的政敌袁盎劝汉景帝道："其实，吴国和楚国本来没有实力反叛朝廷。他们确实富足，将士也多，但都是一些见利忘义之徒，根本不堪一击。现在，他们起兵反叛朝廷，只是被削藩令所逼。所以陛下只要斩杀晁错，退还诸侯王被削去的封地，就可化干戈为玉帛。"袁盎过去曾担任吴国相国，所以景帝对他的话深信不疑，相信了他，说："如果他们真能够撤兵，我又何必舍不得晁错一个人呢。"他此时已经方寸大乱，听了袁盎的分析，便决定斩杀晁错以平叛乱。

不久，一批大臣上奏弹劾晁错，说他大逆不道，竟建议陛下亲征叛军，而自己却留守京师，该被腰斩、灭全族。景帝为了保住自己的皇位，顾不得与晁错多年的君臣之情，默许了这个奏章。

随后，景帝派使者来到晁错家，传达诏令，诈称让晁错上朝商议国事。晁错毫不知情，立刻穿上朝服，坐车向皇宫赶去。车马经过长安东市，使者忽然拿出诏书，要晁错下车听诏。接着，这个一心想维护汉家天下的晁错，就这样莫名其妙地被杀害了。

忠臣蒙冤而死，实在可叹！明代思想家李贽曾说："晁错善于谋国，但不善于谋身。"对于晁错一心为国而置个人安危于不顾的牺牲精神，李贽赞赏有加。这种精神的确非常值得后人赞颂。

周亚夫平乱

　　七国之乱一起，朝廷惊惶不已。随后，中尉周亚夫兼任太尉之职，奉命率军东进，讨伐叛军。经过一番激战，周亚夫终于一举平定叛乱。平定七国叛乱后，各地诸侯王的势力受到严重削弱，诸侯王的权力也受到了限制。至此，高祖制定的同姓王制度所带来的矛盾暂时得以缓和，而皇权则得到了强化。

出身将门，细柳扬名

　　周亚夫，江苏沛县人，性格刚硬，沉默寡言，其父周勃乃开国功臣。周亚夫起初被任命为河内郡守。

　　一次，周亚夫请来当时著名的观相者许负，让他为自己相面。许负看后，说道："大人三年后可封侯，八年后可拜相，辅佐皇帝，尊贵无比。但是，九年后，大人却会饿死。"

　　周亚夫不信这话，笑着说："你这次没有看准，我乃家中次子，兄长已代父为侯。如果他死了，也应该由其子继承，所以我不可能封侯。此外，你既然说我无比尊贵，那么怎么会被饿死呢？请指教。"

　　许负指着他的嘴，说："你嘴上的纵理已经伸入口中，这正是饿死的面相。"闻听此言，周亚夫非常吃惊，但依然觉得许负的话不可信。

　　过了三年，周亚夫之兄因犯罪被处死，并被剥夺了爵位。文帝感念周勃之功，不忍心剥夺其爵位，便要选择周勃之子中贤能的人继承爵位。大臣们都推举周亚夫，于是文帝便让周亚夫继承了爵位。

　　公元前158年，匈奴大举侵扰边塞。文帝立即命令三路大军前去抵抗。此外，为了保护京师，文帝又派出三位将军率军守卫京师：刘礼驻军灞上（今西安市东南），徐厉驻军棘门（今陕西咸阳东北），周亚夫驻军细柳（今咸阳市西南）。

　　为了激发士气，文帝亲自前去慰劳军队。在灞上，刘礼与部下将士看到文帝驾到，全部骑马出迎。汉文帝的车马闯进军营，无人拦阻。汉文帝慰劳过后便率队离去，刘礼和众将士又出去欢送。

文帝到了棘门的军营后，车马还是直接驰入。徐厉带领将领们下马迎送。

文帝到了周亚夫的营寨，感觉和先到的两处截然不同。

文帝的先遣车马来到军门后，守卫军门的将领拦住不让进。先遣官大怒，道："你们真是大胆，陛下就要驾临。"

这位将领却说："将军有令，军中只听将军命令，不听天子诏令，任何人不得擅自入内。"

就在他们争吵之时，文帝已经来到近前，但军门守将依旧不让进。无奈，文帝只好派使者拿着自己的符节进去通报。周亚夫这才下令打开寨门迎接皇帝。

传令的人又严肃地告诉文帝的随从和车夫："将军有令，军营之中不许车马急驰。"

文帝的许多侍从官员一听，开始怒骂周亚夫。文帝却吩咐车夫放松缰绳，缓慢而行。于是，车夫只好控制着缰绳，不让马走得太快。

到了军中大帐前，周亚夫一身戎装，出来迎接。他手持兵器向文帝行拱手礼："臣盔甲在身，不便下拜，请陛下允许臣下以军中之礼拜见。"文帝听了，非常感动，欠身扶着车前的横木向将士们行军礼。慰问完毕后，文帝率队离开细柳。

在返回京师的路上，许多人痛骂周亚夫，但文帝并不这样认为。他感慨地对群臣说："这才是真将军啊！灞上和棘门的军队，简直是视打仗如儿戏。如果敌人来偷袭，恐怕他们的将军也要被俘虏了。但是很明显，周亚夫的军队绝对不会被敌人偷袭成功。"

过了一个月，看汉军集结于北方，匈奴便撤兵了。于是，保卫长安的三路大军也撤兵回归原地。

经过这次事件，汉文帝认定周亚夫是个优秀的将军，所以不久后便将他任命为中尉。

第二年，文帝在弥留之际，将太子召到床前，叮嘱道："国家一旦发生混乱，就让周亚夫率军讨伐，一定可以达到目的。"

景帝登基后，任命周亚夫为骠骑将军。

神机妙算，平定乱事

公元前154年，吴、楚等七个诸侯国以"诛晁错、清君侧"为由，发动叛乱。随后，景帝任命周亚夫担任太尉，率军前去征讨。

叛军最初向梁国进击，但周亚夫并不想直接援救梁国，他对景帝说："吴、楚军队士兵勇猛，行动迅捷，我们很难同他们在面对面的作战中取胜。我想让梁国拖住吴兵，然后我再率兵断绝吴兵的粮道，这样就可以制服吴楚了。"景帝同意了这个建议。

周亚夫率军出发，到灞上时，有个名叫赵涉的人建议他向右行进，以避免被叛军半路攻击。周亚夫采纳赵涉的建议，南出蓝田、武关，到达洛阳。经过一番搜索，还围剿了吴王在这一带所遣的伏兵。

这时，梁国告急，梁王请求周亚夫出兵援助。周亚夫却领兵向东北急行至昌邑，控深沟，筑高垒，进行防御。梁国每日都派使者求援，周亚夫却坚守营垒不去救助。

周亚夫（前199~前143），西汉著名将军，江苏沛县人。

梁王向景帝上书，景帝派使臣命令周亚夫前去救援梁国。周亚夫却不执行，坚壁不出，因此梁王对其愤恨不已。与此同时，周亚夫派人断绝叛军后方的粮道、抢劫叛军粮草。叛军看到粮草被抢，便反攻周亚夫，但周亚夫依旧命令士兵们只坚守不出击。

某个夜晚，周亚夫的军中突然惊乱起来，吵闹声甚至传到了周亚夫的营帐，但周亚夫始终高卧不起。过了一会儿，军营就恢复安定了。

后来，吴军扬言要奔袭周亚夫军营的东南，而周亚夫却派人戒备西北。不久，叛军果然以其精锐攻打军营西北。由于汉军早有防备，因此叛军迟迟不能攻下。

叛军缺乏粮草，只得引军撤退。周亚夫于是派精兵乘胜追击，大破叛军。最后，无路可逃的吴王刘濞被越人斩杀，七王之乱宣告平定。

此次平定七国之乱，历时仅三个月，可谓神速。这时，群臣才领教了周亚夫的奇妙谋略。

平定了七国之乱后，皇权得到了进一步的巩固。身为平叛统帅，周亚夫在平叛中居功至伟。不过，他为人刚硬，不善变通，在平叛时得罪了梁王，也为自己日后不幸的结局埋下了祸根。

国之爪牙郅都

自古以来，在无数进步思想家的坚持和弘扬下，天下为公、以民为本、勤政爱民、廉洁奉公、诚信守法等朴素的民主思想与道德人文思想一直被视为正统，也使历史上涌现出了众多清官，例如西汉的郅都。

镇压豪强，执法不阿

郅都，山西省洪洞县人，文帝时进入朝廷担任郎官，主要侍奉文帝。汉景帝即位后，郅都被任命为中郎将。他性格刚硬，勇于直谏，敢于无情地当朝指责群臣，因此很快便得到了景帝的青睐。

一天，景帝带着宠妃贾姬到上林苑游玩。众人兴致正高时，贾姬要去如厕，不料她进入附近一间厕所后，一头庞大的野猪也冲了进去。汉景帝示意郅都立即去救人，谁知郅都就像木头人一样，丝毫没有反应。景帝焦急之下，抽出随身宝剑，便要闯进去救贾姬。就在这时，郅都却突然跑过来，挡到景帝面前，跪下叩头，而且边流泪边说："陛下千万别去！即使贾姬遇难，还有别的姬妾，但是如果陛下出了事，国家怎么办？老太后又怎么办啊？"景帝听后，也觉得他说得有理，便决定不去营救贾姬了。出乎众人意料的是，就在这时，那头野猪却自己跑了出来，而贾姬也随后平安地出来了。不久，窦太后听说了这件事，她认为郅都有大局观，便重金赏赐了他。

汉初，豪强地主势力迅速膨胀，有的居然横行地方，蔑视官府，不守国法。如济南郡的闲氏家族，仗着宗族人口众多，横行当地，屡与官府作对。地方官对此地头蛇也没有办法，于是汉景帝任命郅都担任济南太守。郅都见不法豪强目无国法、肆行无忌，采取了以暴制暴的手段，他到任后便将闲氏罪魁祸首斩杀，并推行严法。首恶被诛后，其他人等便不敢再与官府作难了。经过一年多的治理，济南的社会秩序得到了初步安定，当地百姓安居乐业。郅都严酷地治理济南豪强，对当地的影响非常大。

公元前150年，郅都晋升为中尉，负责京师长安的治安，并统帅北军。他当政期间，从不徇私舞弊。他为官廉洁，执法不避亲戚和权贵，从不接受贿赂和亲友的馈赠，凡是私人求情之信都不看。他常说："既然离开家人外出为官，就应该在任上奉公职守，守义而亡，尽管这样可能会无法照顾妻子儿女。"正因为他抱着置之死地而后生的决心打击暴徒，所以对暴徒起到了巨大的震慑作用。就是皇亲贵戚见到郅都，也都敬他三分，由此人们称其为"苍鹰"。

后来，郅都的名气竟然远传到匈奴，使得匈奴人也觉得胆寒。鉴于此，酷吏张汤赞颂道："我大汉有了郅都和魏尚，匈奴便不敢出兵南侵。"此后，汉臣谷永又将郅都与廉颇、赵奢相提并论，誉其为"战克之将，国之爪牙"。

得罪太后，蒙冤而死

栗姬之子刘荣是景帝长子，也是当朝太子，但是，栗姬却未被景帝封为皇后。后来，有大臣上书，认为太子之母栗姬当为皇后，结果栗姬遭到其他宠妃的诬陷。景帝偏听偏信，最后废了刘荣的太子之位，将其改封为临江王。

不久，刘荣又侵占庙地修建自己的宫室。景帝命其入京交代，刘荣到长安后，被传到中尉府受审，主审官正是郅都。审理期间，刘荣请求给他纸笔，欲写信直接向景帝谢罪，但郅都不许。窦太后堂侄魏其侯窦婴派人悄悄送给刘荣纸笔，但刘荣认为自己受到了羞辱，在向景帝写信谢罪后，便在中尉府自杀了。窦太后得知后非常气愤，深恨郅都过于严厉，责景帝将他罢官返家。

那时候，匈奴骑兵经常侵扰汉境，朝廷却没有得力官员进行阻击，因此边境各地混乱不堪。郅都回家不久，汉景帝又派专使到郅都家乡，拜郅都为雁门郡太守，命他抗击匈奴，并特许他不必按常规赴朝面谢，从家中直接去赴任。景帝还下令，边境的一切事情，让郅都自己酌情裁定，可以先行后奏。匈奴人听过郅都的节操威名，得知他担任雁门太守，便全军后撤，远离雁门。据传，匈奴首领曾用木头刻成郅都之形，立为箭靶，令匈奴骑兵飞马试射。众骑兵竟无一人能够射中，由此不难看出匈奴人十分畏惧郅都。

为了陷害郅都，匈奴首领派人潜入长安，到处散布关于郅都叛国的谣言。窦太后闻听此事，未加考证追查，便命人抓捕郅都。景帝知道郅都是被人陷害，便想将其释放。但是，窦太后对郅都审理刘荣之事始终耿耿于怀，因此不准景帝释放他。最后，在窦太后的敦促下，郅都惨遭杀害。郅都刚死，匈奴骑兵便攻进雁门郡。

郅都为官清廉，执法不阿，一心为公，却因不懂变通之道得罪太后，最后被冤杀，实在是可悲可叹。郅都在郡县为官，当地路不拾遗；在边境为官，让匈奴远离边境。但是，具有如此雄才的郅都，却被司马迁评为酷吏。司马迁可能别有他意，但不管怎样，这种评价都是有失公正的。

窦太后干政

窦太后推崇黄老思想，在她的干预下，朝廷延续了高祖刘邦在位时制定的休养生息、无为而治的治国之策，从而使汉王朝日益强盛起来。之后的历代统治者，都没有像她那样真正地推崇黄老思想、实行无为而治的。窦太后非常宠爱儿子刘武，为了让刘武继承皇位，她强势干预朝政，此举也颇受后世责难。

进身皇后，关照家人

窦太后，名漪，河北清河人。窦漪出身贫寒，她的父亲为了逃避战乱，隐居于乡村，全家以钓鱼为生，勉强度日。后来父亲不幸掉入河中溺水而亡，窦漪家中更是难以为继。

汉初，朝廷到清河一带选拔宫女。吕后选中了窦漪，便将其带入宫中。

后来，吕后挑选一些宫女赏赐给诸侯王，窦漪也在选中之列。窦漪因家在清河，离赵国近，便希望能到赵国去。她请求负责派遣宫女的宦官把自己的名字放到去赵国的花名册里。不料这个宦官在分派宫女时却把这件事忘了，把她的名字误放到去代国的花名册里了。就这样，她去了代国。

虽然这不是她的心愿，但到了代国，代王刘桓却非常宠爱她，先与她生下了女儿刘嫖，后又与她生了两个儿子：刘启和刘武。

代王原来的王后在生了四个儿子后，便去世了。等到代王继位成为汉文帝后，原王后生的四个儿子也相继病死了。群臣请求立太子，窦漪之子刘启因为年纪最长，被立为太子。同时，窦漪被立为皇后，刘嫖被封为长公主，刘武先被封为代王，后被封为梁王。窦漪双亲早亡，文帝之母薄太后下令追封窦漪之父为安成侯、窦漪之母为安成夫人，并在清河设立陵园供祭二人。

窦皇后有两个兄弟，兄长为窦长君，弟弟为窦广国。广国字少君，在四五岁时被人掳掠贩卖到外地，渺无音讯。他被人辗转贩卖了十几户人家，最后被卖到宜阳，替人家进山挖石炭。

一天黄昏，山崖边有一百多个挖石炭的人在睡觉，山崖突然垮塌，睡在崖边的人都被压在了崖底，只有少君脱险逃生。后来，有人替他占卜，预测他近日便可入宫封侯，因此他跟随主人到了长安。

在那里，他听说新封的皇后姓窦，原籍在观津。窦广国离家的时候，虽然年纪幼小，却记得自己的籍贯和姓氏，还隐约记得小时候与姐姐出外采桑叶从树上摔下来的情景。他把这些事情详细地写下来后，托人转交给了窦皇后。

窦皇后见到了这些材料后，马上将此事告诉了文帝，于是文帝立即诏令广国进宫。文帝对广国仔细询问了一番，又让广国拿出其他证据来证明自己的身份。

广国回忆道："姐姐离家前，与我在驿站分别。姐姐向别人要来米汤水为我洗头，又给我讨来饭才走。"

窦皇后听到这里，握着弟弟的手，已经泣不成声。她的随从们也都泪流满面。随后，窦皇后重赏了自己的两个兄弟和其他窦氏族人，而且把他们安置在京师居住。

后来，窦皇后又请了有德行的长者与两个兄弟同居一处，对他们加以教导。自此，窦长君、窦广国兄弟逐渐成为谦让有礼的君子，不因为地位显贵而盛气凌人。

溺爱幼子，干预立储

公元前157年，景帝刘启即位，窦皇后成了皇太后。

窦太后非常溺爱幼子刘武，觉得他谦虚礼让、孝义有加，又才略出众，日后定能保国安民，所以非常想让他登上皇位。

景帝即位后，并没有立即立太子。在母后的压力下，景帝在一次家宴上对刘武说："我千秋万岁后，把皇位传给你。"

刘武口上辞谢，内心却很欢喜。窦太后听了也极为高兴。可是在座的太后堂侄窦婴却说："大汉江山一直是父子相传，陛下怎么可以传给兄弟呢？"

窦太后听后大怒，立即下令将窦婴逐出窦氏家族。但是景帝准备传位于弟的想法也动摇了。

公元前153年，景帝立长子刘荣为太子，封另一个儿子刘彻为胶东王。但三年后，景帝又把皇太子废了。窦太后看到此种情况，认为时机已到，便反复劝说景帝，日后让梁王刘武继位。

一天，窦太后举行宴会招待景帝和梁王。太后说，殷朝就是兄死弟继，待景帝百年之后，应该让梁王继承帝位。景帝无奈之下，只能允诺。

宴会后，景帝向大臣袁盎征求意见。袁盎说："太后想让梁王继位，我觉得这非常不妥。春秋时代，宋国国君曾将皇位传于弟弟，结果造成内乱，我们要引以为戒呀！"

随后，袁盎找到窦太后，问道："若梁王百年之后，再立谁为帝？"太后说让景帝之子继位。

袁盎说："如果那样做的话，梁王的儿子们一定不服，朝廷将会陷入混乱。"太后听后无言以对。于是景帝立即立刘彻为太子。梁王也不敢再让太后为自己说话了，便返回了自己的封地。

后来梁王病死，窦太后悲伤到了极点，整天茶饭不思，只是痛哭，并说景帝杀了她的儿子。景帝看到母亲这样，很是难过，便决定把梁国分为五国，分别赐给梁王的五个儿子，又重赏了他的五个女儿，窦太后这才作罢。

力尊黄老，排异儒术

窦太后非常喜好黄老之学，对老子的书简直是爱不释手。

一天，窦太后召见儒生辕固生，问他对老子思想的认识。辕固生明知窦太后是想让自己吹捧老子，仍然说老子之言只是一些普通人的论调而已，惹得窦太后勃然大怒，说儒生不如猪狗，并下令将辕固生扔进野猪圈，让他杀死野猪，方可免去一死。

汉景帝明知辕固生言之有理，眼见窦太后生气，却又不敢劝阻，只好扔给辕固生一口上等利刃。辕固生持刀下栏斗野猪，结果一刀便刺中野猪心脏，那畜牲应声而倒。窦太后看到野猪已死，默然说不出话，最后决定免辕固生一死，但撤了他的官职。

因为窦太后尊崇黄老之学，所以景帝在执政的十七年间，没有重用过一个儒生。

论地位，窦太后乃高祖之儿媳、文帝之妻、景帝之母、武帝之祖母；论身世，她本是一介民女，后被召入宫，经历过众多事件后才登上皇后之位；论统治政策，她是中国最后一位真正拥附黄老思想的统治者，在她的推动下，景帝延续了高祖时实行的与民休息、无为而治的治国策略，从而为西汉王朝走向辉煌奠定了坚实的基础。

一代英主汉武帝

公元前140年，刘彻即位，是为汉武帝，时年十六岁。他当政期间，在强化皇权、改革官制以及经济制度和对外关系方面都取得了显著的成绩，由此开创了大汉王朝的强盛时代，使西汉逐步发展成为当时世界上最强大的国家。而汉武帝也成为备受后世推崇的一代英主。

时来运转，入主东宫

汉武帝刘彻，幼名刘彘，是汉景帝的第十个儿子。刘彘自幼便聪慧过人，灵活机敏。

有一次，景帝将其抱在膝间，问道："你可愿做皇帝？"

刘彘答道："孩儿能否做皇帝，主要取决于天。我希望日夜住在皇宫，侍奉父皇左右。"

景帝闻听此言，非常吃惊，此后便经常关注他的言行举止。

刘彘记忆力超群，求知欲非常强，尤其关注书中所写的那些关于古代圣贤帝王的故事，对于那些故事，他可以做到过目不忘。景帝对此十分惊异，认为他非常聪颖，便将其名改为"彻"。

公元前153年，景帝宠妃栗姬之子刘荣被立为皇太子，后世称其为"栗太子"，而刘彻则被赐封为胶东王。

不久，在景帝姐姐长公主的操控下，刘彻的运势发生了重大变化。长公主本希望太子刘荣能够迎娶其女陈阿娇，不料却被太子之母栗姬拒绝。因此，长公主心生怨恨，总想借机报复栗姬。相较于直率的栗姬，刘彻之母王姬则显得灵敏世故，当长公主欲将其女许配给刘彻时，王姬马上就允诺了此事。

公元前151年，刘彻和陈阿娇正式举办了订婚仪式，当时刘彻年仅六岁，陈阿娇十岁。从此以后，长公主便常在景帝面前为刘彻说好话，时间一长，景帝便日渐喜欢刘彻胜过刘荣。同时，长公主还经常在景帝面前说栗姬的坏话。景帝信以为真，不久便将刘荣的太子之位废了，将其改封为临江王。随后，刘彻之母王姬登上皇后之位，而刘彻则被立为皇太子，时年七岁。

刘彻被立为太子后，愈加用功地学习。此外，景帝任命才学出众的卫绾担任太傅，教育刘彻。刘彻先后学习过骑马、射箭、经学、文学等技艺和知识。

登上皇位，改革受阻

公元前141年，十六岁的汉武帝刘彻继承了皇位。他雄心勃勃地想将文景之治的盛世继续下去，但却遇到了巨大的阻力。这阻力主要来自当时的太皇太后窦氏，即武帝祖父汉文帝的皇后。

武帝执政后，窦氏诸侯王无视朝廷法纪，肆意妄为。为此，武帝决定强化皇权，以压制地方诸侯势力。武帝推崇儒术，而窦氏则尊崇黄老之术，因此，两人产生了严重的思想分歧。

窦太后经常出面干预朝政。面对骄横的祖母，武帝也不便违忤，所有朝政大事都随时请示。当时，御史大夫赵绾和郎中令王臧准备迎接鲁地德高望重的大儒申公来朝，而且建议仿效古制，设立明堂辟雍，改历易服，行巡狩、封禅等礼仪，还建议汉武帝日后政事不必经常请示太皇太后。窦氏知道此事后，雷霆大怒，马上令武帝下诏罢免了赵绾和王臧。

窦太后在世期间，武帝未曾重用过儒生，由此可见窦氏的政治势力之大。直到窦氏死后，武帝才开始采用儒家思想治国，强化皇权，以此制衡地方诸侯。

统一思想，加强集权

汉武帝继位之初，朝廷局势稳定，社会经济发展顺利，但是诸侯国对朝廷的威胁依然严重。为此，汉武帝在基本沿用景帝的治国措施同时，又采取了许多强化皇权的重大举措。

首先，在思想上，武帝采用了董仲舒"罢黜百家，独尊儒术"的建议，从而确定了儒学在中国社会的思想统治地位，这对后世中国的文化、政治等方面的影响极为深远。

其次，在政治上，武帝采取措施减少诸侯王的封地，颁布了"推恩令"，令诸侯推私恩分封子弟为列侯，这样名义上是施恩惠，实际上是剖分其国，以削弱诸侯王的势力。推恩令下达后，诸侯王的支庶多得以受封为列侯，不少王国先后分为若干侯国，其后各侯国辖地仅有数县，对中央再也构不成威胁。

以上措施的实行，使朝政大权统统集中在了汉武帝的手中，这对汉武帝后期的社会安定具有非常重要的作用。

晚年悔过，轮台罪己

汉武帝虽然政绩显著，但他也犯过很多皇帝都会犯的错误。例如，汉武帝建造了许多宫殿和苑囿，而且经常对外国的使者和商人摆大国的架子，任意赏钱。另外，武帝和秦始皇一样也喜欢巡游。公元前110年，汉武帝出长安，到北面阅军，再南下抵嵩山，接着向东行游海岸，最后到达泰山，举行封禅大典，随后又沿海岸北上碣石（今河北昌黎），接着向西到九原（今内蒙古包头），最后转道返回长安，这次巡游的里程和耗费都远远地超过了当年的秦始皇。武帝继位之初，受文帝和景帝的余惠，国家可谓国富民强，但在武帝后期，国库已经快要空了。

武帝和秦始皇一样，也想长生不老。公元前112年，一个叫栾大的道人到了长安，谎称自己经常在海上来往，见到过仙人，也找到了可以让人长生不老的药。闻听此事，一直想长生不老的汉武帝轻易地就上了当，竟然封他为将军。同时，武帝还给他刻了一枚用玉做的印章。按照当时的规定，只有皇帝的印才能用玉做，武帝给栾大玉印，可见对他的重视和迷信。公元前110年，栾大的骗局被揭穿，武帝怒斩了栾大。不过，武帝并没有以此为鉴，而是不断地派人到海上寻访仙人，求取仙丹。

武帝晚年时逐渐醒悟过来，知道生老病死是自然规律，任何人都不可能长生不死。他在回忆以前的所作所为时，对自己所犯的过错感到十分惭愧。为此，他颁下"罪己诏"，在文武大臣面前公开承认自己犯过的错误，真诚地表示悔恨，而且承诺自此以后凡是有害于百姓之举以及浪费人才之事全部废止。同时他还下令将那些装神弄鬼骗取官爵俸禄的道士全部撤职。此后，汉武帝开始关注农业生产，推行富民之策。经过两年的治理，社会政治和经济都有了较为显著的发展，汉朝再次恢复了朝气。

公元前87年，武帝病逝，享年七十岁。

毛泽东对汉武帝推崇备至，称其"雄才大略，开拓刘邦之业绩，晚年自知奢侈、黩武、方士之弊，下了罪己诏，仍不失为一代明君"，充分肯定汉武帝在中国历史上的丰功伟绩。汉武帝并非圣者，他也有诸多缺点，例如好色、虚荣、自私、迷信、奢侈等等。不过瑕不掩瑜，汉武帝在中国历史上的丰功伟绩是绝对不容忽视的。

西汉鸿儒董仲舒

武帝登基初期，因为窦太后推崇黄老之学而轻视儒学，所以儒学思想根本没有机会登上政治舞台。窦太后死后，儒学大师董仲舒便趁机建议武帝普及儒学思想，武帝非常看重他的意见。此后，大汉王朝的治国思想就从汉初的黄老之学转变为儒家思想。之所以能实现这种转变，董仲舒功不可没。

韬光养晦，伺机而出

董仲舒，河北枣强县人，西汉著名的哲学和经学大师。他自幼开始学习《春秋》，醉心于学业。在他的宅院里，有一个环境优美的花园，但他竟然在三年时间里从未前去观赏。

董仲舒的所有行为，都严格遵循"礼"的规范。所以，儒士们都将其尊奉为导师。

汉景帝在位期间，董仲舒担任博士之职。当时，博士是朝廷官职，唯有知识丰富之人才可担任。

秦始皇时焚书坑儒事件发生后，所有儒士都逃往他处或隐居不出。

大泽乡起义爆发后，儒生们认为大展才华的机会已到，于是都去投奔陈胜，想使儒学重振雄风。

刘邦建汉后，儒生们便转投汉朝。当时，汉朝也设置了博士的职位，以安置这些儒生。不久后，刘邦重用儒学大师叔孙通，让其制定朝廷礼仪。刘邦虽然认识到了儒家思想的益处，但是当时朝廷的主要任务在于平定各地叛乱，所以没有时间关注儒学。

文帝和景帝统治时期，由于朝廷尊崇黄老之学，不重视儒学，因此儒生们仍然没有用武之地。他们不仅无法复兴儒学，而且经常还有犯忌之忧。

鉴于此，董仲舒并没有出来做官，而是在家韬光养晦。不过，他没有逃避现实，他一边广招门徒，培养了许多精通儒学之人，一边又细心地观察朝政，留意朝廷用人的变化，同时专心研究百家学说，特别是汉初统治者尊崇的黄老之学。

经过一番准备，他想创立一个融百家学说于一体的新型儒学体系，以适应朝廷的需要。

上奏对策，武帝采纳

汉武帝即位，便一改文景时期"无为而治"的治国策略，鼓励大臣们推荐贤才、谏士。结果，应举者有一百多人，这些人都陆续受到重用。

公元前134年，汉武帝彻底掌握了对朝廷的控制权。随后，他再次下诏，让群臣推荐贤才。同年，他采取了许多措施对朝廷的内外政策进行改革。

在采取和亲政策的同时，汉武帝也在做全力反攻匈奴的准备。同年夏，汉武帝任命李广和程不识为将，让他们率领大军分别驻扎在云中和雁门，准备大举反击匈奴。

在朝廷内部，他也决定实行改革。

汉武帝第一次召见董仲舒时，就曾说："朕自登基以来，昼夜难眠。如何才能继承先帝伟业，让我大汉国泰民安、繁荣昌盛呢？"此后，汉武帝就此问题又向董仲舒询问过两次。每一次皇帝询问，董仲舒都会呈上一篇对策。这些对策的开篇，都是专门谈论"天人关系"的，所以后世就将这些对策以"天人三策"命名。

董仲舒在对策中写道，天主宰着宇宙，它的权威无人可比，天子受命于天，而天下又受命于天子。天造了人，人又与天数相配，成人共有三百六十六节骨头，这和一年的天数相配；人有十二节大骨，这和一年的月数相配；人的体内有五脏，这和五行相配；人有四肢，这和春夏秋冬四季相配。

在此基础上，董仲舒又进一步提出了天人感应论。他说君权乃是上天所赐，人间的皇帝受命于天，代表上天来统治人间、治理人世，因此所有人都要严格服从于皇帝的统治。这个理论将皇帝神化，对巩固皇权、构建统一的政治局面相当有利。

除此之外，董仲舒还向武帝提出了五大建议。

第一，规定朝廷礼制，以约束官僚贵族的言行举止。

第二，创办太学，从民间选拔人才进入太学，然后加以培养。此举为所有知识分子入仕开辟了道路。

第三，宣扬天人学说，以限制和警策天下万民。

第四，禁止地主豪强霸占民田，以限制土地兼并。

第五，罢黜百家，独尊儒术，统一全国民众的政治思想。

汉武帝阅读了董仲舒的对策后，十分重视。接着，汉武帝多次召见董仲舒进行面谈，并最终采纳了他的建议。此后，在公孙弘等大臣的规划下，这些建议都得到了落实。

权臣排挤，著述终身

董仲舒非常喜欢谈论灾异之事。一次，远在辽东的高祖庙和长陵高园殿发生大火，董仲舒按照阴阳灾异理论撰写了一篇《灾异之记》。在《灾异之记》中，董仲舒批评了朝廷在辽东建高祖庙的行为，认为其不合礼制，此次起火乃是上天的警告。这篇文章同时还指出，皇帝应该立即改革吏治，斩杀那些贪官污吏以谢上天。

后来，主父偃拜见董仲舒时偶然看到了这篇文章，随后窃走交与汉武帝。汉武帝马上召集儒生讨论，董仲舒的弟子吕步舒不知此文乃其师所写，为讨好皇上，指责此作十分荒谬。汉武帝便下令将董仲舒打入大牢，隔日斩首示众。

不过，汉武帝念董仲舒是天下闻名的经学家，最终将其特赦了。自此以后，董仲舒再也不谈论灾异之事了。

后来，朝廷任命董仲舒为中大夫。但是，他很快又被公孙弘排挤出朝廷。公孙弘本是董仲舒的同窗，他对知识渊博的董仲舒十分嫉妒。后来，公孙弘入朝为官，位至相国。他精于为官之道，因此董仲舒对他很不屑，这样一来，公孙弘对董仲舒更是怨恨。

当时，汉武帝正准备找人出任胶西王的相国，公孙弘便举荐董仲舒。胶西王刘端和汉武帝同父异母，为人残酷，以前担任其相国的许多人都被他残杀。公孙弘之所以强力荐举董仲舒，就是想置董仲舒于死地。

不料，由于董仲舒名闻天下，上任后刘端对其非常尊敬。董仲舒任相国期间，双方并未发生矛盾，但董仲舒仍然担心惹祸上身，因此以病重为由辞去了官职。董仲舒晚年以讲学著书度日，时人称之为"儒者之宗"。

董仲舒是继孔子之后对中国政治思想产生过重要影响的思想家之一，他为建立和巩固中国漫长的封建君主制度作出了突出的贡献。西汉学者刘向曾说："董仲舒具备王佐之才，纵伊尹、吕太公都不可与其相提并论。"

马邑之谋

汉初，百废待兴，国势衰弱，因此文、景二帝均以"休养生息"之策治国，对匈奴则以和亲之策处理。但是，到武帝执政时，经济发展，国势强盛，因此武帝一心要改变对匈奴的和亲政策。公元前133年，武帝命令王恢、韩安国等人率军埋伏在马邑，准备伏击匈奴军，但最后却无功而返。尽管马邑之谋没有成功，但此举表明，汉朝和匈奴之战的大幕已然拉开。

商讨计策，引诱匈奴

自从高祖刘邦在白登脱围后，汉朝便开始以和亲政策对付匈奴，汉朝统治者和匈奴单于互称兄弟，汉朝不仅要将皇室之女嫁给单于，每年还要送给匈奴众多的衣食财物，从而求得两国相安无事。

汉武帝登基后，一方面继续沿用和亲政策，另一方面则积极备战，准备反击匈奴。

公元前133年，汉武帝召集群臣，说："朕不仅将义女嫁给单于，而且送给他不计其数的衣食财物。匈奴单于将礼物全部收下，但态度却傲慢无比，走前还在边境侵扰了一番。看到边境常常被侵扰，朕深感痛心。现在，朕欲发兵反击，大家有何看法？"

闻听此言，除了大臣王恢支持出兵外，其他人都反对出兵。王恢说："战国时的代国，北面有匈奴虎视眈眈，南面有赵国窥视侵扰。但是，就是如此小国，仍然能够发兵保护百姓，远拒匈奴。现如今，我大汉国富民强，但匈奴却敢几次三番侵略我边境，关键就在于我方太过软弱，我们应该对匈奴强硬一些了。因此，我同意发兵反击匈奴。"

王恢说完后，大臣韩安国说："白登之围中，高祖曾七天吃不上饱饭。待脱围后，高祖也没有再次发兵攻击匈奴，这是从实际情况出发制定的策略。为了维持现在和平的发展环境，以使天下安定，我认为决不可出兵。"随后，王恢展开反击。于是，他们二人在朝堂上互相争辩起来。

最终，汉武帝决定发兵攻击匈奴，令韩安国、公孙贺和李息率领三十万大军埋伏在马邑的山谷中，令王恢和李广率军从后面攻击匈奴军。

叛贼出卖，单于退兵

布置完毕后，为了引诱匈奴进入埋伏圈，汉军派遣商人聂壹前去匈奴人的地盘，在那里反复吹嘘自己有"奇货"。此事很快传到匈奴单于的耳朵里，他找到聂壹，问他出卖什么奇货。聂壹便说要将马邑"卖"给匈奴，并说："我在城里有几百个同伴，只要你派人混进马邑城，斩杀当地的官员，就可拿下此城。到那时，全城的金银财宝就都是你的了。不过，你必须率领大军前来接应，以防汉军来援。"贪婪的单于闻言自是高兴，马上派人和聂壹进入马邑城，斩杀了当地的官员，然后率军去接应聂壹。

其实，聂壹回到马邑城后，悄悄和当地官员商量后，斩杀了几名死刑犯而已，并命人割下死刑犯的头颅挂于城上，以欺骗匈奴使者。匈奴单于率领十万大军进入武州塞，去接应聂壹。大军行到距马邑还有一百多里的地方，发现路上牛羊成群，但是没人管理，顿时怀疑起来。

这时，单于看到不远处有个烽火台，便率军攻击。碰巧西汉的雁门尉史经过此地，尉史看到匈奴大军来了，便躲藏于烽火台上，结果被匈奴军俘虏了。尉史了解马邑计划，在审问中说了出来。单于听后幡然醒悟，吃惊道："我此前就有些怀疑，如今看来我的怀疑是对的，真是上天保佑我啊。"于是，单于把雁门尉史封为天王，接着带领大军返回了原地。

根据原计划，汉军在马邑伏击匈奴军后，王恢便要率三万大军前去劫取匈奴的粮草。可是单于撤兵了，王恢认为匈奴大军并没有任何损失，如果自己率领三万大军和匈奴的十万大军作战，肯定无法取胜。于是，他驻守原地，并未率军追击匈奴军。汉武帝得知此事，雷霆大怒，准备斩杀王恢。王恢以重金贿赂丞相田蚡，让他为自己说情，田蚡也不敢直接劝说武帝，就跟皇太后说："虽然马邑伏击战落空了，但是假如斩杀王恢，那就相当于为匈奴报仇。"皇太后将此话转告给武帝，武帝说："此次计划本是王恢所提，如今他劳师远征却无所收获，王恢不斩，如何向大臣们交代。"王恢听说此言，情知必死无疑，便自尽了。

马邑之谋本谋划得十分周密，最终却败在一个小细节上，致使汉朝反击匈奴的计划落得一场空。不过，虽然马邑之谋失败了，但此次事件却标志着汉朝自汉初以来实行的委曲求全的和亲政策彻底结束，同时也拉开了汉朝反击匈奴之战的帷幕。

飞将军李广

　　汉朝不再对匈奴实行和亲政策后，与匈奴之间的战事越来越频繁。这些战争有远离后方的长距离袭击，有计划周详的遭遇战，有以少对多的破釜沉舟战，都非常艰苦、残酷。通过与匈奴的战争，西汉既宣扬了国威，又开辟了疆域。在抗击匈奴的战争中，还涌现出无数杰出的将领，比如飞将军李广。超群的军事才干和应变能力以及磊落的胸怀、独特的治军策略，使李广成为一名受部众爱戴、使敌军胆寒的沙场名将。

将门世家，技艺高超

　　李广是甘肃秦安人，其先祖李信在秦国为将，曾率部追到辽东，只为斩杀燕太子丹。

　　公元前166年，匈奴大军侵略汉境，此时李广已经从军，因此经常和匈奴军激战。李广在战场上英勇无敌，所向披靡，汉文帝对他极为青睐。

　　汉景帝继位后，李广已经晋升为骑郎将，是景帝的禁卫骑兵将领。七国之乱时，担任骁骑都尉的李广随周亚夫出兵平叛，在昌邑城下勇夺叛军军旗，可谓战功卓著。平定叛乱后，李广被调往西北边境，担任太守之职。

　　公元前144年，匈奴军一路南下，直取上郡。汉景帝派了自己宠幸的一个宦官跟随李广出征，学习作战之法。一天，这个宦官带领数十名骑兵追击三个匈奴兵。三个匈奴兵返身搭弓回射，宦官中箭败逃，其他人则全部被射死。宦官回来后，将事情的经过告诉了李广。李广说："他们是射雕的高手。"为了断绝后患，李广马上率人追赶。

　　匈奴射手没有马，走了几十里快要到达匈奴大营时，被追上了。李广让随从分成两路，左右包抄，他自己则搭弓射向三个匈奴兵，结果其中两个匈奴兵中箭而亡，另外一个被俘虏。经审问得知，他们果真是匈奴的射雕高手。李广命人将俘虏捆绑起来，横搭在马上，正要返身回营时，发现几千名匈奴骑兵已在不远处。

　　匈奴骑兵发现李广一行只有一百多人，认为这肯定是汉军引诱他们出兵的疑兵，因此马上占领了山头，摆阵迎敌。李广的部下非常害怕，准备飞马而逃，但被李广阻止了。

李广说："我们距离军营有数十里，如果现在调转马头逃跑，匈奴骑兵很快便会追上，到时我们都必死无疑；如果我们停留在此，他们就会以为我们是诱饵，是来引诱他们上当的，他们反倒不敢放马过来攻击我们了。"接着，李广命令部下继续向前推进，一直走到距离匈奴军只有两里的地方，才停下来。

随后，李广下令所有人都下马卸鞍。匈奴骑兵看到这种情景，愈发相信李广他们是诱饵。这时，匈奴骑兵中的一个将领走出阵来巡视军营，李广和十几个部下猛然上马飞奔过去，以迅雷不及掩耳之势将他射死，然后回到驻地，下马卸鞍，各自卧地休息。

看到此举，匈奴骑兵更加不敢轻举妄动了，就这样，双方一直对峙到半夜。匈奴骑兵最终还是担心中汉军的埋伏，便撤兵回营了。

死里逃生，威震匈奴

公元前141年，汉武帝登上皇位，随后晋升李广为未央卫尉。公元前129年，李广在率领大军走到雁门关时，被数倍于己的匈奴军围困。匈奴单于早就听说过李广之名，因此下令活捉李广。经过一番激战，李广军因兵力悬殊战败，李广也因伤被擒。在押送的路上，李广寻机飞身夺马，射死众多匈奴士兵，成功返回汉营。自此以后，匈奴军便称其为"汉之飞将军"。但汉武帝则因此事罢免了李广的官职，将其贬为平民。

过了几年，匈奴军杀害辽西太守，打败韩安国所率汉军。于是，武帝再次召李广入朝，任命他为右北平太守。匈奴军听说"飞将军"率军前来，立即撤兵回去了，此后几年间也未敢再侵扰此地。

李广不但威名远扬，而且箭术超群，百发百中。一次，李广在打猎时误认为草里的大石头是一只老虎，便搭弓射去。等他走到近前观看时，看到自己刚才射中的竟然是一块大石头，而那支箭却深深地射入了石头中。随行的士兵们看到后都惊叹不已。

英勇善战，神勇无敌

公元前121年，时任郎中令的李广和博望侯张骞共同出征，李广率领四千骑兵从右北平出发，张骞则率领一万骑兵从另一处出发。李广军走了几百里时，被匈奴左贤王所率领的四万骑兵包围。将士们都很恐惧，李广为了振奋士气，便派其子李敢骑马向匈奴军中冲去。李敢仅率数十名骑兵飞奔至匈奴的骑兵阵，然后从匈奴军的左右两翼杀出。回来后，李敢对父亲说："匈奴兵不难对付！"将士们这才安下心来。随后，李广将军队布成圆形兵阵，将弓箭对准包围在外面的数重匈奴兵。匈奴军反复攻打汉军，一时间箭如雨下。经过激烈的战斗，汉军损失惨重，箭也快要射完了。

这时，李广让士兵拉满弓，摆好架势，但不准放箭，而他则亲自用大弓射杀了几名匈奴军的副将。看到李广如此神勇，匈奴军逐渐分散开去。当时已近傍晚，西汉将士们都困乏不已，人人战战兢兢，只有李广一脸平静，仍然在设法整顿部队。看到这些，将士们都十分敬佩他。

次日一早，汉朝援军赶来，李广大军终得以突出重围。

不甘受辱，悲壮自刎

公元前119年，大将军卫青率军攻击匈奴。当时，李广已经是花甲之年，但他仍然跟随卫青一同出战。他对卫青说："自从军起，我便开始抗击匈奴，此次请让我和匈奴单于一决雌雄。我甘当先锋，直取单于首级。"

但是，武帝觉得李广年老体衰，不适合做先锋官。鉴于此，李广的请求被卫青拒绝了。随后，卫青按照李广的行军特点让其从侧翼出击。

李广在进军的路上，军队的向导意外失踪，因此汉军迷失了方向。当他们到达预定位置时，已然迟到了好长时间。卫青所率的汉军也没有大的收获。此后，汉军和匈奴军交战数次后，匈奴单于看到情况不妙，便率军远遁了。

事后，卫青派人询问李广延误时间的原因，并且将使匈奴单于逃遁的责任推给李广。李广对来人说："此事责任在我，与我的部下没有丝毫关系。"

随后，李广对部下道："我自少年起，就参加了抗击匈奴的战争，到现在为止，已经历大小七十多次战斗。这次随卫将军出征，却使大军迷路，此乃天意啊。如今我已花甲之年，再也无脸面对朝中官员，也无法忍受那种羞辱。"说完便自杀了。李广自杀后，将士们痛哭流涕。他的死讯传开后，百姓们也都泪流不止。

李广勇武过人，技艺出众，但却因生不逢时，未能立下盖世奇功，实在可惜！不过，李广虽然是一位杰出的军事将领，但他只适合为将，却不适合为帅。只看单兵作战能力，李广可以说是勇猛无敌，可如果看统帅军队的能力，则比较缺乏宏观统筹的全局思想。因此可以说，他是一位最优秀的先锋官，但并不是最优秀的统帅。

大将军卫青

卫青，汉朝大将军，人称"青山白玉柱"、"驾海紫金梁"。历朝历代有无数的王侯将相留名于青史，但卫青一直是其中最耀眼的一位。虽然他家境贫寒，出身低下，但这丝毫不影响他在抗击匈奴的斗争中立下赫赫战功，他为大汉王朝安边定疆作出了杰出的贡献。

出身卑贱，因祸得福

卫青是山西临汾人，出身于贫寒之家，其母卫媪是平阳侯家的婢女。卫媪嫁人后生了儿子长君、长女君孺、次女少儿、三女子夫。

不久，卫媪的丈夫去世，卫媪依然在平阳侯家做仆人。没过多久，她与同在平阳侯家中做事的县吏郑季私通，生下了卫青。在母亲的关怀下，卫青度过了无忧无虑的童年。

后来，卫媪无力继续抚养卫青，便将他送到了生父郑季的家里。郑季之妻非常轻视卫青，经常让他上山放羊，郑季的其他儿子也从未将卫青看作兄弟，对他肆意欺辱。

一天，卫青与同伴来到甘泉宫。有个囚犯看到他后，对他说："虽然你现在非常贫寒，但是将来你一定会成为贵族，甚至于封侯拜将。"

卫青笑道："我如今是人家的奴仆，只要少遭打骂，便觉得幸运至极，哪敢奢谈封侯拜将呢？"

卫青成年后在平阳公主家做骑奴，后来在骑郎公孙敖的推荐下，转到建章宫为奴。

公元前139年，卫青的三姐卫子夫进入后宫，深受武帝宠爱。陈皇后看到卫子夫受宠，非常嫉妒，但又不敢对卫子夫下手，于是便经常借故责骂卫青。有一天，皇后派人趁卫青不备将其抓住，准备杀害。还好闻讯赶来的公孙敖率领众人将卫青抢了出来。

武帝闻知此事，雷霆大怒，对卫青说："如果他们还想杀害你，我就晋升你为建章宫侍卫长，看何人还敢再害你？"

不久，卫子夫被赐封为夫人，卫氏一族都得以加官晋爵，卫青被提拔为太中大夫。就这样，本来为奴的卫青，转眼间便成了皇亲国戚。卫青擅长骑马，精于射箭，因此经常陪同武帝外出打猎，武帝十分欣赏他，并逐渐对他委以重任。

晋身为将，屡立战功

公元前130年，卫青率军由上谷郡攻击匈奴，骑将军公孙敖从代郡出兵，轻车将军公孙贺从云中出兵，骁骑将军李广从雁门出兵。四路将领各率一万骑兵。

卫青首次出征便直捣龙城，斩首匈奴数百人，取得胜利。公孙敖大军死伤惨重；李广则被匈奴生擒，此后趁机逃回。依据汉律，公孙敖和李广应被处死，但在缴纳赎金后，他们都被贬为了平民。公孙贺虽然没有损伤，但也未立下战功。此战汉朝四路大军中，两路失败，一路无功而返，只有卫青大军战败匈奴，杀敌数百，卫青因功官拜关内侯。

公元前127年，匈奴军大举入侵边境，杀害辽西太守，掳走渔阳数千人，击败韩安国的汉军。汉武帝派军反击。李息率军由代郡出兵，卫青率军由云中郡出兵，反击匈奴军，收复贺兰山以东、狼山和大青山以南的河套地区。

卫青部所向披靡，一路攻到高阙，收复河南地，在陇西又消灭数千匈奴军，俘获数十万头牲畜，致使匈奴白羊王和楼烦王远遁而去。卫青回朝后被加封为长平侯。随后，汉廷将河南地建为朔方郡。

匈奴右贤王为此怀恨在心，多次率军侵犯汉境，所到之处，烧杀掳掠，无所不为。

公元前124年春，汉武帝封卫青为车骑将军，命他统率六位将军，带领十多万大军，由朔方出兵反击匈奴。卫青亲率三万大军出兵高阙，游击将军苏建、强弩将军李沮、骑将军公孙贺、轻车将军李蔡都由车骑将军卫青管辖，全都从朔方出兵。这一次，卫青决定采取夜袭之策，他令军队昼夜兼程，兵不卸甲，飞奔六百多里，出其不意，突袭匈奴右贤王大军。

匈奴右贤王以为汉军离此较远，很难快速赶来，正在帐中拥着美姬饮酒作乐，突然听到帐外杀声一片，顿时大吃一惊，急忙将美姬抱上马，带领数百骑兵向北突围而去。汉朝轻骑校尉郭成向北追赶了几百里，俘获匈奴将领十多人、牲畜数十万头。此战汉军大胜而还。

汉军回到边关时，汉武帝派遣的使者已经捧着印信等待汉军凯旋。随后，使者在军中传武帝诏令，拜卫青为大将军，所有将领全部由他统领，卫青的三个尚在襁褓中的儿子也被武帝封为侯爵。卫青回京后向武帝推辞道："此战皆赖陛下护佑，我军才大败匈奴，这也是将士们奋勇杀敌的结果。陛下已经赐我食邑，至于我的儿子，他们年龄太小，没有立下任何战功，陛下却为其分地封侯，这样做无法鼓励将士们奋勇杀敌，所以他们三人不应该接受封赏。"

卫青将战功归于汉武帝和众将士，在汉武帝和众将士的心中树立了谦虚克己的良好形象，这也是卫青能够成为一代名将的重要因素。后来，汉武帝又封赏了卫青的部下们。

决战匈奴，官至司马

公元前119年，汉武帝决定再次攻击匈奴，以彻底灭掉匈奴。随后，他挑选了十万匹精壮的战马，命大将军卫青、骠骑将军霍去病各率精锐骑兵五万人，分两路远征漠北。卫青率领大军在漠北行军千里，穿过大片沙漠，最后找到了匈奴单于的大军。匈奴兵已经摆好阵势，严阵以待。

卫青命令部队用战车迅速环绕成一个坚固的阵地，然后将精锐骑兵埋伏在阵中，随后派五千骑兵向敌阵冲击。匈奴单于以为汉军阵地里只有老弱残兵和粮草，便出动一万多骑兵扑过去。双方激战在一起，非常惨烈。黄昏时分，在外围作战的将士们疲惫不堪，卫青乘机推开战车，将阵中的两支生力军放出，从左右两翼迂回到单于背后。单于发现汉军数量如此众多，情知中计，慌忙下令撤兵，向西北逃去。卫青率领所部人马一路狂追，最后竟然追到了寘颜山赵信城（今蒙古乌兰巴托西），卫青下令将匈奴储存在赵信城的所有军粮尽数烧毁，同时还捕杀了近两万名匈奴士兵，从而使匈奴大军遭到重创。此战后，匈奴的实力大为减弱。这是汉朝自抗击匈奴以来，取得的最大一次胜利。随后，汉军凯旋，武帝加封有功将士，提拔卫青为大司马，让其掌管全国的军队。

在汉朝反击匈奴的战争中，卫青功劳卓著。作为中国历史上知名的军事家，他从未以功臣自居，从不居功自傲；相反，他宽容待人，爱护将士，因此受到众将士拥戴，也为后人所仰慕。

霍去病为国忘家

作为反击匈奴的汉朝名将，霍去病名震华夏。霍去病刚过弱冠之年便因功封侯。在战斗中，他灵活用兵，看重策略，不拘泥于古法；作战时，霍去病英勇果敢，所向披靡，因此武帝十分青睐他。霍去病在短暂的一生中，曾四次率军反击匈奴，共计杀敌十一万之多。可惜天妒英才，霍去病二十四岁时便离开人世。他的人生虽然短暂，但他为汉朝立下的安边开疆之功却万世不朽。

少年英武，大战匈奴

霍去病，山西临汾人，其母是平阳公主府的女奴卫少儿（卫子夫的二姐），其父叫霍仲孺。但霍仲孺不敢承认自己跟公主的女奴私通，于是霍去病生下来便背上了私生子的身份。

一个私生子，母亲又是女奴，按照通常看法，霍去病应该永无出头之日。但是，后来奇迹却降临到了他的身上。

汉武帝宠爱卫子夫后，卫氏家族立即发达起来。卫子夫的大姐卫君孺改嫁太仆公孙贺，二姐卫少儿改嫁詹事陈掌，弟弟卫青则做了太中大夫。当然，霍去病的命运也因此改变了。他长大成人后，武艺出众，精于骑射。

有一年，武帝让卫青选拔武士。霍去病由于勇猛强悍，勇冠三军，所以被提升为剽姚校尉。

霍去病寡言少语，为人深沉。汉武帝曾劝说他学习孙吴兵法，他却答道："作为将领，应该随机应变，不必拘泥于古法。"

公元前123年，霍去病随同卫青抗击匈奴。在这次战斗中，虽然大将苏建惨败，赵信降敌，但汉军却取得了巨大的胜利。特别是霍去病首战告捷，立下了显赫战功。此战，他仅率八百骑兵，远离汉军大营，深入匈奴腹地，驰骋于沙漠和草原之间，奔袭数百里，抓住战机，斩杀匈奴两千余人，并且将匈奴单于的祖父、叔父以及相国等十多位重要人物斩杀。

汉武帝非常欣赏霍去病，在他回朝后封其为冠军侯。

汉武帝为了奖赏其赫赫战功，特意为他建了一座华丽的住宅。但他却说："匈奴未灭，无以家为也。"

由于年少显贵，霍去病没有体验过下层士兵的生活，因此对士兵缺乏体贴关爱。汉军出征前，汉武帝专门让人为霍去病大军准备一些上等食物，食物装了十多辆车。军队班师回朝时，车上往往剩下许多米和肉，而士兵们在军营时却常常吃不饱饭。

公元前121年春，汉武帝封霍去病为骠骑将军，官位与大将军一样。随后，霍去病率领一万骑兵从陇西（今甘肃临洮）出发，攻击匈奴。汉军所向披靡，一路破敌，彻底将汉朝此前弱于匈奴的颓势一扫而光。

此战中，通过集中优势兵力，霍去病接连攻破河西的五个部落，然后避开浑邪、休屠二王的部队，暗地里顺着焉支山（今甘肃山丹县东南）向东飞奔一千多里到达皋兰山（今甘肃兰州市南），与卢侯、折兰二王在皋兰山下展开激战，并取得巨大胜利。

用兵灵活，功盖当代

霍去病作战时，会依据实际情况随机应变，决不拘泥于古法，他经常不按照常理出战，每一次都将匈奴军打得迷迷糊糊、不知南北。对于他的出其不意的运动战，匈奴人非常头疼，因此，作战时完全处于被动。

公元前121年夏，霍去病再次率军反击匈奴。他采取兵合一处直捣敌穴、分兵追击不舍的战术，派轻骑直攻祁连山，到达月氏国边境，斩杀三万多匈奴士兵，同时还俘虏了两千余人。此战中，霍去病大军杀死、俘虏的匈奴王爷、王子、王妃、将军无数。回朝后，其部将赵破奴、高不识等人也因功封侯拜爵。这之后，霍去病的名声已经可与卫青比肩了。

匈奴单于准备以战败为由，将浑邪和休屠二王问罪处斩，于是二王率军投降汉朝。汉武帝担心有诈，特意让霍去病率大军前去受降。霍去病在路上时，休屠王反悔了，浑邪王派人刺杀了休屠王，并收编了其军队。

霍去病听说此事后，立即率军强渡黄河，命令汉军逐步进逼匈奴军。这时，浑邪王手下那些不愿降汉的人便调转马头逃跑，匈奴阵营顿时混乱不已。霍去病果断带兵上前，闯入浑邪王军中，生擒浑邪王，从而稳住了匈奴军心。经过一番谈判，霍去病令浑邪王将所有作乱将士斩杀，随后接受了浑邪王的投降。

此后，朝廷将投降的匈奴将士安置在了陇西附近，又沿祁连山到盐泽（今新疆罗布泊）建筑边防城寨，在休屠王、浑邪王的原驻地分设武威、张掖两郡，它们和酒泉、敦煌总称为河西四郡。此举既孤立了匈奴，又开辟了通往西域的道路。

追杀千里，封狼居胥

公元前119年春，汉武帝让卫青和霍去病分别率领五万骑兵深入漠北，伺机歼灭匈奴主力。

霍去病率军北进两千多里，翻越离侯山，强渡弓闾河，最后遇到匈奴左贤王大军，经过激战，斩敌七万余人，并俘虏匈奴屯头王、韩王等三人及将军、相国、当户、都尉多人。随后，霍去病乘胜追击匈奴到狼居胥山（今蒙古境内），在狼居胥山举行了祭天大礼，在姑衍山举行了祭地大礼。此次汉军一直攻到瀚海（今贝加尔湖）。

此战后，"匈奴远遁，漠南无王庭"。霍去病"封狼居胥"的盖世战功，自此成为中国历代军事家毕生奋斗的目标。这一年，霍去病只有二十二岁。当然，年少得志的霍去病并非完人，他曾经将李广之子李敢射死，也曾经虐待部下。但是，无论他多么严厉，他依旧是人们心中的军神，所有士兵都渴望成为他的部下，随他驰骋沙场，报效国家。他在短暂的一生中，曾四次率军攻击匈奴，每次都是大捷而归。他共计消灭敌军十一万，接受降敌四万，而且还为汉朝开辟了疆域，其战功甚至要超过他的舅舅卫青。无论是在中国军事史上，还是在世界军事史上，霍去病都是一个名垂青史的军事奇才。

公元前117年，霍去病病逝于长安，时年二十四岁。汉武帝为他举行了隆重的葬礼，披铁甲的官兵列队将他的灵柩护送到其墓穴茂陵东，葬于外形仿祁连山状的高大墓中，墓前还有汉武帝为表彰其战功而立的十四件大型圆雕石刻。

霍去病可以说是汉武帝亲手培养起来的骁勇战将，汉武帝对霍去病的宠幸，朝中无人可比。汉武帝曾为霍去病建造豪华的宅第，霍去病却说"匈奴未灭，无以家为也"。可以说，正是这种为国忘家的崇高品质，才促使他立下了他人不可企及的赫赫战功。

张骞通西域

汉武帝登基之初，通过归降的匈奴人得知，在敦煌、祁连山地区有一个游牧民族建立的国家——大月氏，古书上称其为"禺氏"。秦汉之际，大月氏发展壮大后，便经常侵略乌孙国、攻击匈奴军。西汉初年，大月氏屡次败于匈奴，士气低迷。鉴于此，汉武帝决定派张骞出使大月氏，说服其出兵联合汉朝反击匈奴。

肩负使命，出使月氏

张骞是陕西城固人，性格刚毅、宽容、忠信，具有开拓进取的冒险精神。

汉武帝继位初期，有些匈奴人归顺了汉朝。后来，汉武帝从这些匈奴人口中得知，在西域有一个月氏国，曾经被匈奴击败，迁往西部，最后定居在西域地区。这个国家十分仇恨匈奴，总想报复，但没有人助其一臂之力。汉武帝考虑到，月氏国位于匈奴之西，如果汉军联合月氏军，将匈奴和西域各国的联系切断，那就相当于切掉了匈奴的后路。鉴于此，汉武帝决定派张骞前往大月氏。

公元前138年，张骞在匈奴人甘父的带领下，率领百余人自陇西（今甘肃临洮一带）踏上前往大月氏的征程。但他们在路上被匈奴所擒，被押解到了匈奴王庭。匈奴单于为拉拢张骞，为其娶妻，就这样，张骞被扣在匈奴达十年之久。但这丝毫没有打击张骞继续出使西域的信心，他准备伺机出逃。

公元前129年，张骞带领随从堂邑父逃出了匈奴，他们从车师国（今吐鲁番盆地）进入焉耆，沿塔里木河西行，穿越龟兹国（今新疆库车东）、疏勒国（今新疆喀什）等小国，跨过葱岭，最后来到大宛（今乌兹别克斯坦），此地距离陇西远达一万多里。大宛国王非常欢迎汉朝使节的到来，派人将他们送到了月氏国（今伊犁河流域）。然而，此时月氏国的情况已发生了重大改变。月氏人迁到此地后，击败了邻国大夏（今阿富汗北部），最后决定定居在此，再也不愿意和匈奴征战了。另外，月氏人还觉得汉朝远离本国，无法与自己合军共击匈奴。所以张骞此行没有达到预期目的。

公元前128年，张骞开始返国，这时，他已经将关于丝绸之路的众多资料收集完成，比如大宛、大夏、康居（今巴尔喀什湖及咸海一带）等国的情况。为避开匈奴军，张骞绕道葱岭，沿昆仑山向北前进，经过于阗（今新疆和田），但不久又被匈奴所俘，被扣在匈奴一年多。

公元前126年，匈奴单于去世，张骞趁机带领其妻子和堂邑父逃出匈奴，最后安然返回汉朝。出使月氏时有百余人，如今只有他们两人返回。随后，汉武帝晋封张骞为太中大夫，晋升堂邑父为奉使君。

不畏艰辛，开通丝路

回京不久，张骞便向武帝提议联系身毒（今印度），武帝应允了。于是张骞派出四路人马，从四川成都和宜宾出发，向青海南部、西藏东部和云南境内进发。他们的目的地即身毒。四路人马各走了几千里，后被活动于云南中西部及贵州、四川西部的少数民族所阻，先后返回。张骞主持的这次由西南探辟新路线的活动虽未达到预期目的，但对开发西南还是有益的。

公元前124年，张骞以校尉的身份跟随卫青征讨匈奴。他熟悉匈奴地形，具有丰富的沙漠行军经验，因此引导汉军在沙漠中找到了水草，使这次战争取得了胜利，最后因功被封为"博望侯"。公元前121年，张骞与李广分别率军反击匈奴，但由于错过行军日期，他的爵位被剥夺。

汉武帝经常向张骞询问西域诸国概况。张骞提议汉朝结交乌孙国（今甘肃境内），联合其抗击匈奴。他说："若将公主许配给乌孙国王，就相当于斩断匈奴右臂。"汉武帝听后表示赞同，于是派他第二次出使西域。

公元前119年，张骞拿着汉朝的旌节，率领三百勇士，带着一万多头牛羊和大量的黄金、钱币、绸缎、布帛等礼物去结交西域诸国。张骞到达乌孙后，乌孙国王亲自出城迎接。张骞送其贵重礼物，提议两国结为亲戚，合兵抗击匈奴。乌孙国王清楚汉朝远离乌孙，他既想得到汉朝的帮助，但又不敢得罪匈奴。乌孙君臣对此事讨论了许久，也始终没有确定下来。

张骞担心耽误时间，便派遣部下带着礼物分别去联络大宛、大月氏、于阗等国，开展外交活动。汉使的足迹遍及中亚、西南亚各地，最远到达了罗马帝国和北非。

乌孙国王不太相信张骞的话，就派人前往汉朝打探消息。公元前115年，张骞与乌孙使者回到长安。使者看到汉朝疆域广阔，国富民强，回国后如实上报国王。随后，乌孙国王便下决心和汉朝建立友好关系。不久，张骞去世。

张骞两次出使西域，让汉朝和西域诸国建立了友好关系，开辟了中西通商道路"丝绸之路"，加强了中原和西域人民的经济、文化交流，也使汉朝的疆域延伸到了西域地区。作为"丝绸之路"的开辟者，张骞居功至伟。

汉朝收三越

　　秦朝灭亡后，越族地区便四分五裂。汉朝建立时，越族地区有三大政权并存，即南越、闽越和东瓯。三越政权虽然自称为大汉属国，但却各自为政，不受汉廷管辖。高祖刘邦统治时，以休养生息之策治国，因此没有理会三越政权。但到汉武帝统治时期，他一心想建立一个统一的大帝国，所以收三越势在必行。

叛贼作乱，汉军平定

　　秦始皇称帝后，将今广东、广西和福建地区划为一郡。秦亡后，这个地区逐渐形成了东瓯、闽越、南越三大政权。汉初，中央以安抚政策对待它们。

　　公元前202年，汉高祖封无诸为闽越王，六年后又封赵佗为南越王。公元前192年，惠帝册封驺摇为东瓯王。南越、闽越、东瓯表面上都臣服于汉朝。

　　吕后独揽朝政大权后，下发禁令：临近南越之地不得向南越出售铁器等物品。赵佗担心吕后通过长沙国消灭南越，于是宣布脱离汉朝，同时派大军攻击长沙国，在攻克长沙国的几座边境县城后撤兵回去了。

　　闻听此信，吕后马上派大将周灶率军征讨赵佗。但中原士兵不适应南越气候，很多人都生了病。吕后去世后，汉军停止了攻击。于是，赵佗以其大军为后盾，在南越地区耀武扬威，并通过赠送财物之策，使闽越、西瓯和骆越纷纷来归。至此，南越的疆域面积扩大了数倍。

　　文帝登基后，派人重修赵佗先祖之墓，并派人守墓，同时还封赏了赵佗的堂兄弟。然后，他任命高祖时曾多次出使南越的陆贾担任太中大夫，再次出使南越，以说服赵佗归附大汉。陆贾到后，向赵佗详细分析了归顺汉朝的利弊。最后，赵佗接受了汉朝的提议，决定去除帝号归汉，仍称"南越王"。

　　七国之乱时，东瓯参与反叛。朝廷平叛后，吴王刘濞逃到东瓯。最后东瓯王被汉廷收买，将刘濞杀害。而逃至闽越的刘濞之子刘驹，听说父王被杀，便决定寻找时机攻打东瓯。公元前138年，刘驹与闽越联合出兵攻打东瓯。东瓯王看情势危急，马上请求汉廷出兵相助。武帝随即令严助率军从海路出发前去营救，但是当汉军走到中途时，闽越便撤兵了。

　　接着，东瓯王上报汉廷，希望把本国百姓都迁到长江、淮河地区，汉廷同意了。于是东瓯宣告灭亡。

不久，闽越再次率军攻击南越边境。武帝万分气恼，立即令王恢和韩安国兵分两路征讨闽越。汉军在路上时，闽越王之弟余善杀了闽越王，并率众降汉。为了奖励其功，武帝册封余善为东越王。

南越反叛，出兵征讨

公元前113年，武帝令南越王和王太后入京，并令路博德率军到桂阳迎接。关于是否入朝一事，南越君臣产生了分歧，南越王和王太后认为应该入京，但南越丞相吕嘉强烈反对，为此双方争吵不已。汉武帝闻讯后，于公元前112年，命韩千秋率军入南越，准备斩杀吕嘉。吕嘉得知消息后，马上率兵杀了南越王、王太后和汉使，随后击败韩千秋率领的人马，同时另立南越王，起兵叛汉。

同年秋，武帝令伏波将军路博德率军出桂阳（今湖南东南部），顺汇水（今广东连江、北江）进军南越；令楼船将军杨仆出豫章（今江西南昌市），顺豫章水（今江西赣江）、浈水（今广东翁江）进军南越；命南越降将侯严率军出零陵（今属湖南，为湖南、两广交界处），顺离水（今广西漓江上游）进军南越；令南越降将甲率军攻击苍梧（今广西东部）；派南越降将率巴蜀和夜郎国的军队顺柯江（今贵州盘江）进军南越。很快，五路汉军会师于南越都城番禺的远郊。

公元前111年冬，楼船将军杨仆率军攻克南越众多城池，南越军损失惨重。接着，他联合伏波将军路博德大军继续前进，围攻南越都城番禺。吕嘉率军拼死抵抗。但在汉军的强攻下，南越最终大败，南越王和吕嘉也被生擒。至此，南越灭亡。

汉军讨伐南越时，东越王余善曾上书武帝，请求率军跟随杨仆讨伐南越，但他率军抵达揭阳（今广东揭阳西北）后便不再前进，而是暗中派人联系南越。汉军击败南越后，余善军仍未前来。于是杨仆建议趁机讨伐闽越。武帝没有同意，只让汉军驻扎于闽越边境。余善认为武帝随后便要攻打自己，便自立为帝，派兵镇守各条通汉要道。不久，武帝下令分兵讨伐闽越。

公元前110年，各路汉军抵达闽越。看到汉军兵临城下，闽越百官恐慌不已，为了活命，他们谋杀了余善，然后率领部众投降汉朝。汉武帝认为闽越地形复杂，人心不稳，所以下令各路将领将当地民众迁移至江淮一带。于是，闽越灭亡。

至此，汉军彻底收复了三越。

平定三越后，汉朝又一次扩大了疆域。另外，武帝把三越民众迁至江淮一带的措施，也促进了民族大融合。

汉军远征大宛

张骞开辟丝绸之路之后，汉朝使节便经常往返于西域各国。在此期间，汉朝使节在大宛的城池贰师，看到了名震天下、能征善战的"汗血宝马"。武帝听说此事后，大为高兴，马上派遣特使带着无数珍宝、银两前往大宛国购买宝马，但被大宛国王严词拒绝，随后汉朝使节又在归朝途中遇害。武帝闻听此讯大怒，立即下令讨伐大宛国。

一征大宛，伤亡惨重

从公元前138年起，汉武帝两次派张骞出使西域，这两次出行对加强汉朝与乌孙、大宛、大月氏等国的联系起到了极其显著的作用。后来，听说大宛国出产汗血宝马，武帝便派遣使节携巨资前去交易，但是被大宛国王严词拒绝。

最后，汉朝使节以汉军即将前来威胁大宛国王卖马。大宛国王认为汉朝位于遥远的东方，不可能派军征讨大宛，因此拒绝卖马，随后又派人将归汉途中的汉朝使节杀害，并抢劫了他们的财物。

武帝闻讯大怒，立即任命国舅李广利为将军，率军讨伐大宛。这次远征的目的，主要在于得到大宛贰师的汗血宝马，因此李广利号称贰师将军，表示志在必得。

公元前104年，李广利率领六千骑兵、数万步兵讨伐大宛。汉军西出玉门关，进入西域。沿途的小国看到汉军前来，都关闭城门，因此汉军的粮草得不到补充。

汉军由于缺乏粮草，只能不断地攻打沿途的城池。攻下了，就有粮草供士兵和马匹食用；攻不下，便只得驻军数日，然后继续前进。在这种情况下，汉军士兵战死和饿死的非常多。抵达大宛郁成城时，汉军只剩下几千士兵，而且全都面黄肌瘦、疲惫不堪。

李广利率军猛攻郁成城，但在敌方的严密防守下，几次都没有攻克下来，汉军死伤惨重。李广利心想，连郁成城都无法攻克，更不可能攻破大宛都城，何况汉军人数越来越少，无法补充兵员，又没有粮草，再这样下去，定会全军覆没。于是他下令撤退，最后汉军回到敦煌。

李广利在敦煌扎营后，马上上书汉武帝，希望补充兵员后再去征讨大宛。汉武帝接到奏章后火冒三丈，立即派人占据玉门关，并传令：如果李广利率军进入玉门关，就将其全军诛杀。

李广利听后非常害怕，不敢率军进入玉门关，只能继续在敦煌驻军。就这样，汉军首征大宛之战，由于贸然出兵和指挥不力失败了。

公元前103年，浞野侯赵破奴率领的两万汉军被匈奴军包围，致使一万汉军惨死，一万汉军降敌。此事让文武百官暴怒不已，他们请求皇帝停止攻打大宛，然后调整军队反击匈奴。

但是汉武帝则认为，一日不攻克大宛，西域各国就会继续藐视大汉王朝。届时，西域小国便会肆意欺辱汉朝使节，汉朝便会遭万国嘲笑。于是，汉武帝更加坚定了征讨大宛的决心。为了震慑反对征讨大宛的臣子，汉武帝把反对态度最强烈的邓光等人打入大牢。于是，朝中再也没有人敢反对征讨大宛了。

接着，武帝赦免各地囚犯，以此补充兵员。此外，汉武帝还将各地的流民和边塞骑兵也充入贰师将军李广利的大军中。

经过一年时间的扩充，汉军便增加了六万人。新增加的汉军携带着十万头牛、三万匹马、众多的驴和骆驼以及充足的粮草加入李广利军中。此外，他们还配有精良的兵器和弓箭。

为了增强边境的防卫实力，汉武帝又征调了十八万大军，将其布置在酒泉和张掖以北地区，还设置了居延和休屠两个新的军事重地，这样既能防御匈奴、切断匈奴军补给线，又能支援和接应远征大宛的汉军。

随后，朝廷又征调了数以万计的百姓为汉军运送粮草。此时，整个河西走廊战云密布，场面蔚为壮观。

二征大宛，大捷而归

公元前101年，经过一番准备，汉武帝让李广利率军再次出击大宛。这次汉军人多势大，沿途小国都开城出迎，提供粮食和水，唯独轮台国关闭城门拒不相迎。轮台小国竟敢轻视大汉，这让贰师将军李广利火冒三丈。为了杀一儆百，李广利下令将轮台国人全部诛杀。

汉军屠城之举立即传到了其他小国，沿途小国闻听此信，恐惧不已。此后，汉军沿途再未遇到抗击，顺利地来到了大宛国境。

为了在沿途获取充足的粮和水，汉军兵分数路分批进击，李广利率三万主力军先期抵达大宛。随后，大宛出兵迎战，结果被汉军打败。大宛军退守郁成城，希望像上次那样在这里将汉军拖垮。

李广利自然不会上当，他留下部分军队监视大宛军，其余军队攻向大宛都城贵山城。

很快，汉军包围了贵山城，大宛国王毋寡闭城紧守，拒不出战。李广利派部队将城中水源切断。贵山城里本来就没有水井，如今城外的水源又被切断，城里储存的水越来越少，城中百姓恐惧不已。

在这种情况下，大宛国内很快便发生了内讧。大宛的一些贵族私下谈论道："毋寡紧守宝马，不愿卖给汉朝，又杀害汉使，所以惹怒了汉朝，致使汉朝出兵攻打我国。如果我们斩杀国王，将宝马送给汉朝，汉军肯定会撤兵。如若不然，城破之日，便是我等惨死之时。"就这样，他们决定斩杀大宛国王。就在这时，汉军攻下了外城，大宛勇将煎靡也被生擒。

闻听此信，城中贵族更是恐惧，他们立即杀掉了毋寡，割下毋寡之头，装在木盒里送给李广利，并说："我们的宝马任由你们挑选，我们还为汉军提供酒食，只求你们别攻我们的内城。如果你不答应，我们就杀尽宝马，拼死抵抗汉军。"

李广利考虑到大宛内城坚固、粮食丰足，利于长期坚守，而汉军远征敌国，时日已长，疲惫至极，再加上大宛邻国康居对汉军窥视已久，可能会趁机偷袭汉军。如今首恶已除，宝马可得，已经实现了汉军远征的目的，正好可以罢兵归朝。

李广利把自己的想法对众将说了一遍，众将都没有异议。随后，李广利同意了大宛方的请求，不再攻击内城。大宛贵族听后兴奋不已，把本国宝马全部牵来，让汉军随意挑选，此外还献给汉军众多牛羊、美酒。汉军挑了几十匹最好的宝马，又挑了三千多匹一般的宝马。不久，曾与汉朝关系亲密的大宛贵族昧蔡继位为大宛国王。随后，汉军与大宛国订立盟约，结为友好国家。

汉军远征大宛之举，有力地威慑了西域各国，使他们更加服从汉朝，从而促进了汉朝与西域各国的友好交流，这为日后汉朝设置西域都护府管辖西域事务，提供了绝佳的前提条件。这也是李广利远征大宛的最大功绩。

李陵叛投匈奴

　　"飞将军李广"书写了军事史上的神话，他的孙子李陵继承了他的遗志，也走上了抗击匈奴的沙场。不同的是，李广蒙屈后不甘受辱，悲壮自刎；而李陵被擒后，由于情势所逼，一气之下投降了匈奴。李陵是中国历史上颇有争议的人物，他的人生悲剧也使后人悲叹了几千年之久。

名将之后，率兵出征

　　李陵，字少卿，甘肃秦安人，其祖父是汉朝名将李广。长久以来，陇西李氏一直是当地知名的武将世家。李家人成长于边关，精于骑术、射箭，很受士兵爱戴，匈奴十分忌惮李氏。

　　李陵长大成人后，担任皇帝卫队的将领，他擅长骑射，非常关心和体贴士卒。汉武帝认为，李陵继承了其祖父李广的大将风范，因此令他在酒泉和张掖地区教丹阳和楚地的五千士兵学习射箭，以抵御匈奴的侵扰。

　　公元前99年，李陵跟随将军李广利出兵攻打匈奴。随后，汉武帝将其召回京师，让他率军保障汉军的后勤补给线。但是，李陵说自己愿意上前线作战。他对武帝说："我的部下全部是荆楚地区的勇士、奇才和剑客，其勇可杀虎，其箭术百步穿杨。我希望率军上前线杀敌，以分散匈奴的注意力，从而配合大军作战。"当时，武帝十分宠幸李陵，便说："任何一个将领，都希望自己可以独当一面！我知道你不愿意归别人统领。但是，此次出动的部队太多，目前无法为你配给马匹。"李陵说："我不用马匹，我只用五千步兵就可以以寡胜众，摧毁匈奴宫廷。"听闻如此豪言，李广利十分忌恨李陵。

　　不过，汉武帝对此话却感到非常满意，随后便令伏波将军路博德担任李陵的后援，负责接应掩护。路博德认为当李陵的副手是一种耻辱，便上书武帝道："秋季临近，匈奴正是马肥草茂、兵士强盛之时，因此不适合出兵。请陛下令李陵暂缓进军，待明年春季一并攻打匈奴。"

　　汉武帝看后大怒，以为李陵反悔不想出兵，所以让路博德上书。于是，汉武帝下令让路博德率领大军前往西河攻击匈奴，同时令李陵率军出兵居延（今内蒙古境内）遮虏障，前往东浚稽山（今蒙古境内阿尔泰山中段）之南的龙勒岸边探查匈奴军的情况，如果那里没有匈奴军，便返回受降城休息。于是，李陵率领五千步兵出兵居延，一路向北前进，一个月后到达浚稽山，遂驻军扎营，并命人绘制路过的山川地形，然后派部将陈步乐送回京师。汉武帝召见陈步乐，听说李陵让士卒奋勇杀敌，大为开心，遂晋升陈步乐为郎官。

兵力悬殊，嗜血杀敌

这时，战场态势发生重大变化。匈奴单于亲率三万大军包围了李陵军。面对数倍于己的匈奴军，李陵十分镇静。他将军队汇聚在两山之间，然后以运送粮草的车布阵，四面防御，他自己则亲率精锐部队在车阵外拒敌。前排士卒手握盾牌长戟，弓箭手则埋伏于后排。李陵下令："闻鼓则进，闻金则退。"匈奴军看到汉军兵微将寡，便直接冲过来，这时，汉军的前排士卒先与匈奴军展开肉搏战，随后又退回战壕。匈奴军前来追击时，后排弓箭手万箭齐射，匈奴军顿时人仰马翻，死伤无数，于是匈奴首领赶忙收兵返回驻地。李陵则率军一路追击，最后杀敌数千人而归。

匈奴单于大惊之下，立即命令其他匈奴军前来支援，随后再次向汉军发起冲击。由于敌众我寡，李陵不得不边战边退。几天后，李陵军退入一个山谷中。由于连续征战，汉军将士们基本上都受了伤，但他们依旧顽强抵抗匈奴军的进攻。身受三处伤的士卒，坐在车上；身受两处伤的士卒，负责驾车；身受一处伤的士卒，则继续参加战斗。就这样，他们又将三千多名匈奴军斩于马下。接着，李陵继续率军顺龙城旧道撤退，过了四五天，他们退到了沼泽芦苇中。这时，匈奴军点燃芦苇，企图让汉军葬身火海。李陵马上让士卒放火烧光四周的芦苇，从而得以自救。随后，汉军继续向南撤退，来到南山脚下。此时，山上的单于令其子率军攻击汉军。于是，汉军和匈奴军又大战了一场，结果汉军斩杀了数千匈奴兵，同时汉军以连弩机射击单于，单于急忙逃下山去。

面对这支兵微将寡的汉军，匈奴的精锐骑兵苦战多时，付出了惨重的代价，但依然没有得胜，这让单于百思不得其解。最不能理解的是，这支军队战到今日，竟然还是秩序井然，士气旺盛，难道汉军已经有所准备？他怀疑这是汉军的计谋：以孤军为饵引诱自己追击，引己方进入埋伏圈。想到此，他便想放弃攻打李陵军。但是其部众齐声反对，叫嚷道："大王亲率数万大军远征，如果连这支小小的汉军步兵都拿不下，那以后还如何号令属国？如何让汉朝不看轻匈奴呢？在山谷和树林中，我们无法战胜汉军，但前面就是平原，比较适合我们作战，到时如果还打不败汉军，那再班师回朝也不晚。"

叛徒出卖，兵败降敌

这时，汉军的处境日益艰难。匈奴拥有众多骑兵，在一天之内可以作战十余次，不过，汉军依然杀伤了两千多匈奴兵。匈奴军仍然屡吃败仗，于是准备撤军。就在匈奴人打算退兵的时候，李陵军中的一个军侯管敢，因不堪忍受校尉的羞辱，叛逃到匈奴，告诉匈奴人李陵没有后援，弓箭也快用完了，李陵是让八百人打着黄白旗帜制造声势，没有什么可怕的。只要将其射杀，便可彻底击败汉军。单于吃了定心丸，令部下倾巢而出向李陵军发起进攻，同时令人大喊："李陵、韩延年放下兵器投降吧！"随后又派一队士卒截断汉军退路，猛攻李陵军。

李陵率军拼死抵抗，汉军一天就射了五十万支箭，最后所有的箭都射完了。于是李陵下令扔掉粮草车辆。这时，李陵军只剩三千人，而且刀枪俱断，于是他们砍下车轴，做成兵器，文职人员则以刻字的笔刀为兵器。匈奴大军逐渐缩小包围圈，单于亲率精锐骑兵挡在谷口，然后从山上推下巨石砸向李陵军。此战李陵军死伤惨重，已无兵可战。

半夜时，李陵令部下击鼓，但鼓已破，无法发声。接着，李陵和韩延年骑马率领十多位士卒向南突围。数千匈奴骑兵随后追击，最后韩延年战死，李陵被擒。此后，边境守将报告朝廷，说李陵已经投降匈奴。

李陵被擒后，早已将生死置之度外，几次自杀都未成功。这时，武帝已闻听李陵降敌的消息。汉武帝最为痛恨的便是叛臣，于是大怒之下诛杀了李陵全族。李陵在匈奴本来只求一死，以尽忠于朝廷。但听说自己全族被诛杀后，一气之下便投降了。

此后，李陵在匈奴生活了二十多年，但在有生之年，他从未参与过匈奴对大汉王朝的军事行动。

李陵战败的关键原因是大将军李广利未派兵援救。不过，李陵能以五千士卒血战数万匈奴铁骑，而且抗击了十多天，可谓神奇之至！遗憾的是，李陵最终投降了匈奴，在中国传统的精忠报国的道德伦理中，作为武将，宁死也不能降敌。因此，李陵叛汉，虽情有可原，但依旧为后人所诟病！

苏武牧羊

公元前100年，匈奴新单于即位。为了表示友好，汉武帝派苏武率队出使匈奴。没想到，在苏武完成使命、准备率队回汉时，匈奴爆发内讧，结果苏武无辜受累，被扣留在匈奴。但苏武并未屈服，在被软禁的十九年间，他虽身在匈奴牧羊，心却日夜思念故土，时时盼望回归汉朝。千百年来，他都被当作典型的爱国人物加以颂扬。

出使匈奴，兵变遭扣

苏武，字子卿，陕西西安人，其父平陵侯苏建为汉初名将。苏建在一次征战中失利，按律当处死，但卫青赦免了他，随后，汉武帝让他以钱赎罪，并让他担任代郡太守。可以说，苏家世受皇恩。苏武少时依靠父荫，被任命为武帝的侍从。

当时，汉军大败匈奴，匈奴军死伤惨重，再也无力像以前那样肆无忌惮地侵扰汉境。为了体现友好之情，匈奴单于时常派遣使节前往汉朝举行谈判，汉武帝也趁机派遣使节前往匈奴表示友好。事实上，汉朝和匈奴都没有任何交好之念，只是想察看对方的情况，然后寻找时机再战。但是，匈奴毫无信义，经常将汉朝使节扣留在匈奴。为了报复匈奴，当其使节来汉后，汉朝也将他们扣留。

公元前100年，匈奴且鞮侯单于继承王位，他担心汉朝对其出兵，便将过去扣留的所有汉朝使节送还汉朝。汉武帝大喜，随后派遣中郎将苏武出使匈奴，并负责将扣留在汉的匈奴使节护送回匈奴，而且还为单于准备了许多财物，以示友好。于是，苏武和副中郎将张胜以及临时前来的常惠，再加上征召来的士兵、侦察人员共计一百多人前往匈奴。到达匈奴后，苏武代表西汉朝廷将财物送与单于。

单于正要派使者护送苏武等人归汉，却发生了一件大事。已经投降匈奴的汉朝使节卫律，其手下有一个人叫虞常，他虽然投降了匈奴，但内心非常不愿意。由于张胜和虞常过去就相识，所以当苏武等人到达此地后，虞常经常私自去找张胜交谈，说自己要斩杀卫律并绑架单于之母返回汉朝。张胜并未将此情况告诉苏武，便同意了虞常的计谋。

一天，趁单于外出打猎之机，虞常便召集部众准备行动。不料，有人出卖了他们，将计谋告诉了匈奴人。于是，单于之子调集重兵捉拿虞常，经过一番激战后，虞常被擒。张胜担心虞常牵连自己，将此事告诉了苏武，苏武听后，说："事已至此，我们必然受累，但我们决不能受辱。"说罢便要自杀，但被属下拦住了。

果然，虞常被严刑拷打后，将张胜供了出来。单于闻听大怒，在和文武大臣商量后，决定斩杀所有汉朝使节。不过，有人认为应该逼迫汉使投降匈奴，以此对其加以羞辱。于是，单于召见苏武等人。在审讯中，其他汉使恐惧不已，竟然吓得跪倒在地。苏武看到后，对他们说："你如此胆小怕死，有辱国威，纵然活下来，还有何颜面返回国家？"边说边拔剑自刎，但被卫律等人拦下，此时苏武已经满身是血，卫律急忙让医生为其包扎。单于对苏武宁死不屈的精神非常钦佩，随后让医生全力救治苏武。单于看到苏武如此忠肝义胆，便欲劝降他。

众人规劝，宁死不降

后来，卫律在苏武和张胜面前杀了虞常，接着举剑威胁张胜，早先一心爱国的张胜彻底暴露了他的丑恶嘴脸——投降了。随后，卫律又举剑威胁苏武，但苏武毫无惧色。卫律看到苏武不怕死，便采取利诱之法。他对苏武说："我叛汉归降匈奴后，多承单于恩典，被封为王侯，拥有数万部下，牛马更是无数，可以说是相当富贵了。如果你今天归降匈奴，那么明天你就和我同样富贵了。更何况，即使你为国而死，又有谁知道呢！"苏武闻听此言，怒骂卫律道："你本为大汉臣子，如今叛国背主，还有什么资格和我谈论国家大义。"卫律明白苏武绝对不会投降匈奴，便回去报告了单于。

单于听后，越发想逼其投降，于是就将苏武放在地窖里囚禁起来，不给他吃喝。苏武就以雪为水，随同毛毡吞下止饿，就这样过了好几天，竟然没有死。匈奴人认为他很神奇，便将其迁往北海（今俄罗斯贝加尔湖）无人之地，让他牧公羊，竟然说若公羊能生育便放他回国。同时，匈奴将苏武的部下和常惠等人分别安置到别处。

苏武到达毫无人烟的北海后，只有一根代表朝廷的旌节与其为伴。没有人给他送食物，他就靠挖野鼠、拔草根为生。

李陵降敌后，单于得知李陵与苏武过去曾是好友，于是让李陵前来规劝苏武投降匈奴。李陵来后，苏武才了解到，兄长苏嘉和弟弟苏贤由于犯下小错而自尽了，母亲已然病故，妻子也已嫁于他人，苏武不禁泪流满面。李陵对苏武道："我刚被俘时，感觉愧对朝廷，但后来得知朝廷不分青红皂白，将我全族诛杀，我已经没有家了，所以我只能投降。现在，你也无家可回了，如果就这样葬身异国他乡，你的拳拳爱国心又有谁明了？人生苦短，何必要虐待自己？"苏武说："凭借皇帝恩典，我父担任将军，我兄长和弟弟也是皇帝的宠幸之臣，我决不会背主、辱宗，你不必再说。"李陵长叹一声，称颂苏武乃大汉忠臣，转身而去。

后来，又有许多人来劝苏武投降，但他都坚决不从。单于钦佩其铮铮铁骨，一直没有将其杀害。就这样，苏武一直在北海以牧羊度日。

朝廷要人，苏武还乡

公元前85年，匈奴单于去世，新任单于派遣使节入汉求和。汉廷提出了释放苏武等汉使并让其归国的条件，但匈奴人谎称苏武已死。朝廷以为苏武确实故去，就放下了此事。

不久，汉使前往匈奴。常惠听说此事后，贿赂匈奴看守，乘着夜色前去会见汉使，并且将苏武的遭遇统统相告，并为汉使想了个办法，教他如何向匈奴单于要人。

次日，汉使拜见单于，气愤地对单于道："如果匈奴当真和我大汉交好，就不该欺瞒我方。我们陛下前日在花园中射落一只大雁，大雁的腿上绑有一块布绸，上面写着'苏武尚在人世'，那单于为何说他去世了呢？"

单于闻听大惊，以为苏武之忠感动了大雁，因而大雁为其传递信息。事已至此，单于不得不将苏武自北海放归，最后将常惠等人也一起交与汉使带回汉朝。

公元前81年春，历尽坎坷的苏武终于回到长安。出使匈奴时，苏武年轻力壮，而如今却是满头白发。

在遭放逐的日子里，苏武只要投降，就可以享受锦衣玉食的生活。然而，他宁可在人迹罕至的旷野受苦受难，也不愿投降。为了尽忠于国家，他在人生中最美好的时光中以荒野牧羊度月。不过，正是因为如此，他才成为后世人心中的爱国楷模，从而青史流芳。

第一良吏黄霸

　　黄霸，汉朝著名清官，先后担任过阳夏游徼、侍郎谒者、左冯翊等职。汉宣帝时，黄霸被任命为丞相。他为人谦虚温厚、才学出众，处理事务依法而行，治理百姓以教化而为。《汉书·循吏传》评价黄霸道："自汉兴，言治民吏，以霸为首。"

一心为官，教化治民

　　黄霸，字次公，河南太康人，从小便开始学习律令，从政欲望十分强烈。他年轻时，家境富裕，有个人想将女儿许配给他，但其家世比不上黄霸家，于是这个人便和一个黄霸非常信任的相士演了一出戏。

　　当相士与黄霸一块儿坐车出行时，那人故意让女儿在他们面前出现。这时，相士便故作惊讶道："此女有旺夫之命，日后必尊贵无比，如若不然，普天之下的相书就应该全部烧毁。"

　　黄霸听后，立即派人打探此女身世，得知她家世一般后依然娶其为妻。由此不难看出，他确实想进入仕途。

　　汉武帝统治后期，朝廷为了解决财政困难，下令只要为国家捐献财物便可为官。于是，黄霸捐献了许多粮食，最后被朝廷封了一个小官。

　　不久，他由于为官清正廉洁，被提拔为均输长。在担任此职期间，他抛开了前任官员的治理之策，张榜公告市场物价，严禁商人哄抬物价、囤积居奇，严令禁止贿赂送礼之风并鼓励以公平、公正、公开的原则进行交易，通过正规渠道、法令和印章向京师呈送银两。

　　由于政绩卓著，黄霸很快又晋升为河南太守丞。由于黄霸精通律令，且性格温和、为人中庸，因此太守十分欣赏他，百姓也非常拥护他。

　　黄霸依法行事，廉洁为官；关注民生，鼓励百姓发展农业。尤其在审理案件时，他更是推崇仁政，反对采用严酷的刑罚。凡是有疑惑的案件，他都轻判。他认为，应该以"外宽内明、教化为先"的策略管理罪犯，将管理的重点放在预防犯罪上。因此，黄霸受到当地百姓爱戴，朝廷也对他十分满意。

当时，大多数官员都继承了武帝当政时执法严酷的风格，但黄霸却执法温和，宽容仁厚。

汉宣帝听说黄霸为政清廉，便下旨点名让他出任颍川（今河南禹州地区）太守一职。黄霸赴任时，既没有坐轿，也没有骑马，而是骑着骡子，独自前往。

黄霸到任后，马上张榜公告，教导民众学习律令，同时在邻县和官道上张贴告示，鼓励在外流亡的当地人回归家乡，并许诺：只要他们回乡垦荒种地，政府便为其发放粮食和种子，并免其税收和徭役。

为了让当地百姓信任自己，黄霸经常脱下官服，亲自到田地里和农民一同耕种。其行为很快传遍各地，于是那些外出逃荒的百姓都纷纷返回了家乡。

为了稳定民心，避免百姓再次逃荒，黄霸下令：各县县令要妥善安排逃荒百姓，若有官员违令不遵就将严罚或就地免职。随后，他到各县微服私访，查探此事的进展。

待逃荒百姓安定后，黄霸又鼓励当地百姓养猪、鸡、鸭、蚕等，并教百姓种植各种树木，同时下令禁止用粮食喂马。他将宣帝时期休养生息的措施全部加以实行，以此让百姓安乐，并感激天子之德。

这些举措也有效地震慑了那些财大气粗的地主豪强，使他们不敢为非作歹，因为他们担心背上欺君之罪。

黄霸对手下官员的管教十分严格，因此凡是经他派到各地的官员，都是清正廉洁的好官。

有一次，一位官吏下去体察民情。为了不扰民，他饿了便在路边坐着吃自己带的饭，然而不小心被乌鸦抢走了所带的肉食。一个正好路过的百姓看到了这一幕，进城碰到黄霸后便将此事告诉了他。

这个官吏回城后，黄霸笑着对他说："真是艰苦啊，在路边进餐竟然还让乌鸦抢了肉。"官吏闻听惊诧不已，不知黄霸如何知道此事。于是，他日后向黄霸上报情况时便更加不敢隐瞒实情了。

五年后，在黄霸的治理下，颍川郡的社会风气很好，当地夜不闭户、路不拾遗，百姓安居乐业。

宣帝闻此十分开心，下诏任命黄霸担任京兆尹，并赐其黄金百斤。黄霸随后却将黄金全部捐给颍川郡，以此作为修理河道的资金，而他自己则一钱不要。

犯颜获罪，直心不改

那时，汉宣帝总是害怕自己被废，因为当时的朝政大权掌握在霍光集团的手中，这对皇权形成了巨大的威胁。宣帝为了彻底解决这一问题，便下令群臣重议庙乐，颂扬武帝功绩，并为武帝追加尊号。宣帝想通过这些措施来压制霍氏集团日益膨胀的权力和野心。

看到这种情况，朝中的奸佞小人便纷纷附和，赞扬宣帝英明威武，还建议他出兵开拓疆土，完成统一大业。这些正是宣帝所愿意听到的，但却遭到长信少尉夏侯胜的强烈反对。在夏侯胜看来，当务之急不是颂扬武帝功绩，也不是出兵开疆辟土，而是思考安邦定国、发展生产的策略。

满朝文武中，只有黄霸支持夏侯胜的观点，因此他坚决反对群臣弹劾夏侯胜。随后，黄霸上书宣帝，希望撤销重议庙乐的诏令。宣帝看后大怒，将他们二人关进大狱。

黄霸被打入大牢后，并没有消极厌世，反而借机拜夏侯胜为师，学习治国之道。夏侯胜是当时天下闻名的经学家，注有《尚书》，并首创了"大夏侯学"。在牢里，黄霸认真地向夏侯胜请教，钻研儒家经典，天天如此，从没有中断过。师生二人在牢里研究学问，过得十分开心。两年后，中原地区发生了地震，宣帝为求天下太平，决定大赦罪犯。于是，黄霸和夏侯胜便走出了大狱。不久，朝廷任命夏侯胜为谏大夫，黄霸则被贬往扬州担任刺史。

黄霸做官期间，当时的统治集团内部正在为争夺权利明争暗斗，朝廷形成两大派系，许多官员向两大派系的大臣贿赂，以保官位。黄霸性格耿直，从不参与两派之间的斗争，他始终如一地依法办公、清正廉洁，严惩贪赃枉法之徒。

公元前55年，黄霸继邴吉之后为相，同时被赐封为建成侯，负责处理全国事务。四年后，黄霸病故。

通过卓著的政绩和教化百姓的治国之策，黄霸逐步由一个小吏坐上了丞相之位，史书称其"以外宽内明得吏民心，户口岁增，治为天下第一。"汉宣帝也赞其为"贤人君子"、"国家栋梁"。黄霸主张宽和施政，以德教化百姓，依法办事，以廉为本，关注民生。因此，时至今日，人们依然对其称颂不已。

酷吏张汤

张汤，汉朝重臣，经常以春秋大义教化百姓，以天子诏令审理案件。在为官时期，他强力惩治不法商贾，铲除豪强，其行为不仅使朝廷税赋增加，也稳定了社会秩序。张汤虽然执法严厉，人称酷吏，但他为官清正廉洁，俭朴无华，是一名实实在在的清官。

继承父职，宽严有度

张汤是陕西西安人，年少时便具有当官之才，而且非常精通律令。张汤小时候，其父担任长安县丞。

一天，张父外出办事，让张汤在家看守。父亲回家后，却发现家里的所有肉食都被老鼠偷吃了，于是怒打了张汤一顿。事后，张汤便到处挖老鼠洞，最终将偷肉的老鼠和其吃剩的肉都找到了。

然后，张汤将老鼠放在堂下，像审问犯人那样对老鼠进行审讯。从传讯到定案，审讯程序十分完整，最后他拿出老鼠吃剩的肉结案定罪，并按刑律把老鼠处死。其父看了判决结果后，发现文辞详密，为此深感吃惊，认为张汤具备狱吏之才，于是就让他去学习刑律。

张父去世后，张汤担任长安县丞。

有一次，周阳侯田胜犯罪被捕。张汤闻听此事，便设法为其洗刷罪名。田胜无罪释放后，马上便被朝廷封了侯，所以他非常欣赏张汤。此后，只要有机会，他就设法向京师的皇亲贵族引荐张汤。由于张汤处理事情果断干脆，工作兢兢业业，因此也有人在丞相面前多次推荐他。不久，张汤出任茂陵尉一职。

田蚡任相后，将张汤提拔为丞相史。接着，他在武帝面前大力举荐张汤。随后，汉武帝让张汤担任侍御史，主要负责审案。不久，在审讯陈皇后巫蛊之案时，张汤严厉追究同案犯，结果有三百多人因受牵连而被处死。

武帝觉得张汤能力出众，便将其晋升为太中大夫。在此任上，他和赵禹一起制定了大汉刑律，其中一些条文非常严酷。

不久，朝廷任命赵禹出任中尉，任命张汤出任廷尉。他们俩虽然交情深厚，但是具有不同的性情。

赵禹为官清廉，为人清高，自从进入仕途，从未在家中宴过客。就是朝臣邀其参加宴席后，他也从不回宴。他这样做，只是想以此杜绝亲朋好友的邀请，以免自己为人情所牵，导致无法坚持自我、秉公办事。

张汤则不是这样。他为人圆滑，善于处理人情世故。他在为官之初，时常攀交长安的官商。待担任九卿后，他又开始攀交各地名人，即使对方与自己不是同道中人，他也会在表面上装作敬佩对方。

当时，武帝十分欣赏文士。为此，张汤在审讯大案时，便设法攀附古人之义，并任用那些学习过《尚书》、《春秋》的人担任廷尉史，让他们以古义解决疑难之案。

在上书皇帝前，他会先行将原因经过告诉皇帝。只要建议被皇帝认可，他便立即用板写下，将其制定为律令，作为日后审案的法律依据，以此来表现皇帝的英明；如果皇帝不认可，张汤就主动揽责，向皇帝谢罪，从不透过于下属。如此一来，就是发生错误甚至犯下大过，皇帝也会免其罪责。如果得到皇帝奖赏，他就告诉皇帝：此奏我不知情，乃是属官某人所为。因此，下属们都很敬重他。

一般而言，张汤定罪的罪犯，全部是皇帝、狱政官、总务官想要定罪的人，而他所释放或轻判的罪犯，全部是皇帝和狱政官、总务官想要释放和宽恕的人。因此，皇帝和大臣们对他非常信任。

张汤审案时，宽严有度。他审讯豪强时，就一定会动用重刑；审讯百姓时，就会马上上报皇帝，请求减刑。

对朝廷里的重臣，张汤则非常谨慎，他时常为这些朝廷重臣的宾客赠送酒食。对朋友的子女，张汤则照顾有加。此外，不论春夏秋冬，他都坚持走动于各权贵之家。因此，虽然他审案时引用的律文十分严酷，但由于具有良好的人际关系，他依旧深受众人称颂。公孙弘便非常青睐张汤，认为他是一个好官。

在审判淮南王谋反之案时，张汤顺势严查淮南王的一干亲信，使此案牵连了许多人。其中，严助和伍被便在此列。武帝认为二人告发有功，决定不追究其罪。然而，张汤对武帝说："伍被是淮南王的军师，严助身为朝臣，竟然私自结交王侯，如果将他们赦免了，恐怕会产生不良的影响。所以，这两个人绝不能轻饶。"

最终，汉武帝默许了他的提议。此后，汉武帝更加信任张汤，很快便任命他担任御史大夫。

公报私仇，自杀身死

不过，张汤受宠时间比较短，在出任御史大夫七年后，他便被逮捕了。

御史中丞李文和张汤以前就有过节，他总想设法从朝廷公文中寻找错误加害张汤。张汤的部下廷尉史鲁谒居明白张汤对此事非常气愤，便让人告发李文。武帝让张汤审理此案，最终，李文被判为死罪。张汤知道这件事乃是鲁谒居策划，所以十分感激鲁谒居。当鲁谒居生病后，张汤亲自前去探望，甚至还为其按摩双脚。

赵王对张汤和鲁谒居过去排挤自己之事耿耿于怀，总想借机报复。他听说张汤为鲁谒居按摩双脚后，便上书朝廷，说张汤亲自为鲁谒居按摩，他们必有阴谋。于是，武帝立即派大臣调查此事。当时，鲁谒居已然病故，结果此事牵连其弟。

张汤得知鲁谒居的弟弟被捕后，便准备设法救他出狱，但他表面上故意装出此事与己无关的神态。鲁谒居的弟弟误解了张汤，气愤之下便将张汤和其兄合谋诬陷李文之事坦白了。于是，武帝下令严查张汤。

情势危急，张汤的政敌——当朝丞相庄青翟，也对张汤落井下石，他暗地里让部下朱买臣、王朝和边通诬陷张汤与田信囤积居奇、以权谋私。

朱买臣、王朝和边通都曾担任过朝廷重臣，后来因事被贬。张汤以前曾多次代理过丞相之职，在此期间，他故意羞辱朱买臣、王朝和边通，还将他们三人当作自己的部下，对他们颐指气使。所以朱买臣、王朝和边通都十分仇视张汤。

汉武帝听说张汤以权谋私，大怒，立即派人前去向张汤问罪。不久，张汤就自尽了。

张汤死后，人们发现他家中财产很少，说明其为官清廉。汉武帝闻听此事后，立即派人前去调查朱买臣、王朝和边通。最后，朱买臣、王朝和边通都被处死，丞相庄青翟也畏罪自杀。

汉武帝认为自己愧对张汤，所以十分关照张汤之子张安世。后来，张安世被赐封为"富平侯"，汉武帝对其始终宠幸有加。

张汤身为执法者，执法严厉，后人将其称为酷吏。但是，身为酷吏的张汤，并不是一个为非作歹、以权谋私的贪官，而可以算是一个清正廉洁、简朴无华的清官。

倪宽体国恤民

倪宽，汉朝清官，性格温厚，精于文、拙于武。他在为官期间，经常以儒家学说来教导百姓，大力发展农业，减免刑罚，重新处理过去的有疑案件，提拔仁慈宽厚的人，做事务实，不图虚名，所以深受百姓拥戴。此外，知识渊博的倪宽还奉命与司马迁等人合作，共同制定了《太初历》，将当时通用历法中的错误一一改正，从而有力地推动了中国历法的发展。

学识渊博，一心为民

倪宽是山东高青人，从小便喜欢读书，但因家贫读不起书，只得靠打长工为生。每次出外劳动时，他都将书挂在锄钩上，趁着休息时间读书。就这样，他逐渐成为一位博学之士。后来，他专心学习《尚书》，由于精通《尚书》，被当地选为博士。很快，他又通过考试走入仕途，出任朝廷掌管礼乐制度的官员。后来，他又做过协助廷尉处理文字的小官员。

倪宽担任小官员时，主管刑狱是廷尉张汤。在廷尉府里，只有那些精通法律条文和刑狱律令的官员才能得到重用。而倪宽一介儒生，根本不懂法律和刑狱之事，因此在那里无事可做。于是，张汤让他到北地管理牲畜。此去竟达数年之久，期间他抓紧学习法律条文和刑狱律令，收获很大。

几年后，倪宽重新返回廷尉府，并根据自己的亲身体验写了一篇怎样管理牲畜的文章，交给了张汤，得到了赞扬。当时，张汤正在审理的一个大案需要撰写详细案情，廷尉府官员写好后便上报了朝廷。但武帝看后，认为此案还有众多疑点没有说明白，非常生气，将奏疏退还了廷尉府，让张汤重新撰写。但是廷尉府的官员实在不知怎么撰写，为此坐卧不宁。

倪宽仔细看完此案的相关材料后，便向廷尉府中负责起草奏疏的官员提出了建议。众官员听后认为有理，便让其代笔。倪宽本来就文才出众，经过实践锻炼后更是博学多才。他很快便将奏疏写完了。众官员看后十分满意，于是就将倪宽的具体情况及其撰写的奏疏上报张汤。

张汤看后，认为倪宽写的奏疏文采出众，于是马上找来倪宽，问了他许多有关刑狱和撰写奏疏的问题。倪宽对答如流，讲得头头是道。随后，张汤将奏疏交给了武帝，武帝看后也很满意。

第二天上朝时，武帝问张汤："昨天的奏疏绝非普通官吏所写，究竟是何人所写？"张汤说是倪宽。汉武帝说："朕以前便听过此人之名。"后来，张汤便让倪宽专门负责起草奏疏。此后，倪宽审理过许多案件，他一心为百姓办案，严惩奸恶之徒，因此那些贪官污吏极其畏惧他。

公元前120年，张汤出任御史大夫一职，同时荐举倪宽担任侍御史。就这样，倪宽有了纠察百官、举荐贤才的权利。此后，汉武帝经常召见倪宽，与他讨论经学。倪宽引经据典，受到了汉武帝的欣赏，不久便被提拔为中大夫。

体国恤民，百姓爱戴

公元前113年，倪宽出任左内史一职，专门掌管长安的民政事务。他鼓励农民勤奋耕作，还提议制定水利法，以保障农民依法浇灌土地。他认为，只有多种粮食，才能消除饥荒、稳定社会秩序。同时，他认真审理各种案件，依法办事，不用酷刑，通过这种方法来避免产生冤案。

倪宽十分关注百姓疾苦。在收租税时，他会适当调整歉收地区的税收政策，还对贫弱户和因故无法及时缴租的百姓予以减免或延缓，这使得当地的赋税征收进度十分缓慢。后来，朝廷急需用粮，于是命令内史纳粮。这时，大户人家用套车运粮，小户人家用肩背挑粮，一路上交粮的人和车不计其数。当地的征粮工作不仅没有拖延，反而是完成得最快和最好的。汉武帝由此对倪宽之才更加吃惊。

公元前110年，汉武帝提拔倪宽担任御史大夫，让他陪自己前往泰山巡视，举行封禅大典。此前，博士褚大的官位高于倪宽。当朝廷准备任命新的御史大夫时，武帝征召褚大进京。褚大自认为必然是让自己出任御史大夫。但他到洛阳时，却闻听倪宽出任了御史大夫，心中非常懊恼。来到京师后，褚大和倪宽同时在武帝面前谈论封禅大事，当褚大看到倪宽旁征博引、滔滔不绝时，才确信自己比不上倪宽。

公元前104年，倪宽和司马迁等人一起制定了《太初历》，将当时通行的历法中的错误一一加以纠正，从而推动了中国历法的发展。倪宽既精通经学又有文才，其著作主要有《倪宽赋》两篇、《倪宽》九篇、《封禅颂》等。

公元前103年，倪宽去世。

在我国历史上，倪宽是一位著名的博学之士和高官贤才，少时虽家贫却勤学不止，后来官居高位却善待下士，辅佐皇帝时牢记民苦，日理万机却依然好学。因此他既是古代为官者的榜样，也是当代为官者的"标杆"。

社稷之臣汲黯

　　汲黯，汉朝耿介之士，为人清高严肃，直率刚毅，从不阿谀奉承，因此朝中群臣十分敬畏他。汲黯尊崇黄老之学，喜好无为而治之策，因此与推崇儒学、重用酷吏、虚荣自傲的汉武帝矛盾重重。但是，汲黯的一言一行都是为朝廷考虑，所以武帝纵然万分反感他，却也承认他确确实实是西汉的"社稷之臣"。

秉公事职，犯颜直谏

　　汲黯，字长孺，河南濮阳人。汲黯的先祖生活于古卫国时代，当时的卫国君主对其十分宠幸。

　　汲黯成人后，在其父的推举下，担任太子洗马一职。景帝之所以让他担任此职，主要原因在于汲黯为人严正。景帝驾崩后，汉武帝刘彻登上龙位，随后命汲黯出任谒者一职。

　　汲黯为官时，对民众疾苦非常关注。有一次，大火烧毁了河内郡数千户百姓家，汉武帝让汲黯前去查探灾情。

　　汲黯到达那里后，看到百姓遭受大灾，灾民无数，甚至发生了父吃子的惨剧。于是未经请示，他便私自以钦差之名打开官府粮仓赈灾。回朝后，他向武帝请罪。武帝认为他贤良爱民，便赦免其罪，只是将其调到荥阳担任县令。汲黯认为自己当个小小的县令是一种耻辱，便告病还家。汉武帝听说后，立即召汲黯归朝，并让其出任中大夫之职。

　　然而，由于汲黯频频劝谏武帝，致使武帝十分反感，不久便将其调到东海郡出任太守。

　　汲黯尊崇道家思想，无论是治理官衙，还是处理民事，都采取清静无为之策，将政事交由自己的得力部下处理。他要求部下按大原则处理政务，从不在小节上苛求属下。

　　汲黯体质衰弱，疾病缠身，经常卧床休息，几乎不出门户。但是一年后，东海郡便成为一块繁荣清平之地，当地百姓对汲黯赞颂不已。

　　武帝听说后，便将汲黯召回长安，让其担任主爵都尉，地位与九卿相同。

汲黯依法办事，勇于犯颜直谏。有一段时期，汉武帝重用大量儒生，以此表明自己推行儒家之道的诚心，并常常在百官面前扬言要做仁义之事。

汲黯明白汉武帝真正实行的是外儒内法的治国之策，因此他不仅没有迎合汉武帝，反而直言不讳地对汉武帝说："陛下贪欲太重，口头上却说要行仁义之事，这样怎么能效仿尧舜呢？"

汉武帝听后，怏怏不快地退朝回宫。回宫后，汉武帝怒骂汲黯，说汲黯做得太过分。

于是，群臣都指责汲黯，说他对汉武帝不够尊重。汲黯说："朝廷用大臣，就是为了辅佐陛下，难道是让我们曲意逢迎陷陛下于昏君之列吗？作为人臣，如果只顾身家性命，那就有愧于朝廷百姓！"

由于汲黯为人耿直严肃，群臣都很敬畏他，就连汉武帝在他面前也十分注意自己的言行举止。卫青在宫中时，汉武帝曾在如厕时接见他。丞相公孙弘有时面见武帝，武帝都不戴帽子。而汲黯求见武帝时，武帝不戴好帽子绝不会接见他。

有一次，武帝独自坐在大帐外，没有戴帽子，刚好汲黯前来求见。武帝便急忙躲到了帐内，让侍从替他批准汲黯的奏疏。真是不敢想象，汉武帝竟然敬畏汲黯到如此程度。

不畏权贵，一代直臣

汲黯从不对当朝权贵阿谀奉承。

田蚡之所以当上丞相，皆因他是太后之弟。当时，田蚡权倾朝野，许多官员看到田蚡的车马便下拜，但汲黯却只是对其作揖，并不加礼。田蚡虽然怀恨在心，但也奈何他不得。

卫青一家有五人封侯，其姐贵为皇后，他自己又是驸马，深受武帝宠幸。朝中大臣见到他都下拜示礼，而汲黯看到他只是作个揖。于是，有人说他失礼。汲黯笑道："我如此做，方能衬托出卫大将军的风度，这样难道不是更好吗？"卫青明白汲黯乃是当朝直臣，不仅没有怪罪汲黯，反而十分敬重他，还经常向汲黯请教国事。

汲黯十分藐视那些通过阿谀奉承受到武帝恩宠的大臣。张汤担任廷尉时，汲黯就曾多次当着汉武帝之面诘问张汤："作为陛下的肱股之臣，你上不能弘扬先帝之功，下不能消除平民之恶；相反，你肆意违背律令，以逢迎陛下和重臣。更让人无法忍受的是，你竟然胡乱删改高祖制定的规章制度，如此做你必将无后。"

在朝堂上，汲黯和张汤经常辩论。张汤辩论时，专门深究律令条文，关注细节。汲黯则言语严正，情绪激动，不肯屈服。他曾怒骂张汤道："人人都说刀笔吏绝不能做公卿，此话果然有理。如果按照你所制定的律令治理天下，那么天下人就会连走路都不敢了！"

汲黯体弱多病，每次生病都要数月才能康复。然而，当时朝廷律令规定：官员卧病在床三个月以上便要被罢免官职。于是，汉武帝每次在汲黯生病快满三个月时，便再给其假期休养，以此保留汲黯的官职。

有一回，汲黯由于病重无法上朝，便让庄助为自己告假。

汉武帝问庄助："你觉得汲黯如何？"

庄助答道："汲黯现在的官职不足以让他施展才能，如果让其辅佐太子，他肯定会全力以赴，谁都无法动摇他的决心。"

汉武帝表示赞同，说："你讲得很对，古有与国共生死的忠臣，而汲黯便是这种人。"

不久，汲黯因罪被捕，但由于赶上汉武帝大赦天下，因此他只被罢官，并未被定罪。随后，汲黯回家养老。

几年后，朝廷重新铸造五铢钱，有人便借机私铸钱币，楚地尤为严重。汉武帝认为淮阳郡是通往楚地的必经之地，所以让汲黯出任淮阳郡太守。

汲黯数次婉言谢绝，但武帝数次强令他接受诏令。无奈，汲黯只好答应前往淮阳郡，他走时对汉武帝哭诉道："微臣重病在身，恐体力不支，难以处理太守的繁重事务。我请求陛下让我担任中郎，在宫中出入，为陛下建言献策，弥补漏失。"

武帝说："你难道嫌弃淮阳郡太守这个官职吗？我很快会召你还朝的。现在淮阳郡官民关系十分紧张，因此我不得不让你出山治理了，到那儿后你就住在家中处理政务吧。"于是汲黯只得前往淮阳郡。

七年后，汲黯病故。

汲黯是一位耿直之臣，后世将其看作是谏臣的代表人物，人们有时甚至忽略了他的本名，直接称其为"汲直"。在他之后，历朝历代敢于直谏的名臣都将他作为榜样。作为一名"临大节而不可夺"的千古名臣，汲黯必将永垂青史。

窦婴舍身救友

高祖、惠帝、文帝、景帝和武帝时代，英才辈出。正是这些英才，辅佐汉朝统治者开国辟疆，安邦定边，发展经济，从而为汉武帝开创辉煌盛世创造了条件。作为汉王朝的功臣，这些英才并非都有好下场。其中，一度独揽朝政大权、最终却被诛杀全家的窦婴，便是一个让人感叹的英才。

酒醉失言，灌夫被捕

窦婴，字王孙，河北清河人。窦太后堂兄之子。

七国之乱时，景帝任命窦婴为大将军，率军驻守荥阳。待平定七国之乱后，窦婴由于立有战功，被赐封为魏其侯。

武帝登基后，将其提拔为丞相。但是，他因为好儒反黄老学说，结果被窦太后罢官逐出朝廷。少了窦太后的关照，武帝便没有再重用窦婴。窦婴周围的人也逐渐远离他，唯有将军灌夫一如既往地与其交往，因此他们成为了莫逆之交。

窦太后去世后，武帝令田蚡担任丞相。作为另一支外戚势力，丞相田蚡对失去权势的外戚窦婴十分藐视。

公元前131年春，田蚡举办结婚喜宴。太后下令，所有皇亲侯爵都得前去祝贺。于是，窦婴来到灌夫家，准备和他同去。

灌夫婉拒道："我此前因醉酒失言惹怒丞相，近日又和他产生了矛盾，还是不去为好。"

窦婴说："事情早已过去了。"便拉他同去了。

在喜宴上，待众人酒到三分时，田蚡为众人敬酒，于是所有来宾都起身离席，伏在地上，表示不敢当。不久，窦婴也为众人敬酒，但只有窦婴的一些老朋友离席表示谦让和感谢，而大多数人则端坐不动，只是微微欠身表示还礼。

灌夫见此情景，认为他们对窦婴不够尊重，所以愤恨不已。随后，他也向众人敬酒。当敬到临汝侯时，临汝侯端坐在席位上与程不识小声交谈，并不起身回礼。灌夫本来就生气，看到临汝侯如此不尊重自己，便忍不住怒骂道："以前你经常暗骂程不识贫贱，如今我老人家给你敬酒，你却和他说悄悄话！"

田蚡对灌夫说："他们都是东宫和西宫的卫尉，你今天当着众人之面羞辱他们，难道不为自己尊敬的李广将军着想吗？"

灌夫说："就是现在将我杀头穿胸，我也无所谓，还管他什么将军！"来宾们看到如此状况，都先后告辞离去。

这时，窦婴也正要辞行离去，便招手让灌夫走。田蚡看到这种情况，大怒道："这都怪我太娇惯灌夫了。"于是下令让人将灌夫绑起来，随后又召来长史，对他说："今日邀请众人前来赴宴，是太后下令的。"他状告灌夫在喜宴上辱骂来宾、亵渎诏令，犯下"不敬"之罪。随后灌夫被打入大牢。

接着，田蚡下令追查灌夫过去所犯的错误，将其判为斩首之罪，然后派人四处抓捕灌氏族人。

窦婴心里明白，灌夫之所以醉酒闹事，全是为了自己。所以他出钱让人向田蚡求情，然而田蚡并未释放灌夫。

挺身而出，当庭辩论

为了尽早将灌夫营救出来，窦婴决定出手相助。其妻劝他道："灌将军与田蚡交恶，也就是与太后一族交恶，你怎么可能将他救出呢？"

窦婴说："魏其侯的爵位是我因功所得，如今就是失去，我也不会有丝毫遗憾。但我无法眼睁睁地看着灌夫被杀，自己却苟活于世。"

随后，窦婴将仆人遣散，将家产变卖，然后上书汉武帝。

武帝召他入宫。窦婴将灌夫之事详细地告诉了武帝，认为灌夫罪不至死。武帝听后，认为很有道理，便命其与自己一并进餐，并对他说："饭后让丞相一块前往东宫，在那里谈论此事吧。"

来到东宫后，窦婴尽数灌夫之功，说他如今只是因酗酒失言获罪，但丞相却以其他罪名诬陷他。田蚡随后极力诬陷灌夫，说他居功自傲、肆意妄为，犯有欺君之罪。窦婴认为无法在此事上诘难田蚡，于是转而诉说田蚡的短处。

田蚡回应道："我确实很贪，甚至可以说贪婪、堕落；我也确实好色，喜欢珍馐佳肴、华装丽服。但我之所以如此，就是因为如今是繁华盛世。身为皇亲国戚，我这样不算过分吧。可是你呢？你经常与灌夫闭门在家，暗地里结交豪强地主、江湖之士，在密室中谋划诡计，在地方上煽风点火，白天谈论朝政大事，夜晚观测星象，终日盼着陛下出事，你们究竟是何居心？"

看到二人争执不下，武帝便询问群臣："众爱卿觉得他们二人谁更有理呢？"

御史大夫韩安国是一个圆滑之人，他说二人都没有错，希望武帝自己决定。汲黯则认为窦婴有理，内史大臣也认为窦婴有理，但他们担心田蚡报复，便住口不言。其他大臣也都不敢表明意见。

武帝怒骂道："你们以前经常评价窦婴和田蚡，现在公开谈论，却畏畏缩缩，我真恨不得将你们统统诛杀。"武帝说罢就退朝了，接着前往太后处服侍太后吃饭。

太后施压，惨遭杀害

武帝到太后那里后，太后怒骂道："我如今尚在人世，就有人欺辱我兄弟，如果哪一天我魂归九天了，我兄弟定然会被他们当作鱼肉一样切割。你作为九五之尊，怎么可以没有自己的主张呢！如今，皇帝尚在位，群臣便如此相互附和，一旦皇帝驾崩，还不知他们会做出什么事情呢？"

武帝听后，感到十分羞愧，对太后道："双方皆为皇亲国戚，因此才让其随意辩论。否则，此事由狱吏处理便可。"

不久，郎中令石建将窦婴和田蚡之间的具体情况分别上报了汉武帝。武帝也在思考解决之策。

景帝弥留之际，曾给窦婴留下遗诏，说他一旦遇上棘手之事可以直接向皇帝上书。如今，面对太后的强大压力，武帝必定会偏向田蚡。鉴于此，窦婴直接向武帝上书，将景帝给自己留下遗诏之事说了出来，他请求武帝赦免灌夫之罪。

武帝看到窦婴的奏疏中说自己有先帝遗诏，便马上派人到尚书那里寻找，但却没有找到遗诏的原稿，只是在窦婴家里找到了遗诏的副本。于是，窦婴遭到弹劾，被指犯有伪造先帝遗诏之罪。最后，窦婴被杀。

田蚡仰仗太后之威，肆意弄权，只为一桩小事，便诬陷窦婴，实在可恨！灌夫暴躁放肆，不仅害己，还牵连好友，实在可叹！不过，窦婴冒死营救朋友的举动，的确值得后人称赞。

武帝怒骂道："你们以前经常评价窦婴和田蚡，现在公开谈论，却畏畏缩缩，我真恨不得将你们统统诛杀。"

理财能手桑弘羊

桑弘羊，汉朝重臣，生于商贾之家，年少时便以擅长心算闻名四方。十三岁时进入皇宫，此后担任过大司农中丞、大司农、御史大夫等职。在他的推动下，朝廷先后颁布了盐、铁、酒官营以及均输、算缗、平准、告缗、统一铸币的经济法令，这些法令为推动汉朝进入繁华盛世作出了重要贡献。

少年得志，担任农丞

桑弘羊出生于河南洛阳，家里以经商为生。桑弘羊在小时候便有心算之才，十三岁时进入皇宫。从此以后，他在宫中担任侍中之职达二十年之久。

侍中的主要职责就是为皇帝处理生活中的琐碎小事。不过，他们也拥有特殊的权利——为皇帝提建议。

武帝登基后，决定出兵征讨匈奴。然而，战争耗资巨大，朝廷当时并没有足够的财力来支持战争。桑弘羊明白，无论财政如何困难，都要坚决反击匈奴，决不能中途放弃。但是，没有足够的财力，必定会影响战争，甚至可能导致反击匈奴战的最终失败。因此，只有快速解决朝廷的财政困境，才能使武帝消除后顾之忧。

于是，桑弘羊认真研究当时的现实情况，并从法家思想中吸取养料，最后终于找到了解决财政困难的办法。随后，他把办法告诉了汉武帝，武帝听后非常高兴。

公元前119年，在汉武帝和御史大夫的全力支持下，朝廷开始推行桑弘羊制定的五项理财措施。

第一，发行白鹿皮币和白金币，减轻法定钱币重量。白鹿皮币就是以白鹿皮做成的钱币，每张一尺见方，周围画上彩色花纹，一张白鹿皮币价值四十万钱。朝廷规定，王侯、宗室朝觐皇帝时，都要用白鹿皮币做礼品。其实，这相当于强迫王侯和宗室纳税。

第二，在陇西（今甘肃一带）、西河（今内蒙古东胜）、会稽（今江苏苏州）等地，迁入部分灾民，让他们在那里开荒。凡是落户当地的移民，其衣食全部由朝廷提供，同时朝廷还向他们提供几年的生产和生活费用。这对发展农业和巩固边境非常有利，还能增强国家的经济实力，增加财政收入。

第三，推行算缗政策。缗就是缗钱，一千钱为一缗。算缗就是按缗计算税额的征税法，一算为一百二十钱。算缗政策的具体规定是：凡是从事商业活动者，按营业额交税，每一缗纳税一算；凡是从事高利贷活动者，按贷款额交税，每二缗纳税一算；凡是从事手工业生产且自产自销者，按出售产品的价格交税，每四缗纳税一算；车、船要征通过税，车辆通常纳税一算，商人则加倍，船身长五丈以上的纳税一算；凡是经商者、从事高利贷活动者，无论有没有户口都必须纳税，纳税数额则按自报，隐瞒不报或偷税漏税者，一经查出便没收财产，并发往边疆服役一年，检举揭发之人，奖给没收财产的一半。

桑弘羊上奏汉武帝，希望朝廷对钱币制度加以整顿和改革。

通过桑弘羊的举措，朝廷的国库日益充实，这就为武帝讨伐匈奴提供了财政支持。

公元前115年，武帝提拔孔仅担任大农令，让桑弘羊代替孔仅担任大司农中丞之职，主管朝廷的财政事务。担任此职后，桑弘羊的才能得到了更加充分的发挥。

整顿货币，盐铁官营

公元前113年，桑弘羊上奏汉武帝，希望朝廷对钱币制度加以整顿和改革。他在奏章中写道："所有郡国都不允许铸钱币，那些已经拥有铸钱权的郡国，此后不得铸钱。铸钱权收归朝廷后，由朝廷派水衡都尉辖下的三官独享，其所铸之钱称为三官钱或水衡钱（三官就是指水衡都尉的三个属官：均输、锺官和辨铜）。以前发行的所有钱币都废除并熔毁，熔毁后的铜送到三官，由三官分别负责原料、技术和铸造，以三官所铸之五铢钱作为全国唯一通用的钱币。"

汉武帝采纳了这一建议，并下令在全国范围内立即付诸实施。此后，地方王侯私铸的劣质钱就很难在市面上流通了。这样一来，市场便稳定了，朝廷的财政收入也增加了，从而达到了巩固政权的目的。

三年后，汉武帝任命桑弘羊出任治粟都尉之职，同时兼任大农令，主要负责处理国家的经济事务。

之前，孔仅和东郭咸阳先后担任过大农令。但是，他们在主持盐铁官营工作期间，工作不认真、不到位，因此留下了许多后遗症，如：盐铁质量低劣、价格昂贵等，从而给国家和百姓造成巨大损失。

桑弘羊担任治粟都尉兼大司农后，对盐铁问题进行了大刀阔斧的改革。他设置大农部丞数十人，分区主管各郡国的盐铁、均输，代表朝廷贯彻和执行相关经济举措。同时对原来的盐铁官进行审查，将那些混在其中进行破坏活动的商贾彻底清洗掉。此外，在全国的二十八郡分别设置盐官，在全国的四十郡设置铁官。

此后，盐铁官营工作便顺利地开展起来了。

公元前100年，汉武帝正式下诏，提升桑弘羊担任大司农，当时他已五十三岁了。

三年后，桑弘羊将酒类专卖的举措推广到全国。作为生活用品的酒，是通过粮食酿造而来。在当时粮食稀缺的情况下，为了保证军民用粮，禁止用粮食酿酒的举措非常必要。文帝统治期间，曾下令禁止酿酒。同时还规定，如果三人以上无故聚众喝酒，就要罚四两黄金。桑弘羊也采取了这一措施，一方面是想节约粮食，保证军队后勤供给，另一方面是想垄断卖酒利润以充实国库。

桑弘羊担任朝廷的财政大臣后，为了让皇帝掌握全国的经济大权、打击商贾豪强、消解朝廷的财政困局、巩固统治，在汉武帝的支持下，制定和推行了一系列经济政策，比如盐铁官营、酒类专卖、统一铸币等等，这些措施是汉武帝取得文治武功的重要原因。

桑弘羊由此成为汉武帝建立盖世功业的主要帮手之一，其功堪比卫青、霍去病等。

巫蛊之祸

汉武帝是我国历史上具有雄才伟略的一位皇帝，他是一个英明睿智的君王，却也是一个迷信神仙方士的常人。武帝晚年病魔缠身，体质衰弱，一心寻求长生不老药。奸臣江充便借此欺骗武帝，以鬼神之说败坏朝纲，最后导演了一场遗臭万年的悲剧——巫蛊之祸。

后宫相争，皇后遭诛

汉武帝在位期间，社会上非常流行一种叫巫蛊的巫术。所谓巫蛊，就是巫师将用桐木做的偶人埋在地下，然后诅咒自己所恨之人。做这种事情的人相信，此术可使被诅咒者遇上灾难。

武帝在位时，后宫有七八千嫔妃。武帝曾说："朕可以三天不食，但不可一日无女人。"他时刻都要嫔妃相随，出门时他让嫔妃同车而行，就连到马圈里看马也必须有嫔妃相伴。数以千计的嫔妃，只服侍一个喜新厌旧的汉武帝，彼此难免会争宠暗斗、互相排挤。当时，宫中的迷信气氛也十分浓厚，那些想得宠的嫔妃经常暗地里制作受宠嫔妃的木偶雕像埋在地下，然后反复诅咒对方，盼望受宠的嫔妃遇上灾难死去。

武帝元光年间，皇后陈阿娇受到了武帝的冷淡，于是以巫蛊之术诅咒当时武帝宠幸的卫子夫。武帝得知此事后，诛杀了参与此事的三百多人，主谋陈皇后则被打入冷宫，最后抑郁而亡。

自此以后，汉武帝下令禁止实行所有巫蛊之术。但是，由于巫蛊之术流传较广，因此并未完全杜绝。

武帝到了晚年，经常受疾病伤痛困扰，耳朵和眼睛的功能日渐下降，终日神情恍惚。于是，他开始怀疑自己的病乃是因为他人对自己使用了巫蛊之术。

汉武帝刘彻（前156~前87），中国历史上伟大的政治家、军事家。

奸臣挑弄，祸害无辜

公元前92年，汉武帝晋升公孙贺为丞相。但是，公孙贺看到前面的几任丞相如李蔡、庄青翟、赵周等人最后被处死了，他害怕自己也死于非命，因此恳求武帝收回旨意。但在武帝的坚持和劝说下，最后公孙贺还是勉强答应上任了。

公孙贺的儿子公孙敬声当时在朝廷担任太仆之职，他倚仗自己是皇后的外甥，因此在朝中十分霸道。后来，公孙敬声私自挪用军费，被人举报后被打入大牢。公孙贺便千方百计地营救儿子出狱。

当时，恰逢阳陵侠客朱安世犯案。于是公孙贺上书武帝，希望以抓捕朱安世为子赎罪，武帝同意了。

公孙贺后来果真抓住了朱安世。朱安世知道公孙贺之所以抓捕自己，是为子赎罪，便说："丞相想害我，恐怕自己要先被灭族了！"

随后，朱安世上书朝廷，揭发公孙敬声与武帝之女阳石公主私通之事，而且说公孙敬声让巫师诅咒武帝，在武帝去往甘泉宫的路旁埋下木人，实行巫蛊。

武帝看后怒不可遏，马上派人逮捕公孙贺，最后公孙贺父子一起死在狱里，而且还被灭族。同时，此事的其他牵连者，如阳石公主、诸邑公主和卫青之子卫伉也被诛杀。

审理完公孙贺之案后，武帝病情加重，长期居住在长安远郊的甘泉宫中，而将朝政交与太子处理。

武帝宠臣江充过去陷害过太子刘据，看到武帝年老体衰，担心太子继位后报复自己。于是，在丞相刘屈氂的唆使下，他决定以"巫蛊"之罪陷害太子。只有这样，他才没有后顾之忧。

一次，狡诈的江充对武帝说："现在陛下病魔缠身，肯定是有人将小木人埋于地下咒骂皇上。因此，皇上要想恢复健康，就必须找到小木人，诛杀策划者。"

武帝闻听此言，马上派江充负责处理此事。江充领命后，立即带人在长安的各个地方逮捕所谓的嫌疑人，然后用酷刑严刑拷打嫌疑人，让其招供。嫌疑人若不承认，只要江充一声令下，其部属就用烧红的铁钳烤灼他的皮肤。被拷打的人无法忍受酷刑，不得不承认强加给自己的罪名，并且供出江充等人所指定的同党。

江充通过这种手段，将许多人按"大逆不道"罪处斩。这场大屠杀，从长安波及各地，为此死于非命的人多达数万。

就这样，全国陷入恐怖之中。江充见时机已到，便拿出了撒手锏。他指使巫师上书汉武帝，说："皇宫中充满了巫蛊之气。"

汉武帝看后极为吃惊，立即让江充、苏文、韩说、章赣四人一起入宫巡查。江充让人从失宠嫔妃的住所开始挖掘，随后逐渐延伸到皇后和太子的居所。皇宫顿时一片狼藉，皇后和太子最后都没有地方放床了。

经过长期挖掘和调查，江充扬言在太子宫中挖出了许多桐木人，而且还挖出了写有叛逆之言的帛书。

太子闻听此信，非常恐惧，准备向武帝说清缘由。但在江充的阻挠下，他根本无法面见武帝。于是，太子按照老师石德之计，让人扮作武帝的使臣，斩杀了江充一干人等。

江充死后，太子拿着符节连夜赶往未央宫，将具体情况告诉了皇后卫子夫。同时，他召集宫中卫士和车马，并打开长乐宫的兵器库，号令宫中武士捕杀江充亲信。刹那间，京师陷于混乱之中。

武帝刚听到宦官报告时，根本没想到太子会图谋篡位，他以为是太子被江充逼得忍无可忍，因此才杀了江充。直到丞相刘屈氂来报，他才相信太子造反，并要夺权篡位。

接着，武帝急忙赶往长安城西的建章宫，亲自指挥士兵反击太子，并派人收回卫皇后玺，迫使皇后卫子夫饮恨自尽。随后，双方在长安城内连战了五天，死伤数万人，太子兵败后自刎身亡。

后来，汉武帝日益清醒过来，于是派人重新调查此事。一年后，真相查明：卫皇后和太子宫中根本就没有木头人，这一切都是江充所为。汉武帝也明白了太子是受江充等人逼迫才铤而走险发兵反叛的，他本身根本就没有谋反之意。武帝十分心痛，不久下令建了一座思子台，以表示自己思念太子之意。

作为武帝末年发生的重大惨案，巫蛊之祸与武帝迷信鬼神、宠幸佞臣密切相关。而江充作为此案的罪魁祸首，其死罪有应得，如果不是他的诬陷，就必然不会发生父子相残的惨剧。

霍光辅政

霍光与霍去病是同父异母的兄弟，他辅佐武帝达三十年之久，是武帝当政后期的重臣。武帝去世后，他受诏辅佐汉昭帝，此后他独揽朝政大权，对安定和中兴汉室江山居功至伟。霍光为人稳重，勇猛果断，唯才是举，毕生忠于朝廷，是一位谋略出众的政治家。

武帝宠幸，临终托孤

霍光，字子孟，山西临汾人。他和霍去病同父异母，霍去病把他带到京师，并让他在自己手下担任郎官，不久将其晋升为诸曹、侍中兼参谋军事。

霍去病去世后，霍光被提拔为奉车都尉，与光禄大夫同等待遇，主要负责保护汉武帝。霍光处事稳重，因此深受武帝青睐。

公元前88年，武帝重病缠身，便立刘弗陵为太子，但当时的弗陵只有八岁，因此武帝在病床前留下遗诏：自己驾崩后，由霍光、金日磾、上官桀和桑弘羊共辅少主，其中霍光担任当朝大司马兼大将军，位列三公之上。与此同时，武帝让人画了一张"周公背成王朝诸侯图"交与霍光，其意就是让霍光全力辅佐太子刘弗陵。为了避免太子之母钩弋夫人学吕后把握朝政，武帝随后找了个借口，处死了钩弋夫人。

一年后，汉武帝驾崩，太子刘弗陵登基为帝，史称汉昭帝。

由于昭帝年幼，还没有能力亲政，因此朝政大事全部由担任大司马兼大将军的霍光处理。霍光身为顾命大臣，自知责任重大，因此做事时严谨慎重，全力辅佐昭帝。

挫败政敌，稳固地位

霍光辅政后，左将军上官桀准备将自己年仅六岁的孙女许配给汉昭帝做皇后，但被霍光拒绝了。不过，此后上官桀在汉昭帝之姐盖长公主的帮助下，还是让孙女当上了皇后。不久，上官桀与其子上官安欲封盖长公主的亲信为侯，霍光没有同意。

就这样，上官桀父子和盖长公主对霍光非常痛恨。此后，他们串通燕王刘旦，准备阴谋诬陷霍光。

汉昭帝十四岁时，有一天，霍光在巡查完羽林军后，将一名校尉调到自己的大将军府里。上官桀等人以此事为借口，伪造了燕王的奏章，然后派人冒充燕王的使者，把奏章上交汉昭帝。

奏章的大意是：霍光在巡查羽林军时乘坐的车马与陛下相同，此外他私自调用校尉，其中必有阴谋，我希望离开封地，赶回长安护卫陛下。

次日，霍光上朝时，听说燕王刘旦上奏皇帝，告自己有不轨之心，吓得不敢入朝堂。汉昭帝让下人召霍光进宫。霍光进去后，马上脱帽伏地，向皇帝请罪。

汉昭帝说："大将军整好衣冠吧，我明白这是有人诬陷你。"

霍光磕头道："陛下是如何知晓的？"

汉昭帝说："这很容易看出来，你巡查羽林军时人在长安，而调用校尉也是最近几天的事。燕王远在北方，如何得知此事？即使他知道，立即上奏章送到朝廷，奏章也无法在几日之内到达长安。何况大将军若要反叛，也没有必要调一个小小的校尉。所以说此事乃是有人诬陷大将军，燕王的奏章肯定是伪造的。"

霍光与群臣听后，非常佩服这个年仅十四岁的聪慧皇帝。此信确是上官桀父子、盖长公主和桑弘羊合谋假造的。他们认为昭帝年龄小、容易骗，不料却被昭帝一眼看穿。他们担心东窗事发，于是随后就劝昭帝道："此乃小事一件，陛下没有必要深究。"

昭帝表示不再追究此事。不过，自此昭帝便开始怀疑上了上官桀等人。

上官桀等人并未就此罢手，他们经过商讨，决定由盖长公主出面邀请霍光赴宴，随后埋伏刀斧手，准备在霍光赴宴时将其杀害，接着让人通知燕王刘旦，叫他赶往长安。上官桀准备先杀霍光，然后再将昭帝废黜，自立为帝。

不料，此计谋败露，结果上官桀父子被诛杀全族，而燕王和盖长公主则自尽了。此事过后，霍光家族独揽朝政大权。

昭帝在位期间，霍光延续了武帝末年推行的休养生息政策，国家安定，百姓富足。同时，汉朝与匈奴的关系也得到了恢复。当时所推行的种种举措，使武帝末年混乱的局面得到了初步控制，同时也使社会经济得到了恢复和发展。

辅佐宣帝，病疾而终

公元前74年，昭帝驾崩。昭帝无子，霍光便只得从刘氏皇族中寻找皇位继承人。这时，群臣都推荐昭帝的兄长广陵王刘胥，希望让其继承皇位。

田延年对霍光说："为了大汉江山，你应该以伊尹为鉴。"

然而霍光认为，刘胥以前就是因为无才无德才不讨武帝喜欢。而现在自己担当顾命大臣，绝对不能选立一个无才无德的皇帝。于是霍光冒着开罪群臣的风险，与皇太后商议后，决定让汉武帝之孙昌邑王刘贺继承皇位。

然而，当刘贺来京后，霍光却发现刘贺竟然是一个骄奢淫逸的纨绔子弟。霍光为此感到非常生气，认为自己立错了皇帝愧对武帝，于是便暗地里和大臣田延年商议挽救之策。

田延年说："你是顾命大臣，现在已经知道刘贺无法胜任皇帝之职，那就应该立即上报太后，把刘贺废黜，随后再选立贤德之人继位。我建议你学习商朝的伊尹，伊尹最初立太甲为王，但后来发现他非常暴虐，于是就将其软禁三年，由自己管理政事，待太甲改过自新后，才还政于太甲。为了大汉江山，你应该以伊尹为鉴。"

霍光听后，有些犹豫，他担心此举不合礼法，因此又找其他大臣商议此事。经过讨论，群臣一致认为应该废黜刘贺。

随后，霍光带领朝臣前去面见太后，并告诉了太后废黜刘贺的原因。就这样，刚坐了二十七天龙椅的刘贺被废了。

国不可一日无主，因此朝廷急需选立新的皇位继承人，霍光为此深感为难。这时，光禄大夫邴吉建议霍光选立曾流落民间的汉武帝曾孙刘病已（即刘询）继承皇位。邴吉告诉霍光，刘病已德才兼备，足堪皇帝大任。

随后，霍光在和群臣商议后，将此事上报太后，接着便将刘病已迎接回宫，让其继承帝位。刘病已就是日后中兴汉室的明君汉宣帝。

汉宣帝登基后，霍光仍然辅佐他治理国事。公元前68年，霍光病故。

作为一位杰出的政治家，霍光主政多年，他对朝廷忠心耿耿，全力处理内外政事，为巩固大汉江山立下了汗马功劳。可以说，如果没有霍光，刘氏政权在武帝死后很可能不保。

尹翁归不徇私情

尹翁归辅佐过昭帝和宣帝，在朝廷为官达二十年之久。他对强权无畏无惧，坚持依法行事；他严格治理属地，大力整顿社会秩序，对肆意妄为的地主豪强实行从严处罚。他一生中，自始至终都保持着清正廉洁、公正执法、大公无私的精神品质。因此，他在当时以及后世都享有盛誉。

初入仕途，重臣赏识

尹翁归，字子兄，祖籍山西临汾，自幼丧父，随叔父一起生活。后来，他做了一名狱吏。

尹翁归精通文法，剑术出众，再加上聪慧能干，很快便被提升为平阳（今山西临汾）市吏（管理市场的小官员）。虽然只是个小官，但他却非常敬业，从不以权谋私。他依法行事，不徇私情，不受贿赂，因此商户们对他十分敬重。

当时，霍光主管朝政事务，所以霍氏一族飞扬跋扈、无恶不作。霍家的仆人仗势欺人，常常带着兵器扰乱市场，当地官员慑于霍光之威，便不敢阻拦他们。尹翁归上任后，依法治理，毫不留情，结果这些霍氏奴仆再也不敢欺行霸市了。

后来，霍光部属田延年被任命为河东太守。他在视察地方时来到平阳，并让平阳县官员都聚集起来，欲从中挑选一些贤才。经过一番考察后，田延年选中了尹翁归，让他随自己到郡府，帮助自己处理公务。随后，尹翁归当上了平阳郡捕凶缉盗的小官。

在此期间，尹翁归充分发挥了自己的才能，处理重大案件都能做到因果有序、条理清晰，不让罪犯漏网，不使百姓受冤。

田延年认为自己的刑狱之才不如尹翁归，所以非常青睐尹翁归，不久便提升尹翁归出任督邮之职。在汉代，督邮的主要责任就是处置下辖地县的违法者。

当时，河东郡辖下有二十八个县，尹翁归主管汾南的治安和吏治。上任后，他严厉打击汾南的贪官污吏和地主豪强，所有刑罚都依法而定，定罪合理。因此，其下辖官吏虽受了处罚，却对他不敢有怨言。

由于尹翁归清正廉洁，因此田延年又推荐他先后出任缑氏县（今河南洛阳一带）县尉、河南郡太守等职。尹翁归每次上任后，都把辖地管理得井然有序。

此后，尹翁归被朝廷提升为都内令，主管长安的行政事务。不久，由于为官清廉，他又被朝廷任命为弘农郡都尉。

不徇私情，刚正执法

汉宣帝登基后，晋升尹翁归为东海郡（今山东郯城）太守。赴任前，尹翁归拜别廷尉于定国。于定国本是东海郡人，因此想让尹翁归照顾他的两个同乡后辈，所以事前让这两个同乡在后堂等候，准备待尹翁归来后加以引见。尹翁归来后，他们两人整整谈了一天，但于定国始终不敢让那两个同乡出来拜见尹翁归。尹翁归走后，于定国对那两个人说："他是一个好官，你们的能力不足以当他的下属，再说他也不会因私废公。"

尹翁归抵达东海郡后，还是按照过去的方法，一面整顿吏治，镇压地主豪强，一面设法维护百姓的利益。他经常独自出去走访，因此十分了解各地官员和百姓的具体情况。除此之外，他对各地不法之徒的犯罪事实也都掌握得非常清楚。他命令地方官员将本地的贪官污吏和暴民的犯罪事实详细地登记在册，然后亲自审理判决，改变了以前由当地县令处理的方式。之所以这样做，就是为了防止当地官员和罪犯同流合污。

每次发生重大案件后，尹翁归都故作轻松，以麻痹案犯。待案犯失去警惕之心后，他便开始按名册将其一一抓获，从未失手过。尹翁归对付罪犯的方法非常多。他严厉惩罚罪犯，时机总是选在秋冬之际，因为这时各地官吏正在巡视各县。尹翁归是想杀一儆百，所以那些经常祸害地方、欺压民众的官员以及地主豪强在此时都十分惶恐，均有所收敛，不敢胡作非为。

对于那些为非作歹的当地恶霸，尹翁归依法处理，决不放纵。

在东海郡郯县，有个叫许仲孙的地主，目无法纪，欺行霸市，危害地方，众百姓对其敢怒不敢言，当地官员也对他无

于定国对那两个人说："他是一个好官，你们的能力不足以当他的下属，再说他也不会因私废公。"

计可施。尹翁归到任后，果断地将其处死。此举震惊了全郡百姓，当地地主豪强无不胆寒。

政绩卓著，美誉满朝

汉宣帝发现尹翁归是一个良吏，便将其调入朝廷出任右扶风（官名，亦指其所辖政区名，为拱卫首都长安的三辅之一）一职。

尹翁归上任后，立即提拔了一批清正廉洁的官员。此外，他还沿用自己治理东海郡的方式，在辖地内各县分别设立各类案犯的档案。如果发生了偷盗案，他便将当地官员找来，然后把案犯的名字告诉当地官员，让当地官员用类推法追查案犯的行踪。最后追查到的结果，与尹翁归的推断一般都是一致的。

在尹翁归看来，处理为非作歹的地主豪强是最重要的事情。经过审理，给地主豪强定了罪之后，尹翁归会马上派人将他们押送到管理牲畜的官员那里，让他们为牲畜割草，同时还规定了完成时间以及数量，并明令禁止他人代替，如果不能按时完成定额，就加重处罚力度。有些地主豪强无法忍受这种工作，最后就自尽了。

尹翁归对地主豪强的惩罚非常严厉，但对平民的惩罚则较为宽松，也就是古人所说的"缓于小弱，急于豪强"。此举突出地体现了他关爱百姓、痛恨地主豪强的感情。

种种举措使尹翁归在长安颇负盛名，同时也让扶风地区实现了安宁平和。

公元前62年，尹翁归病故。他逝世时，家中十分贫寒，基本没有什么财物。

尹翁归在任期间，对地主豪强和贪官污吏进行了严厉打击。他之所以敢这样做，关键就在于他是一个清正廉洁、大公无私的官员。正因为自己无私，他才能做到对他人无畏。

尽管政绩突出，但是平时在与他人的交往中，尹翁归也从不居功自傲、以权压人，他谦虚温和、善于纳谏，因此在朝中广受敬仰。

汉宣帝对尹翁归非常满意，他对御史大夫说："朕时时刻刻都渴望得到贤能之士。朕任用官员的标准就是可以安抚百姓。尹翁归清正廉洁，政绩突出，只可惜他过早离世，无法继续为国效力，朕深感心痛。"随后，汉宣帝下令赏赐尹翁归之子大量财物，让他精心祭奉其父。

正所谓虎父无犬子，尹翁归的三个儿子为官时也都清正廉洁、大公无私。

傅介子计斩楼兰王

汉武帝在位期间，西域小国串通匈奴，杀害汉朝使节，背叛汉廷。在此背景下，汉廷为了巩固威权、安定西域，便派傅介子出使西域。傅介子一到西域，便果断地智斩楼兰王。此举极大地震慑了西域诸国，同时也有力地增强了汉朝在西域地区的影响。

申奏朝廷，震慑邻国

傅介子，甘肃庆阳人，自幼便力大无穷，勇武超群。参军后，他曾多次参加汉军反击匈奴之战，立下了赫赫战功，后来被提拔为骏马监。

公元前92年，楼兰原国王病故，新国王继位。按照惯例，楼兰新国王送了一个儿子到长安作为人质，但同时也送了一子到匈奴作为人质。当时，汉朝和匈奴在西域一带处于对峙中，双方势力相当。后来，楼兰新国王病故，匈奴最早探知信息，便立即让在匈奴做人质的楼兰王子返回楼兰继承王位。这位楼兰新王便是安归。

安归曾在匈奴做人质，因此继承楼兰王位后，便倒向了匈奴。当汉廷让其入朝觐见时，他竟然一口拒绝，并说："由于刚刚继承王位，需要处理许多国事，待处理完毕后才能前去觐见陛下。"他当政期间，汉使和汉朝光禄大夫等人曾在楼兰国被杀。此外，楼兰国还多次劫杀赴汉的安息国使臣和大宛国使臣。

当时，武帝已经驾崩，汉昭帝当政。昭帝闻听此信后，马上下诏让骏马监傅介子处理此事。这时，傅介子正在前往大宛的途中。接到命令后，他决定在经过楼兰国时质问楼兰王。

到达楼兰国后，傅介子当面质问安归，安归发誓以后绝对不会发生类似事件。为了逢迎傅介子，安归还说匈奴使者已经到了龟兹国。傅介子到达龟兹国后，得知匈奴使者又去了乌孙，于是马上趁隙赶往大宛国。当他从大宛返回龟兹国后，听说匈奴使者也刚返回龟兹，于是马上率队围杀了匈奴使者。

傅介子回朝后，朝廷晋升其为平乐监。

不惧危险，计斩楼兰

公元前77年，傅介子上书霍光，说："楼兰和龟兹虽然国小，但对我朝却三心二意，因此我认为应该对其进行处罚，下官愿意前去处理此事。"霍光说："龟兹距离我朝太过遥远，建议你先到楼兰，看看情况再说。"

随后，傅介子率领一队士兵以及众多财物离开长安。傅介子到达楼兰后，马上要求拜见楼兰王，然而他们住了很久，依然没有见到楼兰王。这时，傅介子想到一个计策，他对楼兰的接待官说："我所带的金银财宝本来想赠送给楼兰王，如今见不到楼兰王，那我不得不到其他国家去了。"他边说边将所带的金银财物让楼兰的接待官员们看。楼兰的接待官员们看到傅介子确实有许多金银财物，便极力挽留傅介子，随后立即上报楼兰王。

事实上，楼兰王非常喜欢汉朝的财物，然而他担心上傅介子的当，所以一直不愿接见傅介子。如今听说傅介子想带着财物离开，实在禁不住诱惑，便在王宫宴请傅介子等人。在宴会上，傅介子边展示带来的财物边与楼兰王喝酒，喝到三分醉时，傅介子对楼兰王说："我朝皇帝有些话让我私下里告诉大王。"楼兰王便起身让傅介子跟他前往后帐谈，傅介子的部属也一起跟了进去，他们趁楼兰王不备，拔刀刺向楼兰王后背，楼兰王当场毙命。随后，傅介子来到楼兰王宫里，当着众官之面说楼兰王轻视汉廷，因此汉朝皇帝让我前来将其斩杀，同时宣布：楼兰王死后由其弟尉屠耆继承王位，楼兰国名改为鄯善。

待一切处理妥当后，傅介子便带着楼兰国王的人头返回汉廷。闻听此事，朝臣们对傅介子的勇敢、机智非常敬仰。傅介子此举使大汉天威远播西域。此后，朝廷颁下诏书，说："楼兰国王在我大汉与匈奴之间三心二意，而且甘当匈奴走狗，刺探我大汉军情，并让匈奴发兵攻杀我汉使，不仅杀害大汉卫司马安乐、光禄大夫忠期、门郎遂成以及安息、大宛等国出使汉朝的使臣，还将安息、大宛等国使臣的旌节、印信和送给汉朝的贡物扣留，可谓险恶至极，天理难容。平乐监傅介子为了朝廷的利益，前往楼兰国将楼兰国王斩杀，以表明邪不胜正。不过，这和楼兰国民无丝毫关系，我朝绝不会侵扰你们。"随后，昭帝册封傅介子为义阳侯。

作为一位智勇双全的外交家，傅介子无所畏惧，前往楼兰。虽然遇到重重险阻，但他仍能机智应对。最后只身闯入敌营，斩杀楼兰国王，让大汉雄风威慑西域。傅介子真乃安国之臣。

民间天子汉宣帝

汉宣帝自幼受巫蛊之祸牵连，曾被迫流落民间，在民间生活过很长时间，非常清楚百姓的疾苦。因此他当政后，大力倡导勤俭节约，唯才是举，并逐步将儒家思想确定为汉朝的统治思想，同时不再禁锢民众思想。在他的治理下，朝廷政治清明，经济繁荣，因此后世将其与昭帝统治时期并称为"昭宣中兴"。

民间天子，拥立为帝

汉宣帝，名询，字次卿（又字谋），原名病已，其祖父是曾做过太子的武帝之子刘据。在巫蛊之祸中，刘据和其子刘进都被杀害，就连刘进刚出生的儿子刘病已也受到牵连，被打入大狱。不久，许多人传言京师的大牢中有龙气，于是火冒三丈的武帝马上下令处死大牢里的全部罪犯。当时担任廷狱史的邴吉极力争辩，认为乱杀无辜必定会受到老天惩罚，才使武帝撤销了这道诏令。当时刘病已刚出生，于是邴吉从大牢里找了两个女犯人抚养刘病已。

五年后，武帝大赦天下，刘病已才获新生。不久，武帝令张贺抚养刘病已，并将刘病已的名字载入刘氏皇族族谱，朝廷定时给他发放生活费。张贺此前曾在太子刘据手下为官，所以十分关照刘病已。刘病已自幼勤奋好学，再加上聪慧灵敏，因此其学识越来越丰富。此外，刘病已还喜好舞剑、斗鸡、赛马、游玩，他走遍了自己属地的所有地方，从小便懂得许多人情世故、好坏善恶、吏治得失。他长大后，在张贺的主持下，迎娶了当地官员许广汉之女许平君，也就是之后的许皇后。

刘病已自幼经历过许多坎坷，所以勤俭好学，为人直率，具有侠士之风。

昭帝没有儿子，他驾崩后，皇位便悬空起来。鉴于此，霍光让李夫人之子昌邑王刘贺继承皇位。不料，刘贺是一个荒淫好色之徒，当了二十七天皇帝后便被废黜了。随后，邴吉为了汉朝社稷，向霍光推荐刘病已继承皇位，他对霍光说："皇曾孙刘病已生活在民间，如今已经长大成人。他精通经学和儒术，而且深通治国之策，为人稳重，谦和有礼，是最合适的皇位继承人。"经过一番考虑，霍光采纳了邴吉的主张，随后派邴吉去迎接刘病已回宫。随后，刘病已登基为帝，史称汉宣帝，公元前64年，改名为"询"。

宣帝登基时只有十八岁。他流落民间时，就曾看到或听到众多有关宫廷争权夺利的事情，对拥护自己登基的霍光万般敬仰。霍光认为宣帝已年满十八，表示要归政于宣帝，但宣帝却屡次拒绝。另外，群臣所上奏疏，宣帝都首先交给霍光，让他先阅览，然后自己再御览。每次上朝时，宣帝都正襟危坐，以示尊重霍光。这种情况一直延续到公元前68年霍光病故。此后，宣帝才正式执掌朝政。

安定民生，中兴大汉

宣帝掌握朝政大权后，为了巩固皇权，消除霍氏在朝廷中的势力，便以皇后霍成君在太子饭中下毒之事为由，将霍氏满门斩杀，清除了霍氏势力。此后，宣帝便彻底掌控了朝政大权。

宣帝曾长期生活在民间，因此十分了解民众的疾苦。他亲政后，便提拔贤才，以俭治国。宣帝提拔官员时，主要任用熟知法令政策的人。此外，宣帝对大臣们要求很严格，若有触犯律令者，一律严惩。当时的一些高官，如司隶校尉盖宽饶和京兆尹赵广汉等人，都因犯罪被宣帝斩杀。

为了公正地贯彻和执行朝廷的律令，宣帝专门设置了治书侍御史这一官职，主要职责便是审核廷尉的量刑尺度。此后，宣帝又增设四名廷尉，并让地方上报狱囚被打死的数目，然后由丞相和御史统计上报自己。

此外，宣帝还非常重视农业生产。为了恢复和发展农业，他下诏宣布：凡是返回家乡的逃荒之人，当地政府为其分地，并贷给种子和粮食，让其垦荒种田。除此之外，宣帝曾数次减免百姓租赋，并下调盐价。以上措施，都取得了较大的成绩。宣帝元康年间，由于雨水充足，农业连续数年大丰收，因此谷价最后下降到每石五钱，边远地区每石也只有八钱，这是汉朝建立以来最低的谷价。由此可见，当时的农业发展得确实不错。

宣帝在处理少数民族事务时，采取了恩威并施的手段。他曾出兵打败西羌，此后又大败车师国。当时，匈奴内部混乱不堪。公元前60年，匈奴一个部落的单于亲自前往五原，希望入汉称臣，这一部落于是成为汉朝属国。此后，宣帝设立西域都护管理西域事务，逐步完成了武帝未能完成的事业。

尽管汉宣帝身世坎坷，但他很有作为。他在位期间，汉朝国力强大，经济繁荣，后世史家赞颂道："孝宣之治，信赏必罚，文治武功，可谓中兴。"后世一般将他和汉昭帝统治时期并称为"昭宣中兴"。

贤相邴吉

邴吉，汉宣帝时丞相，他最初只是一个监狱官，但通过不懈努力，最终登上了相位。他一直尽职尽责，勤学不辍，胸有治国良谋。出任丞相后，他始终都是宽和大度，谦虚有礼，体贴部下，从而使相府大小官员团结一致，全力为朝廷办事，而他也由此成为一代名相。

有功不夸，身登相位

邴吉，字光卿，山东曲阜人，从小便开始学习刑律，最初曾在鲁国的监狱中任职，后来由于政绩卓著，被提拔为廷尉右监，不久因遭案件牵连被贬回原地。

巫蛊之祸发生时，邴吉又被召进长安，继续担任狱吏，主要负责审理案件。霍光独揽朝政大权后，非常欣赏他，逐渐将其晋升为御史大夫。

昭帝死后，宣帝登上龙位，邴吉从来没有对宣帝讲过自己之功。宣帝也丝毫不知邴吉对自己有过救命之恩，而且还派人抚养了自己好多年，因此只是册封他为"关内侯"。

后来，有个女子上书朝廷，说自己曾抚养过宣帝，并表示邴吉可以为他做证。

邴吉得知此事后，对她说："你确实抚养过皇帝，但你非常不尽心，还因此被我惩罚过，你说你究竟有何功劳？"

闻听此言，宣帝才知道，邴吉以前就对自己有恩，但却绝口不提，宣帝由此认定邴吉是一个贤德之人。随后，宣帝下诏册封邴吉为博阳侯，并让其出任丞相之职。

受封之日，邴吉却患病在床，无法上朝。宣帝怕邴吉突然病故，便决定立即加封其爵，以表示自己对他的宠幸。

然而邴吉却觉得自己无法担此要职，所以数次拒绝。他病好后，便上书宣帝道："臣才识浅薄，却受陛下万般恩宠，真是惭愧之至啊。"

宣帝听后，对邴吉道："其实朕之所以赐封爱卿侯爵之位，并不是为了报答救命之恩而给你一个虚名，而是因为爱卿确实为我大汉朝作出了重要贡献。但是你却屡次上奏拒绝，朕如果批准了你的请求，那天下人将会说朕忘恩负义。现在国泰民安，社会稳定，事务较少，所以爱卿就静心修养吧。"

闻听此言，邴吉不得不接受册封，出任丞相之职。

崇尚宽大，关怀下属

邴吉担任丞相后，处事宽和，从不因小过而责难下人。对犯错误的官员他也总是尽量掩过扬善，让他们知错能改。

一天，一个醉酒的车夫为邴吉驾车，但却在车上吐了。车夫的上司要辞退车夫，邴吉却说："如果别人知道他因醉酒而被辞退，那么以后就不会有人再雇他驾车了。他只是把我的车垫弄脏而已，就算了吧。"

车夫对邴吉感激万分。那个车夫来自边疆，因此非常清楚边地传递文书之事。

有一天，车夫出外办事时看到朝廷传递信息的人背着红、白两色袋子急速而来，明白边地肯定发生了战事，于是跟到官衙打听消息。果不其然，胡人率军侵入了云中郡、代郡。车夫回府后，立即将此事上报了邴吉，并说："云中郡、代郡的许多官员年老体衰，我担心他们突然碰到这种情况，必定无法应对。"

邴吉认为很有道理，便马上召见吏部官员，查询云中郡和代郡的官吏情况。

就在这时，宣帝宣丞相和御史大夫急速进宫。宣帝说："胡人入侵云中郡和代郡，当地官员能否应对？"邴吉详细地回答了这个问题，宣帝听后非常高兴。而御史大夫由于事先不知敌寇入侵边境之事，因此没有任何准备，结果一问三不知，受到宣帝的严厉责骂。

正是由于那位车夫探听到消息，所以邴吉才能及时得知贼寇入侵的情况，从而提前有了准备。为此，邴吉经常感慨地对人说道："人要学会宽容，任何人都有自己的长处，我们不能只盯着别人的错误。以此事为例，如果不是车夫事先告知我详情，我绝对不会知道，当然更不会受到陛下的嘉奖。"

邴吉感慨地说："如果不是车夫事先告知我详情，我绝对不会知道，当然更不会受到陛下的嘉奖。"

不问小事，主抓根本

邴吉最初只是一个小狱吏，后来逐渐登上相位。他终生勤学不辍，一直都在苦学儒术，因此非常精通治国之策。身为当朝丞相，他自然清楚自己的责任，那就是辅佐皇帝、管理群臣以及处理全国发生的大事。

一天，邴吉坐车外出时，在路上看到许多人打架，他们将路堵塞了。然而邴吉却让随从不要插手，绕道而行。

过了一会儿，邴吉又看见有人正在追一头牛，那头牛喘息不止，热得把舌头都伸了出来。邴吉马上让随从停下车，并派随从前去询问追赶牛的人："这头牛跑了多远？"

邴吉的随从们感到好奇，就问："相爷，刚才一大群人斗殴你不让插手，现在却询问这头牛跑了多远，这是为什么啊？"

邴吉说："打架斗殴之事，该由当地官员处理。我作为丞相，主要责任是考察官员政绩，然后上报皇帝，让皇帝对其进行赏罚。至于询问牛跑了多远，自然有原因。如今还属于早春，天气比较凉爽，如果这头牛只跑了很短距离便气喘吁吁，便预示着今年气候比较反常，恐怕对农事有影响，因此我才让人去问。"

众人听后，对邴吉更加敬仰。

邴吉任相期间，全国官吏分工明确、兢兢业业，社会非常清明。

公元前55年，邴吉病故，被追封为定侯。

作为皇帝的主要助手之一，邴吉明白自己的主要职责就是辅助皇帝处理民生事务，因为民生事务关系到国家的稳定和繁荣，也关系到老百姓的生活和福祉。

处理国事时，邴吉纵观全局，关注民生疾苦，大气但不失细心，善断但不失聪慧。邴吉性格稳重，谦虚谨慎，从不自夸；同时他也推崇宽和，重视礼让，推行仁政，中庸为人。邴吉当官期间，从不苛刻对人，从不以权欺人，从不以言伤人，因此受到人们的广泛敬重。

赵充国安边

　　古羌族人居住在我国的西北地区，以游牧为生。汉朝时，羌族形成了十几个小部落，分散在四川北部、甘肃西部和青海大部分地区。汉宣帝执政后，羌人经常侵扰汉境。鉴于此，汉将赵充国发明了屯田法，并依靠此法最终战胜了羌族部落，维护了汉朝西北边境的安宁，同时也促进了汉朝边境的农业发展。

军功显赫，保疆有功

　　赵充国，字翁孙，祖籍甘肃天水，性格稳重刚毅，目光长远。年轻时，他一面学习兵法，一面钻研军事。长大后他便当了骑兵，后来由于精于骑射，被调到羽林军。

　　公元前99年，赵充国跟随李广利出兵匈奴，但汉军不慎被匈奴军围困，粮草日渐减少，将士伤亡日益严重。

　　赵充国发现匈奴军只是围困汉军，并不攻打，看来是想逼降汉军。鉴于此，他建议李广利率军全力突围。

　　于是，李广利令赵充国率领一百多名士兵开路，自己则率主力军紧紧相随。最后，汉军突围而出。

　　此战赵充国身受几十处伤，李广利上报武帝为其请功。随后武帝亲自召见了赵充国，称赞他是一名勇士，并提拔他为中郎兼车骑将军长史。

　　昭帝登基后，任命赵充国为中郎将兼水衡都尉。不久，匈奴派骑兵侵扰汉境，赵充国率军反击，将匈奴王生擒活捉，因功晋升为护羌校尉兼后将军。

　　公元前74年，昭帝去世。赵充国由于参与了迎立宣帝继承皇位的事件，被册封为营平侯，不久又被任命为蒲类将军，率领三万骑兵由酒泉出击匈奴。

　　按原计划，他应该和乌孙会师后在蒲类泽攻击匈奴军，但乌孙军却未等汉军来到便先行撤军而去。随后，赵充国率军向北疾行一千八百多里，抵达候山，在此斩杀数百匈奴人，抢夺七千多头牲畜。赵充国返朝后，朝廷将其提升为后将军。

不久，匈奴派出十多万骑兵入侵汉境，正好有个匈奴人降了汉朝，他就把匈奴出兵的消息上报了朝廷。随后，朝廷便派赵充国率领四万骑兵守卫边境九郡：云中、代郡、北平、上谷、五原、朔方、雁门、定襄、渔阳。匈奴单于闻听此信，立即撤兵而回。

老当益壮，平定西羌

公元前63年，在匈奴的唆使下，西海（今青海）地区的羌族部落出兵攻击汉军，结果使汉军陷于困境。

宣帝让光禄大夫义渠安国前去巡查羌族部落。羌族的一支先零的首领杨玉希望朝廷可以让他们渡过湟水（今青海省东部，黄河上游支流）游牧。义渠安国便上书朝廷，希望宣帝批准。

但是，赵充国认为羌人此举必定有诈，因此上书反对此事。于是，宣帝将义渠安国召回，并明确拒绝了羌人的要求。先零于是联合羌族其他部落渡过湟水，占领了汉朝边境地区。当地郡县都无力反击。

这时，匈奴便欲串通羌人，希望继续侵略汉朝西部。汉朝派军前往浩窖（今青海省大通河东岸）镇压，但被羌军击败，死伤惨重。

公元前61年，宣帝决定出兵平叛。当时，赵充国已是古稀之年。宣帝认为他年老体衰，无法出战，便让邴吉前去征求赵充国的意见，看何人可以率军出征。

赵充国答道："我是最合适的人。"

宣帝又派人去问："老将军觉得需要多少兵力可以平叛？"

赵充国答道："征战之事无法空想，必须亲自到战场观看才有对策。陛下授命于我，敬请放心。"

宣帝批准了赵充国的建议。

接着，赵充国率军前去平叛。汉军到达金城（今甘肃兰州西北）后立即渡过黄河，乘着夜色急速进军，到达落都山，却发现羌人在此没有留守军队。于是，他们继续向西进军，抵

赵充国回答来人说："征战之事无法空想，必须亲自到战场观看才有对策。陛下授命于我，敬请放心。"

达都尉府（今青海海晏），建立大营，修建工事。

　　羌军经常前来挑战，但汉军拒不出战，而是以静制动。赵充国希望以打拉之术制服羌族部落，瓦解羌军。

　　为了缓和关系，赵充国严令禁止将士斩杀羌人、烧毁牧场，即使羌人溃败而逃也不要追杀。时间一长，许多羌族部落感念其恩德，纷纷主动降汉。

　　公元前61年夏，赵充国领兵攻入先零驻军的地方。羌人在此驻军时间较长，因此已经慢慢放松了警惕，戒备不太严密。突然看到汉军兵临城下，他们惊慌失措之下纷纷丢下武器渡水而逃。但由于道路较窄，汉军又紧随其后，无路可退的羌军只好回头拼死抵抗。

　　此战中，羌军掉入水里被淹死的有几百人之多，此外还有五百多人或是降汉或是被杀。汉军一路追击，最后追到了羌罕的驻地。赵充国下令禁止将士烧毁民房、割禾放牧。于是又有一万多羌人投降汉军。

　　但是，宣帝认为赵充国进军速度太过缓慢，随后令破羌将军辛武贤和强弩将军许延寿与赵充国合兵攻击先零的羌军。经过激战，辛武贤率军招降四千多羌人，许延寿则率军击杀两千多羌人，汉将赵印（赵充国之子）率军共斩杀和招降两千多羌人，赵充国也率军招降了五千多羌人。至此，羌军元气大伤。此后，宣帝令赵充国继续率军守卫边境，而其他汉军则返朝。

　　先零虽然兵败，但主力军尚存，并陈兵于湟水之西，随时都可能重新侵扰汉境。但是，当时赵充国卧病在床，无法领兵出战，出于保护边境安全的考虑，他便上书朝廷，提出了"屯田之策"。所谓"屯田之策"，就是将汉军的骑兵撤退，只留万余步兵驻守边境，同时垦荒种地，以农养战，以战护农，兵农一体，安边自给。

　　不过，此提议却遭到朝中众多官员的反对。

　　于是，赵充国连发三封奏疏，反复说明这样做的好处，宣帝最终接受了他的提议。

　　公元前60年，先零统帅杨玉死于部下之手，部下四千多将士都投降了汉朝。至此，汉廷彻底平定了羌族的叛乱。

　　公元前52年冬，八十六岁的一代名将赵充国因病去世，谥为壮侯。

　　赵充国既是安定汉朝边境的名将，又是威震敌胆的军事家。他在七十多岁高龄时，还毛遂自荐，率军出战。如此高龄率军远征，最后还安边平叛，胜利还朝，这恐怕是中外战争史上的唯一特例。

外交家常惠

常惠历仕汉武帝、汉昭帝、汉宣帝三朝，既是著名将领，又是著名的外交家。他在解决汉朝和西域诸国以及北匈奴的关系上筹算运谋，功劳显著，后世称其"明习外国事，勤劳数有功"。宣帝后期，常惠出任右将军之职，成为一名护国良将。

功勋卓著，受封侯爵

常惠，山西太原人，出身贫寒，但自幼勤奋好学，为人不善言谈。公元前100年，常惠主动应召，跟随中郎将苏武一起前往匈奴，不料却被匈奴扣留了十九年。在此期间，常惠和苏武一样，一直保持着宁死不降的名臣气节，并在同匈奴权贵的斗争中表现出非凡的智慧和才干。常惠返回朝廷后，汉昭帝认为他功绩卓著，将他由一名底层官员直接晋升为光禄大夫。

汉昭帝死后，宣帝登基。这时，匈奴和汉朝又逐渐敌对起来，匈奴军经常骚扰汉境。为了联合西域各国一起反击匈奴，彻底解决边患，汉宣帝让熟悉匈奴事务的常惠担任校尉，持节前往乌孙国，希望与其结盟，合兵反击匈奴。

当时，乌孙国经常受到匈奴的侵扰。常惠到乌孙后，乌孙国王翁归靡对与汉军结盟反击匈奴之事有些犹疑，他并不是不相信汉朝，而是担心以后遭到匈奴的报复。鉴于此，常惠对乌孙国王说："我们两国只有结成同盟，才能有力地反击匈奴，也可以开辟西域与汉朝的交通要道，促进两国之间的贸易发展，让两国百姓共同繁荣。如果我们不结盟，就无法消灭匈奴，而匈奴只要存在一日，我们就无法避免其害，不过到时遭受损失最大的肯定是你们。"

听了常惠的分析，乌孙国王最后同意和汉朝结盟，一起反击匈奴。不久，常惠随同乌孙国王一道率领五万乌孙骑兵，昼夜兼程，直捣匈奴右谷蠡王王廷。经过拼死激战，联军生擒了匈奴的皇亲国戚及四万将士，夺得六十多万头牲畜。在此战中常惠不辱使命，圆满地完成了任务。经过这次战斗，常惠非凡的军事才能日益显露出来。

战后，汉朝和乌孙的强敌被消灭了，两国间的友谊也得以发展。在以后的长期交往中，两国边境逐渐安定。常惠立下大功，被宣帝封为长罗侯。

勤劳国事，青史留名

此战过后，常惠立即征集了五万多西域大军，出击龟兹国，以惩罚其杀害汉朝将领赖丹之罪。然而，事情已经过了六年之久，那时的国王已经去世，新国王出城向汉军赔罪，说："六年前我父王杀害汉将，并非其本意，而是受了大臣姑翼的挑唆。"常惠说："既然如此，那就立即交出姑翼。"随后，龟兹王将姑翼交给汉军，常惠马上就将其斩于城下。汉朝声威由此传遍西域诸国。接着，汉朝恢复屯垦区，并迅速由轮台逐步推广到渠犁王国（今新疆库尔勒）、伊循城（今新疆若羌东）。后来，屯田士兵与当地女子成家，于是西域诸国开始有了有汉人血统的百姓，这为日后中原统辖西域各国奠定了基础。

公元前64年，汉朝和匈奴在战略地位十分重要的车师国展开了激烈的争夺战。当战事陷入僵局时，匈奴派左大将率军攻击汉朝驻扎在西域的屯田军，汉军溃败。随后，匈奴奥鞬王的六千骑兵在车师国的旧王城交河城包围了汉将郑吉率领的屯田军。匈奴多次攻城，但始终未克。就在这时，汉军内部出现了分歧，有人认为车师国远离汉境，此战耗资巨大，应马上将汉朝在车师的屯田军撤回国内。此前，郑吉曾上奏朝廷，将汉朝驻军车师的作用阐述得非常清楚，同时他认为，车师国远离渠犁国，两国间分布着无数的高山大川，车师的北面便是匈奴边境，出于防止匈奴危害汉朝边境的考虑，朝廷应向车师增兵。匈奴单于及其朝臣也大肆宣称车师国沃野千里，资源丰富，如果落于汉廷之手，必对匈奴不利，所以也极力要求夺回车师。

汉宣帝权衡再三，最后决定让常惠统帅张掖和酒泉两郡的精锐骑兵，急速奔袭车师。常惠领命前往，大败匈奴军。在常惠军的保护下，郑吉等人最后也安全地撤出交河城。随后，常惠率军抵达渠犁，然后令汉军分管屯田。

不久，苏武因重病缠身，安然去世，朝廷让常惠代替苏武出任典属国之职，专门负责处理国家的外交事务。常惠在此任上兢兢业业，屡立功勋，成为西汉中期著名的外交活动家。

公元前51年，匈奴呼韩邪单于到长安拜见汉帝。至此，西域地区基本安定。这时，名将赵充国已经病逝，所以常惠又被提拔为右将军，朝廷令他回长安任职。

汉元帝登基三年后，常惠在长安去世，被追封为壮武侯。

作为大汉王朝的特使，常惠负责处理汉朝和西域各国的关系，和继任者郑吉及郑吉的继任者陈汤掌管西域军事长达数十年，其间虽发生过数次民族叛乱，但都被及时平定。可以说，常惠及其继任者对华夏统一作出了巨大的贡献。

陈汤平匈封侯

汉朝建立后，经过多年休养生息，到汉武帝时已是国力强盛，民生富足。在对外关系上，汉武帝采取软硬兼施的策略，打击匈奴并大大扩张了中国的版图。"犯强汉者，虽远必诛"，此话体现了大汉帝国之天威，而说出此等霸气之语的人便是汉代名将陈汤。

追名逐利，出兵西域

陈汤，字子公，山东兖州人。陈汤从小便勤奋好学，长大后不仅博学多才，而且文采出众，但是他由于家境贫寒，因而无法得到地方政府的推荐。无奈之下，他只得亲自前往长安，希望可以得到为官的机会。

几年后，他结识了富平侯张勃。张勃认为他才学超群，便将其举荐给朝廷。

在待职期间，陈汤的父亲病故，但他由于担心错过朝廷任命，并未按惯例回乡奔丧。汉朝以孝治天下，陈汤之举是冒天下之大不韪，因此遭到朝臣弹劾。推荐他的张勃也受到牵连，被剥夺了部分食邑，而陈汤则被打入大牢。

这次打击过后，陈汤又被推荐出任郎官之职。随后，他反复请求皇帝让自己出使外国，希望立功于边疆。最终他被调任为西域都护府副校尉，随同西域都护甘延寿出使西域诸国。

公元前51年，呼韩邪单于归顺汉朝。而郅支单于对汉朝助呼韩邪而不助自己之事耿耿于怀，便杀害汉使谷吉等人，随后西逃到康居定居。由此，匈奴一分为二，分成南北两部。

郅支单于经常率军攻击乌孙，烧杀掳掠，无恶不作，同时逼迫邻国向其交纳贡物，致使西域各国人民痛苦不堪。

当时，汉朝考虑到郅支单于实力强盛，而且远离汉境，鞭长莫及，无奈之下，不得不任其肆意妄为。

公元前36年，陈汤为了防止郅支单于影响汉廷控制西域，便建议甘延寿出击匈奴，他说："匈奴人的天性就是恃强凌弱，郅支单于残暴而又好战，串通康居，经常入侵邻国，其最终目的就是想吞并乌孙和大宛。如果他吞并了这两个小国，那么西域各国就会受到威胁，到时必将给西域带来祸患。郅支及其大军虽然远离我方，但他们没有强弓，所以没有办法固守城池。假如我们征集屯田将士，联合乌孙等国的大军，然后长途奔袭，直捣他的驻地，届时他将无路可退。此乃流传万世之功，难道我们要白白错失良机吗？"

甘延寿听了他的分析后，表示赞成，不过他认为应该先上报朝廷。但陈汤表示反对，他认为朝廷中全是无能之人，必定不会赞同他们的主张。然而甘延寿始终难下决心，且突然患病卧床，无法理政。于是陈汤便趁机伪造圣旨，征集西域诸国士兵以及汉朝驻扎在车师的护卫大军和屯田将士，征发兵士共计四万之多，强迫甘延寿一起出征。

万里扬威，封侯晋爵

接着，汉军兵分六路。甘延寿率领三路汉军出北道，经今新疆乌什、吉尔吉斯斯坦伊什提克、伊塞克湖，沿吉尔吉斯山麓进军。陈汤则率领另三路出南道，由今新疆莎车西部出兵，然后穿过帕米尔地区，再经过今乌兹别克斯坦安集延向西北进军。

汉军兵临距郅支城（今哈萨克斯坦江布尔）三里之遥的都赖水（今哈萨克斯坦塔拉斯河）边，安营扎寨。

郅支主城是以土建成的，城外还有两座木城。几百名匈奴士兵穿盔戴甲上城，而城下则有一百多骑兵来回奔驰，另外还有一百多步兵站在城门两边，非常蔑视汉军。

汉军万箭齐发，将城外的步兵和骑兵赶回了主城，随后击鼓进军，围攻主城，拿盾者冲在前，拿戟和弩的士兵则随在后。

但是，匈奴士兵居高临下，向汉军射箭，结果汉军死伤无数。

后来，汉军将柴草堆在城

陈汤说："朝廷中全是无能之人，必定不会赞同我们的主张。"

下，然后放火烧城。那些准备冲出木城的匈奴骑兵全部被射死。

郅支单于看到城破在即，便亲自率领阏氏、夫人等人登上土城守卫，结果鼻子中箭撤下土城。到了半夜，主城外的两座木城都被焚毁了，匈奴士兵又登上土城抵御汉军。

当时，前来支援匈奴的万余康居骑兵兵分十路，在城外反复冲杀汉营。次日清晨，汉军冲破阻挠，一举攻克土城，康居援兵立即撤走了。

郅支单于仅率一百多人逃向内室，最后伤重而亡。接着，汉军将匈奴阏氏、太子、王侯等一千五百多人全部诛杀。

此战过后，甘延寿和陈汤将郅支单于的人头和奏疏一同派人送到长安，并建议汉元帝将郅支的人头挂在城头示众。"犯强汉者，虽远必诛"的千秋豪言便出自这篇奏疏。

但是，陈汤非常贪财，打胜仗后便将战利品私分了。司隶校尉命令正在途中的官员对甘陈大军全面检查时，陈汤马上上书元帝："臣等率军征战沙场，攻杀郅支，以为必有使臣前来劳军，不承想却来捕贼，难道这是要为郅支复仇吗？"

汉元帝看到奏折后，立即下令停止检查，并命令汉军所过各县的官员准备饭菜犒赏大军。

经此一战，南北匈奴分裂的局面宣告结束，而汉朝的西北边境也得到了巩固。不过，有些朝臣对此有不同看法，丞相匡衡和御史大夫繁延寿等人更是十分痛恨陈汤假传圣旨之举，对其行为非常鄙视。他们认为甘延寿和陈汤假传圣旨应被处死，要是反而对其重赏，恐怕后人仿效。

这时，皇族刘向上书元帝，说甘陈二人战功卓著，能与开国名将相提并论，所以应该大加赏赐。刘向是元帝的长辈，其言辞分量不轻，于是元帝决定封赏甘延寿和陈汤。

石显和匡衡又上书反对，但元帝最后还是赐封甘延寿为义成侯，赐封陈汤为关内侯。

王莽篡汉后，追谥陈汤为破胡壮侯，赐封其子陈冯为破胡侯、陈勋为讨狄侯。

陈汤击败郅支单于后，已经降汉的呼韩邪单于愈加臣服汉朝，表示甘愿长期守卫北藩，永远称臣。在汉朝相助下，呼韩邪单于后来统一了匈奴各部。此后，汉元帝将王昭君嫁于呼韩邪，从而结束了一百多年来汉朝和匈奴之间的战斗，这种和平的局面一直持续了五十多年。之所以出现这种局面，陈汤功不可没。

石显邀宠弄权

　　汉元帝登基后，由于朝廷长期重用儒士，因此皇权威势日渐下降，朝廷里的各派势力趁机崛起，明争暗斗。宦官石显不仅擅长处理朝务，而且还善于逢迎元帝，因此很快便受到了元帝的宠幸。此后，他串通外戚史高，欺骗皇帝，独揽朝政大权十六年。在此期间，他广布党羽，打击异己，败坏朝纲，使大汉王朝日渐衰落。

阿谀受宠，陷害大臣

　　石显，字君房，祖籍山东济南，年轻时触犯刑律，被判处宫刑，只得进宫做了太监。石显外表彬彬有礼，内心却狠毒无比，并且巧舌如簧。

　　汉宣帝当政后，精通刑律的石显被提拔为中书仆射，石显的同伴弘恭则被任命为中书令。从此以后，他俩阴谋串通，结成一派。不过，好在宣帝英明睿智，始终没有赋予石显和弘恭实权。

　　宣帝死后，石显和弘恭的官位未变。不过，他们依靠巧嘴利舌、逢迎之语，很快便受到了元帝的青睐和信任。

　　然而，元帝之智根本无法与其父宣帝相比。他卧病在床时，便将所有政务交与石显处理。石显表面尊敬群臣，内心却非常嫉恨他们，如果谁和他唱反调，他便怀恨在心，借机报复。

　　这时，元帝之师萧望之看清了石显等人的残暴本质。他认为石显等人就是朝廷的蛀虫，此患不除，日后必将造成大难。

　　于是，萧望之马上上书元帝，建议将石显等人罢免，并对外戚的权势加以限制。然而元帝对此建议不置可否。石显等人听说此事后，则对萧望之充满了仇恨，准备以后借机打击萧望之。

　　后来，石显让人诬陷萧望之，说他离间皇帝和外戚的关系，目的是想主政。石显等人遂请元帝"谒者招致廷尉"（即逮捕入狱）。

　　元帝由于不懂公文用语，因此批准了此奏。过了一段时间后，元帝准备询问萧望之一些事情，便让人召唤。直到这时，他才知道萧望之已经被打入大牢。

他吃惊地说："谁如此大胆，竟敢将朕的老师下狱？"

弘恭和石显立即答道："臣等是在陛下批准后，才将其下狱的。"

元帝说："你们说'谒者招致廷尉'，何曾说过下狱啊？"

原来，汉元帝不懂"谒者招致廷尉"之意就是逮捕下狱。于是他准备立即下令释放萧望之并恢复其官职。

这时，石显对元帝说："陛下刚登基，本应广布恩德，不料却将老师下狱，如果现在把他无罪释放并复职，我担心会损害陛下的威望。既然已经下狱，就应该将其罢官。唯有如此，才能维护陛下之威望。"

元帝听后，思虑了半天，才说："就按照你所说处理吧。"随后，元帝还是下诏释放了萧望之，但罢免了他的官职。

萧望之被贬一个月后，陇西发生地震，死伤惨重。元帝以为这是苍天惩罚自己罢黜老师之过，便立即将萧望之召回朝廷，并赐封为关内侯，接着又准备让其担任丞相。

石显、弘恭等人非常害怕，因此密谋彻底除掉萧望之，并一再指使别人诬陷于他。

萧望之之子散骑中郎萧仍上书为父申冤，元帝接书后，召集群臣讨论此事。百官慑于石显、弘恭之威，担心遭其报复，便一起批评萧望之不知自省，指使儿子上书为自己申冤，因此应该下狱。

元帝看到百官都批评萧望之，便下令把萧望之打入大牢，准备过段时间再释放。萧望之不曾想到自己会是如此结局，便长叹道："我乃朝中老臣，年已六十有余，再也不能入狱受辱了！"说完便服毒自杀。

元帝听后，思虑了半天，才说："就按照你所说处理吧。"

陷人有术，保身有道

为了保护自己的既得利益，石显准备联合外戚加强自己的实力。于是，他建议元帝重用冯皇妃的兄长冯逡。随后，元帝便召见了冯逡。

冯逡进入皇宫后，让元帝清退身边的随从，然后对元帝说："石显败坏朝纲，肆意妄为，陷害忠良，请陛下严加防范。"

不料，此时的元帝早已被石显迷惑。他闻听冯逡所言后，非常气愤，从此便不再理会冯逡。

石显探知此事后，便对冯逡心生恨意。一次，御史大夫之职空缺，朝中官员们就举荐冯逡之兄冯野王补任。元帝也觉得冯野王非常合适，便征求石显的意见。

奸诈的石显说："冯野王为官清正，才识出众，由他出任御史大夫非常合适。不过，他毕竟是冯皇妃之兄，如果令他担任御史大夫，就必然会使陛下担上任人唯亲之名。"

听了石显之言，元帝便有些举棋不定，最终还是打消了让冯野王担任御史大夫的想法。

石显害人手段非常高明。他既可以取信于儒生，又可以受宠于元帝，许多事情让他颠倒得令人难分真假。

石显也明白，自己目前确实大权在手，可以为所欲为，然而他又十分担心元帝有朝一日会冷淡自己。到那时，自己可就大祸临头了。于是，他便处处设法表现自己对元帝的忠心，以期赢得元帝更大的宠信和信任。

一天，石显准备出城处理公务。走之前，他对元帝说："微臣担心回城太晚，宫门关闭无法进城，请陛下允许微臣以陛下之令打开城门。"元帝批准了。

于是，石显故意等到深夜才返城。来到城门时，他说自己有元帝之诏，因此叫开了城门。

此后，果真有人上书元帝，说石显私传圣旨，独断专行。元帝看后，笑着将奏章交与石显。

石显看后，哭道："陛下宠信微臣，委以高官，因此引起了众人的嫉恨，他们都想诬陷微臣，像这样的行为已经有好多次了。多亏皇上英明。微臣才识浅薄，不堪大任，也无法让所有人满意，所以甘愿辞官。请陛下让微臣在宫里扫地，以此保命！"

元帝听后非常感动，不仅没有怀疑他，反而更加宠信他，还不时地分赏给他大量金银宝物。

元帝死后，汉成帝登基为帝。成帝大力提拔外戚，冷淡宦官，于是石显失去了往日的威风。后来，朝臣虽然大力检举其罪行，但终因没有证据而奈何他不得，汉成帝只好将其罢官，让他回家养老。但是，石显却为此快快不快，最后在归家途中抑郁而亡。

昭君出塞

公元前33年，匈奴呼韩邪单于入汉朝拜，请求与汉朝和亲，以使汉朝和匈奴永远休战。鉴于此，汉元帝准备从后宫嫔妃中选一人嫁给匈奴单于。王昭君自愿前往塞外和亲。由此，一段千古传颂的"昭君出塞"的佳话便诞生了。

入选后宫，无缘面君

王昭君，名嫱，出生于湖北兴山，父亲王穰乃一介平民。昭君出生时，王穰已然年老，因此他把昭君当作宝贝一样疼爱。昭君长大后，十分美貌，且极为聪慧，琴棋书画无所不通，可谓才貌双全，因此其名声很快便传到了长安。

公元前36年，汉元帝派人到全国各地挑选美女，昭君理所当然地被选中了。元帝令她选择良辰吉日马上进宫。皇命不可违，不管王穰怎么舍不得，也无法留住昭君。不得已，昭君只好离家前往长安，等待皇帝的召见。

当时，后宫各色佳丽数不胜数。汉元帝根本没有时间去召见每一个宫女，于是他就让宫廷画师毛延寿给所有宫女画像，然后从画像中挑选自己喜欢的。许多宫女为了让元帝召见自己，便重金贿赂毛延寿。她们希望毛延寿把自己画成倾国倾城的美女，从而让元帝垂青于自己。

昭君不屑于如此做，没有贿赂毛延寿。毛延寿对此心怀不满，便故意没有画出昭君之绝色容貌，而元帝当然也没有看中昭君。于是昭君从此便被关在后宫里，过了很长时间也没有得到元帝的召见。

自愿和亲，远赴匈奴

汉宣帝在位期间，匈奴贵族因为争夺权力而内讧不断，致使匈奴的实力日益下降。后来，匈奴形成了五个单于并存的局面。其中，呼韩邪单于败于兄长郅支单于手下。于是，呼韩邪单于为了依靠汉朝的力量，决定和汉朝修好，而且亲自到长安觐见汉宣帝。

呼韩邪单于是首位入汉觐见皇帝的匈奴单于。汉宣帝亲自到长安郊外迎接他，并举办盛大的宴会为他接风。呼韩邪单于在长安住了一个多月。他请求汉宣帝助其一臂之力，让他重返匈奴。汉宣帝同意了，随后派遣汉将率一万骑兵将他护送到漠南。呼韩邪的军队缺乏粮草，汉朝又送给他许多粮草。此后，汉朝又出兵杀了郅支单于，帮助呼韩邪单于统一了匈奴。

公元前33年，为了表示愿和汉朝永世修好，呼韩邪再次到达长安，请求与汉朝和亲，希望汉元帝能将公主许配给他。汉元帝同意了单于的请求，但他不愿将公主远嫁匈奴，于是决定从后宫中挑选一个宫女。他让下人对后宫宫女传话道："谁愿前往匈奴，就将其封为公主。"王昭君得知此事后，想到自己终年深居后宫，可能到死都见不到皇帝，于是毛遂自荐，甘愿前往匈奴。汉元帝听说后极其开心，决定在长安为呼韩邪和王昭君举办结婚大典。

呼韩邪单于和王昭君进宫拜谢汉元帝时，汉元帝见昭君乃是一个绝色美女，后宫嫔妃无人可比，便欲将昭君留下。然而，皇帝金口玉言，诏令已下，实在无法挽回，他也只好让王昭君远走匈奴。事后，汉元帝派人拿来昭君的画像，结果发现画像与本人根本不一样，于是怒斩了毛延寿。

在汉朝和匈奴官员的护送下，昭君赶赴匈奴。传说，昭君出塞时边走边弹奏琵琶。乐曲哀婉，凄艳无比，正在南飞的大雁听到此曲后，全都飞落于昭君四周。因此，后世称赞王昭君有"落雁"之美。

顾全大局，青冢留名

昭君嫁给匈奴单于后，其兄弟便被朝廷册封为侯，并多次奉命出使匈奴，与昭君会面。至于呼韩邪单于，他将昭君看作是汉朝皇帝送与自己的礼物，对昭君十分宠幸。日久天长，昭君也逐渐适应了匈奴人的生活方式，并与匈奴人相处得十分融洽。

此后，昭君经常劝呼韩邪单于不要打仗，同时还将中华文明介绍到匈奴。此后，匈奴和汉朝之间连续五十多年没有爆发战事。呼韩邪单于死后，按照匈奴人的风俗，其长子应该迎娶后母。此举与中华伦理相悖，不过昭君以大局为重，答应了此事。在匈奴生活期间，昭君生了一子二女。

昭君弥留之际，让子女把自己的墓地设计成坐北朝南方位，以便眺望故土。昭君去世后，其子女将墓地建在归化（今内蒙古呼和浩特市）郊外。那里芳草青青，翠绿无比，因此后人称昭君墓为"青冢"。

昭君出塞和亲，被后人奉为和平使者，功在当代，泽被后世。就连周恩来总理都称她是对民族团结"有贡献的人物"。

汉成帝荒淫害国

作为皇帝，汉成帝昏聩无能。他登基后，便沉迷酒色，荒淫胡为，将朝政大事放于一边，全心扑在赵氏姐妹身上。他在位期间，朝廷混乱不堪，官员贪污成风。由于奸臣恶宦当道，百姓无以为生，由此加速了西汉统治的崩溃。成帝之荒淫无能，造成朝廷"赵氏乱内，外家擅朝"的局面，而这正好为王莽篡汉提供了条件。

改革弊政，有始无终

汉成帝刘骜，其父为元帝，其祖父为宣帝。刘骜自幼深受宣帝宠爱，时常跟随在宣帝身旁。元帝登上龙位后，立即立刘骜为太子。

刘骜年少时非常喜欢读书，文才也颇为出众。他本来性格温和，处事小心，但是后来却性情大变，整天沉醉于声色犬马之中。看到这种情况，元帝便欲废其太子位，改立宠妃傅昭仪之子刘康。

不过，因为宣帝以前非常喜爱刘骜，再加上朝臣劝谏，最后元帝打消了废除太子的念头。

公元前33年，元帝病逝，刘骜继位为帝，即汉成帝。汉成帝亲政后，为了改变朝政腐败的乱局，马上采取了一系列措施进行改革。

首先，严厉打压宦官的势力。汉成帝登基后，通过明升暗降之策，把石显晋升为长信中太仆，这个职位主要负责掌管太后的车马。石显过去曾出任中书令一职，虽然职位比长信中太仆低，但这个职位有实权，现在升了官职反倒没了实权。接着，丞相匡衡和御史大夫张谭等朝臣趁机联名弹劾石显。于是，成帝罢了石显的官职，让其回乡养老。自此，朝中的宦官势力逐渐削弱。

其次，采取平衡策略，让朝中各派互相牵制。成帝登基后，太后的弟弟王凤设计将冯昭仪之弟冯野王排挤出朝廷，而且还设法让成帝罢免了皇后之父许嘉的官职。这样一来，朝中各派外戚开始互相攻击，明争暗斗起来。

在这段时期里，汉成帝还是有所作为的。他既打击了宦官势力，又使各派外戚势力相互牵制，从而让朝廷暂时实现了安定。

沉湎女色，荒淫害国

汉成帝登基后，尊其母王政君为皇太后，晋升舅舅王凤为大司马兼大将军，王氏族人中有七人封侯，一时间显耀全国。同时，朝廷的大权也逐渐落入了王氏集团手中。

汉成帝让王氏家族全权处理政务，他自己则沉醉于声色犬马之中，不理朝政，逐渐变成了一个荒淫堕落的昏君。

汉成帝继位初期非常宠幸许皇后，这让王氏集团非常恐惧，于是他们时常诬陷许皇后。此外，随着时间的推移，许皇后逐渐人老珠黄，因此成帝便转而宠幸班婕妤。班婕妤有倾国倾城之貌，再加上才识出众、谦虚有礼，所以汉成帝非常宠爱她。

不久，汉成帝外出游玩，来到阳阿公主家里。酒宴中，公主让歌妓赵飞燕起舞，为成帝助兴。赵飞燕那妖艳的眼神、清脆嘹亮的歌声、曼妙无比的舞姿，彻底征服了成帝。

随后，汉成帝便把赵飞燕带回了皇宫，次日便下诏赐封赵飞燕为婕妤，对其极为宠幸。此后，赵飞燕又将妹妹赵合德推荐给了汉成帝。成帝一见，发现赵合德更是娇美动人。

赵合德入宫后，成帝对其宠爱无比。赵合德有沉鱼落雁之容，又性情温婉，娇媚万分，连姐姐赵飞燕都无法与其相比。成帝将赵合德的怀抱比做"温柔乡"，并感叹道："朕情愿死于温柔乡，也不愿如武帝一般渴求长生不死。"

赵合德曾私下请求成帝："除我们姐妹二人，陛下能不能不要宠幸后宫中的第三个女人？"成帝答应了她。

自此，赵氏姐妹成为后宫中的霸主。汉成帝与赵氏姐妹昼夜翻云覆雨，完全不理朝政，而后宫中的其他佳丽则被成帝遗忘得一干二净。

成帝以前宠爱的许皇后和班婕妤也受到了冷淡，她们深居后宫，寂寞无助，因此对赵氏姐妹心生怨恨。为了夺回

赵合德有沉鱼落雁之容，又性情温婉，成帝对其宠爱无比。

成帝，许皇后私下通过巫术来诅咒赵飞燕，盼其暴毙。

不料，此事被赵飞燕探知。当时赵氏姐妹正准备谋夺皇后之位，但无借口，恰好发生了许皇后之事，于是姐妹俩趁机上报成帝，说许皇后诅咒皇上，还顺便指责了班婕妤。

成帝听后十分生气，随后便将许皇后废黜，并把她关到了昭台宫，还将许皇后的姐姐斩杀。同时，成帝还将许皇后的所有亲戚遣回家乡。不久，成帝将赵飞燕册封为皇后，同时册封赵合德为昭仪，让她住在昭阳宫。

赵飞燕和赵合德一直未曾生育。她们害怕无法生育会威胁到自己的地位。汉成帝也因赵氏姐妹多年未育深感忧虑，担心自己无后，于是悄悄垂幸其他宫女。

后来，宫女曹氏生下一子。成帝听说后暗自窃喜，派宫女服侍曹氏。不料，此事被赵合德得知。于是，赵合德便矫诏把曹氏关进大牢，然后逼其自杀，同时还把曹氏之婴一并杀害，六个服侍曹氏的宫女也被残忍地缢死。而汉成帝为了逢迎赵氏姐妹，竟然未加阻拦，亲眼看着曹氏母子魂归黄泉。

后来，成帝还宠幸过一个许美人，她在服侍了成帝几次后，也生下一子。然而，汉成帝担心惹恼赵氏姐妹，竟然让许美人将孩子装在篓子里，随后将孩子带到赵合德处，接着亲手杀死了自己的儿子。

经过赵氏姐妹的残酷迫害，汉成帝最后没有留下一个子女。

公元前7年，汉成帝暴毙于赵合德怀中。赵飞燕因为帮助成帝的侄儿刘欣即位，仍被尊为皇太后，刘欣史称汉哀帝。六年后，哀帝驾崩，大司马王莽以杀死皇子之罪，逼迫赵飞燕自尽。随后，朝野上下全都指责赵氏姐妹害人。迫于朝臣的压力，赵合德也只好自尽了。

汉成帝当政期间，奸官当道，人民生活于水深火热之中。成帝沉湎于酒色中不理朝政，更无视民众苦难，因此致使全国各地爆发了多次农民起义，而西汉王朝也日益衰落下去。

汉哀帝空有大志

汉哀帝从小熟读儒家经典，推崇节俭朴素。他登基为帝后，欲重振大汉雄风。此后，他采纳师丹"限田议"之策，限制土地兼并；任用贤才，勇于纳谏。但这些措施的推行遭到了群臣的阻挠，面对困难，汉哀帝的雄心壮志渐渐没了。于是，他开始宠幸男嬖董贤，让其肆意妄为。他自己也由一个本欲有所作为的君主逐步堕落成一个荒淫无度的昏君，而汉室江山在此时已是摇摇欲坠。

改革失败，沉湎声色

汉哀帝刘欣，字和，汉成帝之侄。他自幼喜读经书，文才出众。公元前7年，刘欣登上龙位。

即位初期，面对汉朝中道衰落的局面，哀帝很想有一番作为。他为此曾躬行节俭，勤奋办公，而且还起用了许多有识之士，并想要改革朝廷多年积累下来的弊病。

汉哀帝曾下令实行限田令和限奴令，试图抑制日益严重的土地兼并。此令一经颁布，就遭到了大贵族的强烈反对。经过一番争辩，最后朝廷下令：诸侯王、列侯、公主和吏民占田数以三十顷为限；诸侯王的奴婢以两百人为限，列侯、公主以一百人为限，吏民以三十人为限；商人既不能占有土地，也不能入仕。超过以上限量的，其田地和奴婢全部没收归入官府。

这个方案尽管给了官僚地主极大的特权，但还是遭到了把持朝政的权贵的反对。此外，长于权术的祖母傅太后的干政，也使哀帝办起事来力不从心，结果导致权力外移，朝风日坏。

哀帝后来还颁布了废除诽谤欺诋法、罢除乐府、禁止各地进献名兽等条令。然而，以上举措再次遭到群臣反对。再加上汉哀帝也未坚持己见，结果这些政策都成为一纸空文。

面对种种困难和挫折，年轻的汉哀帝很快便气馁了。在颁布的所有诏令都无法切实履行的现实情况下，汉哀帝即位之初的锐气很快便消失了，随后他热衷于在酒色之中寻求刺激，即位不久便变为一个荒淫无能的昏君。

断袖之癖，遗臭万年

在我国古代的皇帝中，汉哀帝刘欣是鲜有的一个不好女色的皇帝。但他有一个让人非常吃惊的癖好，那就是宠爱男子。

哀帝登基后不久，无意中在宫里看到一个"绝色宫女"，于是把"她"找来，经过询问，才知道"她"竟然是男人，名叫董贤。汉哀帝认为男人长得如此美貌，真是罕见，纵使后宫嫔妃也无法与其相比。随后，哀帝让董贤坐到自己腿上，二人侃侃而谈。接着，哀帝马上提升董贤为黄门郎，让他跟在自己身边。

汉哀帝与董贤经常同卧同起。有一天，董贤枕在汉哀帝的衣袖上与哀帝一同午睡，哀帝醒来时董贤还在熟睡，哀帝欲将压在董贤身下的衣袖抽出，但又担心弄醒他。本想继续躺下，怎奈自己又有要事处理。为了不惊动董贤，哀帝拔刀斩断了自己的衣袖后起床离去。这就是后人将男性之间的恋情叫作"断袖之癖"的缘故。

董贤醒后，见身下压着哀帝的断袖，也深感哀帝对自己的喜爱之情，从此越发温柔，时刻跟在哀帝身旁。

此时的董贤已有妻室。由于很少回家看望妻子，为消除家人的担忧之心，他便欺骗家人说哀帝病魔缠身，需要自己时刻照料。哀帝一时一刻都不能离开董贤，看到他经常不回家，正中下怀。不过，想到董贤已有妻室，如今却因照顾自己无法回家，哀帝也觉得不妥，因此他特令董贤回家看望妻子。然而说了数次，董贤一直不肯回家。

哀帝深感内疚，于是特令董贤将妻子接来宫中同住。因此，董贤带着家眷入住皇宫，这样既便于哀帝召见董贤，又便于董贤看望家人。

有一回，董贤之母身患重病，卧床休养。哀帝听说后立即令下人到处祭祀祈福，而且下诏路人可以任意吃喝祭祀所供的物品。除此之外，凡是董贤家里有喜庆之事，哀帝都会令群臣备礼前去祝贺。

这时，成帝对董贤的宠爱已经达到了极点。有一次，哀帝设宴款待朝臣，席间哀帝突然对董贤道："朕想学习尧舜禅让之举，让你继承帝位。"

此话一出，宴上群臣顿时惊呆了，他们根本不敢相信，哀帝竟会说出如此疯癫之语。不过，董贤却非常开心。然而毕竟事关重大，他也不知该怎么应答。

正在他思虑之时，一位大臣说道："大汉王朝乃高祖所创，并不是陛下私有之物。大统理应归于刘氏子孙，使其万世相传，陛下作为九五之尊，怎能讲出如此不敬之语！"

哀帝抬头观看，原来讲话之人是中常侍王闳，他随后便生气地将王闳驱逐出宴席。从此以后，哀帝再未提及禅让之事。

哀帝登基初期，生活十分朴素，从不曾耗费巨资兴建宫殿。然而，他对董贤却很阔绰，一出手便是黄金千斤。

此外，哀帝还为董贤造了一座非常华丽的寓所，内部装修极其奢华，所有屋柱和窗格都以锦缎包裹。属国进贡

汉哀帝登基之初，本欲作出一番成绩，怎奈他空有大志，最终腐化为一代昏君。

之物，哀帝宁愿自己使用一般的，也要将最宝贵的赏给董贤。董贤家赏赐别人，出手便是上千斤黄金，由此可见其富足。哀帝还令人将董贤之墓建在自己的陵墓旁边，期望死后与董贤相伴。

公元前1年，哀帝暴毙，时年二十六岁。王太后令王莽负责处理政务。随后，王莽上书控告董贤，禁止他入宫。董贤明白自己难逃一死，便自缢而亡了。王莽担心他诈死，下令开棺验尸，随后将他的尸体抛到城郊。同时，王莽下令没收董贤的所有财产，而且把董贤亲族全都充军流放。

汉哀帝登基之初，本欲作出一番成绩，怎奈他空有大志，却无才智，最终腐化为一代昏君。他在当政期间，用奸臣，贬忠臣，专宠男嬖，不理朝政，使朝廷陷于一片混乱。在汉哀帝的胡乱管理下，西汉政权已经日薄西山、岌岌可危了。

王莽篡汉

西汉中期以后，几乎所有皇帝都由外戚辅政。元帝的皇后王政君，一生辅佐了四任皇帝，主政时间长达六十余年。在此期间，王政君的侄子王莽依靠姑母的地位，再加上故作谦虚俭朴，从而收揽了人心。王莽官位愈高，为人愈谦，因此群臣十分欣赏他。随着声望的攀升，他开始精心扩充自己的势力，最后经过密谋，在公元8年废汉称帝，建立了新朝。于是西汉王朝退出了历史舞台。

攀附门庭，入朝为官

王莽，字巨君，出生于河北大名，他的姑姑是元帝的皇后王政君。汉成帝登基后，王皇后便成为当朝太后。

元帝当政时，王政君之父以及其兄弟都被封侯，唯独王莽之父过早离世，因此未能封侯。也正是因为如此，王莽的堂兄弟们大都游手好闲、不学无术，整日过着奢靡的生活。而王莽由于父亲早亡，无人庇护，处境十分艰难。

不过，王莽好像从来也没有艳羡过那些堂兄弟们，他始终都是俭朴节约，谦让有礼。王莽十分好学，因此他的知识十分渊博。此外，对待亲属和师友，他也谨守礼仪，他对母亲和寡嫂非常孝敬，而且亲自管教已故兄长之子。在生活上，他与一般儒生并无二样。

不过，王莽对那些位高权重的伯父叔父却是百般逢迎，曲意讨好。尤其是对主管朝政大权的大伯父王凤，王莽更是极尽孝道。王凤生病时，王莽昼夜陪护，亲自品尝汤药，数月不解衣带，致使形容憔悴。王凤为此极为感动，在弥留之际，向朝廷极力举荐王莽。

不久，王莽被提升为黄门郎（即皇帝的侍从首领），随后又被任命为射声校尉，这时的王莽只有二十四岁。

公元前16年，王莽的叔父王商上书朝廷，希望把自己的户邑分给王莽一部分。同时，众多知名人士也上书朝廷，对王莽的才华和品德大加称赞。

汉成帝看到所有人都赞扬王莽，于是将王莽册封为新都侯，食邑一千五百户，不久又将其提拔为骑都尉、光禄大夫、侍中，骑都尉可以领兵，光禄大夫可以参朝，侍中可以长伴皇帝身旁。这时的王莽身兼三职，可谓位高权重。

处心积虑，控制朝政

王莽官位越高，就越重视节操，言行也愈加谦恭。他将家中财物全部拿出来周济部属，同时还供养众多著名士人，广交朝中握有实权的文武百官。在此情况下，群臣都在成帝面前反复赞颂王莽。王莽之名传遍朝野上下，其叔父都无法与其相比。

这时，王莽遇到一个劲敌，即王太后的外甥淳于长。当时，汉成帝正欲废黜许皇后，册封赵飞燕为皇后。为了得到成帝的垂青，淳于长反复劝说王太后答应册封赵飞燕为后，最终王太后同意了。于是汉成帝非常感激淳于长，不久便册封他为关内侯，随后又晋升他为定陵侯。

淳于长居于高位，恃宠妄为，竟然与曾经的许皇后（被成帝废黜）之姐勾搭成奸，后来还娶其为妾。为了逢迎许氏，他多次向成帝进言，最后成帝又把许氏提升为婕妤。

不料，淳于长看到许婕妤美丽动人，竟然斗胆戏弄她。此事后来被王莽上报成帝，于是淳于长被罢官返回封地。后来，成帝又将他斩杀于牢里。淳于长死后，王莽便成为朝中最有权势的官员了。

汉成帝统治末期，主管朝政事务的王根病重辞官时，极力推荐王莽接任自己的职位。公元前8年，王莽被提拔为大司马，开始掌管朝政大权，时年三十八岁。

公元前7年，成帝驾崩。成帝无子，其侄刘欣继位为帝，是为哀帝。哀帝登基后，希望自己主政，其母族也想控制朝政大权。王莽无奈辞职归家。回家后，王莽并未一蹶不振，反而更加谦恭地对待当地名士。

有一次，王莽之母患病，许多朝臣派夫人前来探病，于是王莽的夫人出去迎接。当时，王夫人身穿旧衣，众夫人以为她只是王莽家的奴婢，后来才得知她是王莽之妻，对此大为吃惊，于是对王莽更加敬重。

不久，王莽之子王获杀死了一个奴仆，王莽竟然逼王获自尽谢罪。此事过后，王莽的声誉愈加响亮。

后来，汉哀帝驾崩，太皇太后王政君立即命令王莽入宫处理后事。接着，王莽将当时只有九岁的汉平帝扶上帝位，同时派亲信上奏太皇太后王政君，让太皇太后不必操心国事，以养护身体为重，朝政事务由王莽即可处理。王政君以为王莽确实是为自己着想，便将朝政事务全都交由王莽处理。自此以后，站在王莽一边的官员都被升官，反对王莽的官员则被残杀。

此后，王莽设法让自己的女儿做了平帝的皇后。平帝开始懂事后，对王莽的所作所为开始不满起来。王莽看到平帝对自己有怨言，便阴谋毒杀了平帝。随后，王莽迎立了只有两岁的刘婴为帝。

此时，王莽已经产生了篡权夺位之念。

篡汉建新，危机四伏

公元8年，王莽登基称帝，国号为新，定都长安。至此，刘邦建立的西汉王朝，在经历了二百一十年后，宣告结束。

王莽称帝后，以复古改制为口号，开始变法。

首先，将全国的土地称为"王田"，禁止买卖。

其次，将奴婢划为"私属"，也不准买卖。

再次，重新制定物价，改革币制。

然而，以上的所有措施在地主官宦的阻挠下，最后都成为一纸空文。王莽不仅没有消除社会的弊病，反而让国家陷于动荡不安之中。

此后，王莽欲发动对外战争来缓解国内的矛盾，结果引起匈奴、西域和西南各部族的剧烈反击。接着，王莽大肆征发徭役，加重租税，任由酷吏残害百姓。于是，不堪忍受的百姓纷纷揭竿而起。

公元8年，王莽登基称帝，国号为新，定都长安。

这时，王莽之孙王宗欲篡权夺位，还私刻皇帝专用印章。王莽发现这一情况后，王宗因恐惧而自尽。此后，王莽对自己的子孙也不信任了。后来，王莽找借口把太子王临废了，并把他驱逐出长安，随后又找借口逼死了王临。

此时，全国各地起义烽火连绵不绝。在农民起义军的沉重打击下，王莽的新朝日益衰败。

西汉文化

儒学大师陆贾

汉高祖刘邦刚即位时，觉得自己"居马上而得天下"，因此认为治理国家无需诗书，进而非常藐视文官、看重武官。为此，儒学大师陆贾和他进行了深入的探讨，并建议高祖重视儒学，还写了《新语》给高祖看。高祖读过《新语》后，也觉得"文武并用"的观点很有道理。于是，陆贾的《新语》成了汉代确立儒家思想统治地位的先声。后来的儒学大家贾谊、董仲舒也深受其影响。

劝降南越，指点陈平

陆贾，西汉政治家、文学家。他本是楚人，秦末时投奔了刘邦。陆贾善于辩论，因此在刘邦起事时，就常常被派去出使各诸侯国。

公元前203年，南越太守赵佗在岭南地区建立了独立的南越国，并自称南越武帝。公元前202年，刘邦建立了西汉政权。此时的中原由于多年战乱，百姓困顿不堪，刘邦忙着恢复国家经济，因而没有时间围剿南越国。几年后，刘邦觉得是收复南越国的时候了，便让陆贾先出使南越。

公元前196年，陆贾带着印绶去了南越。见赵佗披头散发出来迎接自己，陆贾说："你祖先的坟墓都在中原，可你却披头散发的，以后怎么去见列祖列宗呢？高祖在天时、人和的情况下，在几年内就平定了天下，而你当时不仅不讨伐秦国，反而借机称霸岭南。大臣们都希望高祖来围剿南越，可高祖没有答应，因为他不希望人民再受战乱之苦。今天，他派我带着印绶来，就是为了授予你封号。可你的态度竟如此不恭，倘若朝廷知道了这事，一定会杀了你，以绝后患。"赵佗惊慌失措，赶紧按汉廷的要求重新迎接了陆贾，还向他发誓道："自此我就是汉廷的臣子，再不敢擅自称王。"陆贾就这样凭着自己的口才，和平地收复了南越。高祖为了奖励陆贾，封他为太中大夫。

高祖驾崩后，吕后掌握了朝政。她一心想封本族人为王，朝中诸臣无人敢阻止。右丞相陈平非常担心吕姓家族掌权后，刘姓江山会受到威胁，连自己也可能丢掉性命。可他不敢直接把自己的想法说给吕后，又想不出其他的计策，就整天待在家中，思考好的策略。

陆贾知道陈平的心事，就来到了陈平的家中，并且没让下人通报就径直走进了陈平的房间。此时，陈平还在苦苦思索，竟一点儿都没注意屋里进了人。陆贾说出了陈平的心事，陈平赶紧向他请教策略。陆贾就说，天下太平时重视文官，天下动乱时重视武官，因此只有文武并用才能天下安定。之后他就让陈平与太尉周勃交好，还要想尽办法得知吕姓家族的一切情况。陈平照他说的做了，也为之后除掉吕姓、册立文帝等事的成功奠定了基础。

进谏高祖，著作《新语》

刘邦本为布衣，所以非常厌恶儒生。他常为自己"马上得天下"而骄傲不已，因此更加藐视《诗》、《书》等儒学经典。可陆贾却常常当着高祖的面赞美《诗》、《书》，因此惹得高祖骂道："《诗》、《书》有什么用处啊？你要知道我是在马上得到的天下。"陆贾则反问道："那您能在马上管理国家吗？你要想让天下长久安定，就要学习商汤、周武，在武力取得天下后用仁来管理国家，文武并用。若秦国在统一之后以仁治理天下，皇上又怎么能得到天下呢？"高祖听完，满脸愧疚地说："先生，您能把各国成败的原因写成文章给我看吗？"由此才有了后来备受高祖称赞的《新语》。《新语》共有十二篇，主要分析了各个国家存亡的原因。

《新语》以独特的方式阐述了从古至今国家存亡的道理。首篇是《道基》，以"道"开篇是因为陆贾认为一切事物运行的根本是"道"，要想国家安定，就要遵守"道"。他也借阐释"道"，深入分析了汉以前各国的兴衰。

陆贾主张"实行仁义，向先圣学习"，坚持"仁者道之纪，义者圣之学，学之者明，失之者昏，背之者亡"的观点。这说的就是治理国家的根本是仁义，倘若君主不坚持仁义，国家自然会破败。后来，刘邦在经过鲁地时，还特意去祭拜孔子，可见陆贾对改变刘邦的思想起到了一定的作用。

陆贾也很尊崇道家的学说，虽然《新语》只有一处引用了老子的话，但陆贾对道家思想的阐述在书中却处处可见。除了"道"，《新语》还体现了老子的其他思想，如主张一切事物都要遵循自然规则，不能与客观规律相悖的"不违天时，不夺物性，不藏其情，不匿其诈"就比较接近老子的原意。而刚柔互相转化的思想更是阐释了老子的辩证法的真义。可见，《新语》是本以儒家思想为主线同时又结合了道家思想的书。

《新语》是西汉封建统治的思想武器，后人还称它秉承了荀子和孟子的观点，并启发了贾谊和董仲舒等人，因此它也被认为是奠定儒家思想统治地位的基石。而陆贾则理所当然地成了第一个建立汉代新儒学的人。

传奇才子司马相如

赋是汉代最重要的文学样式，散韵结合、专事铺叙是它的特点。汉初主要流行的是"骚体赋"，这种赋在一定程度上继承了楚辞的情调，后来则渐渐地被有独立特征的"散体大赋"所取代。汉代大赋的奠基者是司马相如，他也是最有成就的汉赋代表作家之一。他本人豪放的气魄、无人可及的才华以及锐意进取的精神，让他在赋的创作上有着举足轻重的地位。

琴挑文君，美名传世

司马相如，小名犬子，字长卿，祖籍四川成都。读书、剑术是司马相如的最爱，战国良相蔺相如是他最敬重的人，为此他给自己改名为相如。

景帝十分赏识司马相如的剑术，封他为武骑常侍。但司马相如的文学才能却因为景帝不喜好辞赋而未得到施展。

后来，司马相如结识了一些有名的辞赋家，如庄忌、枚乘、邹阳等，这都是梁孝王刘武到了朝中以后发生的。没多久，患病的司马相如就辞官去了梁地，在那里他和一些辞赋家畅所欲言，并作了《子虚赋》。

梁孝王死后，司马相如投奔了自己的朋友临邛县令王吉。

一天，王吉和司马相如受当地大富豪卓王孙之邀前去赴宴。此前，司马相如已经知道卓王孙寡居在家的女儿卓文君美若天仙，且文采非凡，因此心中雀跃。

宴中，要作赋奏乐的时候，司马相如为了表示自己的心意，就主动要求演奏了《凤求凰》。

在帘后因仰慕司马相如而偷听的卓文君听出了乐中的求偶之意，对司马相如也顿生爱慕之情。

卓王孙因为司马相如穷困，极力反对女儿和司马相如的婚事。于是，在一个风雪交加的夜里，卓文君就跑到了司马相如的家里。第二天一早，他们就起程奔赴了司马相如的故乡成都。

卓王孙大怒，他觉得卓文君有伤门风，因此任何嫁妆都没给她。而司马相如也没有什么钱财。二人在无法生活的情况下，变卖了家里的东西，又在临邛开了间小酒铺。站柜卖酒、打杂成了卓文君、司马相如每日要做的事情。

卓王孙知道后，就给了他们百万银钱，还有一些仆人。他这样做，一是不忍心女儿受苦，二是不想别人说自己冷酷。自此，他们不必再为生计发愁，从此作赋畅饮、鼓瑟弹琴就成了相如夫妇惬意生活中的一部分。

负心郎君，传世才女

没过多久，汉武帝因为欣赏司马相如的《子虚赋》，觉得他是个有才华的人，于是封他为郎官。

后来，司马相如受武帝之命去蜀地安慰当地的百姓。本就是蜀人的相如到了蜀地，很好地完成了任务，武帝升他为中郎将。

后来，司马相如受诏到了京都，暂时和卓文君分开。很快就过去了五年，一直惦念着司马相如的卓文君，时刻期望能够收到相如的信，可最后盼来的信上却只有十三个数字："一、二、三、四、五、六、七、八、九、十、百、千、万。"

文君想了很久才懂得丈夫要说什么，这十三个数字中，单单缺少"亿"，表明相如对她已无"意"。悲伤、痛苦的文君明白了以后，即刻回了封信给相如。

信上写着："一别之后，两地相思，说的是三四月，却谁知是五六年，七弦琴无心弹，八行书无可传，九连环从中折断，十里长亭望眼欲穿。百般怨，千般念，万般无奈把郎怨。万语千言道不尽，百无聊赖十凭栏。重九登高看孤雁，八月中秋月圆人不圆。七月半烧香秉烛问苍天，六月伏天人人摇扇我心寒，五月榴花如火偏遇阵阵冷雨浇花端，四月枇杷黄，我欲对镜心意乱，三月桃花随流水，二月风筝线儿断。郎呀郎，巴不得下一世你为女来我为男。"

卓文君明白了司马相如的心意以后，即刻回了封信给他。

司马相如看完信，心里觉得万分羞愧。他想：卓文君在我最困顿的时候嫁给了我，现在我飞黄腾达了，却想要抛弃糟糠之妻。他越想越觉得自己对不住痴心的文君，于是赶紧赶回家乡接文君到了长安。

才华出众，汉赋大家

汉赋是汉代主要的文学形式，而一直以来被人们所认可的汉赋大家首推司马相如。他生平写作了二十九篇赋，但只有《天子游猎赋》、《哀二世赋》、《长门赋》、《上林赋》等几篇传世，虽然很少，但在中国文学史上却占有不容忽视的地位。

《天子游猎赋》是司马相如的代表作，是中国文学史上能够全面表现汉赋特点的第一篇著作。

这篇赋开创了汉代大赋的基本主题，它的题材是园林宫殿，主旨是劝谏皇帝，通篇赞美了汉朝的强大，同时也嘲讽了皇帝的奢靡。

在形式上，这篇赋确立了汉代大赋的基本体制。它把复杂的句式、巧妙的对偶和排比手法运用得恰到好处，整篇赋气势恢宏。

《哀二世赋》则是中国赋史上痛斥秦朝残暴的首篇。通篇仅通过一百八十五个字，体现了作者的情致，与《天子游猎赋》的华美不同，此赋为抒情小赋的开山之作。

不过，历代文学家公认的司马相如最成功的作品是《长门赋》。全文是从一个遭受冷遇的嫔妃的角度写的。天亮时，君主应允她会在黄昏时再来，可是一直等到天黑，她还是没有见到君主。独守空房的她，内心满是对爱的盼望和失望。她独自登上兰台想要眺望君主的身影，却只看见四处飘散着云朵。天日窈冥，雷声轰隆，她以为君主的车辇来了，后来才知只是风卷残云。

此赋借景抒情，把女子的感情融和在了宫内外的景致当中。文中的女子感到了无限的孤独，因为她知道君主已经不会再来了，于是她只好寄无限相思于琴上，惹得听者恸哭。梦中她见君主就在身边，醒后却更加凄凉。

此赋采用骚体，全篇渗透着深沉、浓厚的情感，因此被认为是历代宫怨作品的先祖。

另外，《难蜀父老》、《美人赋》也是司马相如的作品。

司马相如为官时，非常淡泊名利，因此很少结交有权势之人。后来，司马相如因病辞去官职，回到了故里。公元前118年，司马相如病逝。

司马相如作为汉赋第一大家，是后世公认的汉赋的奠基人。

智圣东方朔

东方朔非常幽默，而且才华横溢，但是他在入仕之后，却并没有因此而受到朝廷的赏识，反而遭到鄙视。在武帝看来，他只是一个能够排解忧愁的弄臣，东方朔因此也就无法完全施展自己的才华。而他那些乖张的行为，如今看来都是他表现不满情绪的一种方法，也是他对于自己的才华无法被赏识的一种无奈。

毛遂自荐，出奇制胜

东方朔，祖籍山东陵县，字曼倩。他幼年时父母双亡，后来被兄嫂抚养长大。东方朔本人非常幽默、机智，而且擅长诗词歌赋。

汉武帝登基不久，就下令废弃百家学说，只尊崇儒家学说，同时他还让人们举荐有识之士。东方朔得知后，也来到长安自荐。他的《应诏上书》用了三千多片竹简写成，需要两个人才能抬动。武帝看完这些竹简，整整花了两个月。

他的上书中有这样的内容："十三岁那年，我开始读书，由于我勤奋好学，只用了三个冬天，我就把所有的文史典籍读完了；十五岁，我开始学击剑；十六岁，我开始读《诗》、《书》等著作共二十二万字；十九岁，我开始学习孙吴兵法，又读了相关著作二十二万字，算起来我已经读了四十四万字的书。如今，二十二岁的我，有九尺三寸的身高、如炬的眼睛、白而齐的牙齿，还有孟贲的勇敢、庆忌的矫捷身手、鲍叔的廉洁、尾生的诚信。辅佐皇帝，我这样的人应该有资格吧？"

诚然，在这个上书中，东方朔关于自己的描述有些夸张，但武帝见他的文章辞藻华美，还是称颂了一番。之后，武帝就令他在公车署中等待召见。

但是，武帝却失言了，他并没有召见东方朔。

一日，外出游玩的东方朔遇见了一个侏儒。他眉头一皱，有了主意，就对侏儒说道："你就快要死了！"

侏儒大惊失色，忙问道："为什么？"

东方朔答道："你长得这么小，活在这个世界上也没什么用处，何况你

中国那些事儿

秦汉

智圣东方朔

二〇九

又不会种地，又不会为官，更不用说指挥军队了。你这么没用，还挥霍了粮食，陛下就要下令杀死所有的侏儒。"

侏儒一听，当即痛哭了起来。

东方朔接着又说："你要是不想死的话，就要记得在皇帝来的时候磕头赎罪。"

偏巧武帝刚好路过，就见侏儒哭着前来磕头。武帝问道："你怎么了？"

侏儒答道："听东方朔说，皇上您要杀了所有的侏儒。"

武帝一听，立即召见东方朔，并问他此话何意。

东方朔说："有些侏儒最多只有三尺的身高，却有二百四十钱和一袋米的俸禄。我堂堂九尺男儿，也不过和他们待遇一样。我吃不饱时，他们却常常浪费粮食。皇上您现在在招揽贤士，你要是看重我，就应该给我相应的待遇；你要是不重用我，就让我回乡。免得我在这儿浪费粮食，又耗费时间。"

武帝听得大笑了起来，接着就封他为郎官，让他在身边侍奉自己。

东方朔对汉武帝说："陛下要是看重我，就应该给我相应的待遇；要是不重用我，就让我回乡。免得我在这儿浪费粮食，又耗费时间。"

诙谐幽默，智谏天子

一日，在宫中游玩的武帝将一只壁虎放在盆下，之后他就让大臣们猜里面是什么，大臣们都没了主意。东方朔就答道："应该不是蛇，因为蛇有脚；也不是龙，因为龙有角。它可以爬行在墙壁上，我猜它不是壁虎就是蜥蜴。"

武帝说："对了。"于是把十匹缎子赏给了他。

后来有一天，武帝的乳母求救于东方朔，原因是她犯了错，惹恼了武帝而被判了死罪。

东方朔说："我不能去劝他，陛下的心比较狠，我去了你死得更快。我可以想办法救你，但你要记住，临刑前你要时不时回头看一眼皇上。"

乳母于是照着东方朔的话，临刑前几次三番地回头看看武帝。东方朔见时机一到，就大喊道："你这老女人还不快点儿走，皇上已经长大了，不用你这奶妈来养活了！你还回头看什么呢？"

武帝一听，倒觉得东方朔是在骂自己。想想毕竟是乳母把自己喂养大的，现在怎么能将她处决呢？于是，他立即下令让乳母回来，并赦免了她的罪。

武帝喜欢带着大队人马出去游猎，因此常常踩坏百姓的庄稼，惹得百姓很不高兴。于是武帝在别人的建议下，就想建一个皇家林苑，专供皇帝和大臣们游猎，为此他特意选了一块很大的土地。

东方朔听说后，赶紧上书武帝，说道："要建这么大的林苑，周围的水土肯定就被破坏了。还有，百姓没有了这么一大片土地，接下来该靠什么来填饱肚子呢？这根本就是既不利民也不利国的做法。皇上还要拆了百姓的房子，毁了他们祖辈的墓地，才能建造林苑，那他们要住在哪里，死后又能葬在什么地方呢？建林苑只是为了取悦皇上，却损坏了百姓的利益，这样的事能做吗？"

这篇奏文写得情真意切，也让武帝放弃了建造林苑的想法，而且还封东方朔为太中大夫。

但是，这些并没有让东方朔成为有所作为的人。在武帝看来，东方朔只是用来解闷的，因此他对东方朔随意地呼来喝去，却几乎从不采用东方朔的一些政治意见。

汉赋大家，名作传世

东方朔也是当时有名的辞赋家，其代表作有《答客难》、《非有先生论》，这是他在晚年谏净失利后作的，也是他所有作品中成就最高的。这两篇作品使他在中国文学史上占有了一席之地。其中，尤以《答客难》著名。

《答客难》分两个部分：设难和答难。在设难部分，东方朔责难的是自己；在答难部分，他通过阐明德才共具的贤士反而不受重用，来说明品德完善的表现就是位低职小。东方朔在全篇开头就写自己的经历，并在安慰自己的过程中，犀利地嘲讽了当时的社会，借此来表达自己对不被重用的抱怨和愤懑。

东方朔虽然只是武帝用来解闷的人，但他同时也是一个有才华、有抱负、有颗正直之心的人。他无法实现自己的理想、抱负，实在是一种遗憾。

司马迁忍辱著史

公元前108年，司马迁继任了父亲的太史令之职，并开始撰写《史记》。后来，李陵投降了匈奴，司马迁因为为其辩护而获腐刑入狱。出狱后，他担任中书令一职，并接着撰写《史记》。公元前91年，司马迁终于写完了《史记》。《史记》是我国第一部纪传体通史，对后世的史学产生了深远的影响。

继承父志，担任史官

司马迁，祖籍陕西韩城，字子长。武帝时，他的父亲司马谈任太史令。

司马迁十岁时，开始学习古文书传，并跟着董仲舒学习《公羊春秋》，跟着古文家孔安国学习《古文尚书》。在这两位儒学大师的教导下，司马迁很快就在儒学上取得了一定的成绩。

另外，他的父亲司马谈还教了他星相、天文、占卜和道家黄老学说等知识，司马谈是对他的知识面影响最大的人。

司马迁二十岁时开始四处游历。他每到一处都要考察当地的风俗，还收集一些传说，很快他就游遍了整个中原地区和江淮流域。

司马迁知识广博，他擅长辞赋、散文，精通史学、经学、诸子学，通天文、律历、地理，还对医道、占卜、星相等有一些了解。这些都和他的远游经历有关，也大都来自于书本上学不到的知识。

不久，司马迁开始为官，并做了郎中，成了多次西巡的汉武帝的侍卫和扈从。在此期间，他还曾出使巴蜀。

司马谈于公元前110年去世。在临终前，他对司马迁说道："孔子写作《春秋》以后的四百年，诸侯割据纷争，这段历史也没人记录。我们史官最大的耻辱就是让一段历史湮没，没有把那些帝王将相的事情记下来。从周朝开始，司马家族的人就一直担任史官。我现在要走了，你一定要继续下去，把史书完成，才算完成我的夙愿。"

公元前108年，司马迁继承父业，担任了太史令一职，并借此饱览了皇室收藏的所有史料、档案和书籍。

不久，更改历法的工作就在司马迁的主持下开始了。当时有名的历算家、天文学家落下闳、邓平，天文学家唐都和他一起编订了我国首部历书《太初历》。

《太初历》于公元前104年完成，是以正月为年首阴阳相合的新历。这个工作结束后，司马迁撰写《史记》的工作就开始了。

直言获刑，忍辱著书

公元前99年，征战匈奴的李陵兵败被俘。没多久，就传来了他投降的消息。武帝勃然大怒，而前几天还在为李陵的勇猛而赞叹的大臣们，由于惧怕武帝，也都随波逐流地开始指责李陵。

一日，武帝征询司马迁的意见。司马迁一向就看不惯那些趋炎附势之人，就答道："匈奴有十万大军，李将军只有五千步兵，在这种敌多我少、援军不到、弹尽粮绝的情况下，他还能够成功地深入敌人重地，并多次把敌军的进攻挡住，已经证明了我大汉的实力，即使是古代的名将也只能做到这样了。虽然他最后战败，并投降了匈奴，但我觉得他只是想再次找到回报国家的机会。"

武帝大怒，他觉得司马迁是在袒护李陵，嘲笑劳师远征的汉军什么都没得到，于是决定用"腐刑"惩治司马迁。

腐刑不会让人丢了性命，但却非常残忍，因为它是一种割掉生殖器官的刑罚，这是每个有尊严的人都无法接受的侮辱。

起初，司马迁想一死了之，奈何父亲的夙愿还未完成，同时他也明白死要死得有意义，而历史上的很多贤士也都是在历经苦难之后才成就一番事业的。"文王拘而演《周易》；仲尼厄而作《春秋》；屈原放逐，乃赋《离骚》；左丘失明，厥有《国语》；孙子膑脚，兵法修列；不韦迁蜀，世传《吕览》；韩非囚秦，《说难》、《孤愤》；《诗》三百篇，大抵圣贤发愤之所为作也。"他在经过内心的煎熬以后，终于决定忍受屈辱而活着。

公元前96年汉武帝改元并大赦天下。此时，被赦出狱的司马迁已经五十岁了，他担任了中书令。旁人觉得他是"尊宠任职"，但司马迁不在乎这些，只把心思放在著书上。

公元前91年，我国首部纪传体通史著作《史记》终于完成了。

名作传世，万代扬名

《史记》全书以人物为主线，共五十二万字，一百三十篇，其中"本纪"十二篇，"世家"三十篇，"列传"七十篇，"表"十篇，"书"八篇。

"本纪"采用编年的方式记录君主的言行和政绩，它是《史记》全书的大纲。

"世家"叙述的是各诸侯王国兴衰的事迹。

"列传"是历史上重要人物的传记。

"表"用表格来统系史实、世系和人物。

"书"叙述的是制度的发展，包括礼乐、天文、经济、地理等内容。

其中，"本纪"、"世家"和"列传"是全书的主体。

《史记》主要讲述了从传说中的黄帝一直到武帝元狩元年（前122）的三千多年的政治、经济、文化等方面的历史，书中所涉及的人物包括众多帝王将相和凡夫俗子。

该书收集了散佚在民间的许多逸事，并总结了古今朝代更替的原因和道理。"究天人之际，通古今之变，成一家之言"是司马迁在《史记》中确定的修史准则。

《史记》记述史事时以社会为核心，因此它展现给后世的这部社会更替史非常庞大。这本书不仅开了纪传体史书的先河，还为中国史学著作提供了新的体例，对后世史学产生了极其深远的影响。

《史记》在文学史上亦占有非常重要的地位，"承前启后"是对它在散文史上的作用的概括。鲁迅先生也认为，《史记》称得上"史家之绝唱，无韵之《离骚》"。

司马迁（约前145～前90），字子长，我国西汉伟大的史学家、文学家、思想家，所著《史记》是中国第一部纪传体通史，被鲁迅称为"史家之绝唱，无韵之离骚"。

音乐家李延年

李延年是武帝时知名的音乐家。年少时，他因触犯法律而获腐刑，随后做了太监，负责看管宫内的狗。后来，武帝觉得他歌舞能力出众，因此封他为乐府协律督尉。除了擅长歌舞，李延年还精于音乐创作，他有着很高的作曲水平和高妙的创作技法，司马相如等人也常常找他为自己的诗词配曲。李延年还整理了大量的民间乐歌，并为它们重新谱曲，使得这些乐歌在民间广泛流传，极大地推动了当时民间乐舞的发展。

出身倡家，精通音乐

李延年，祖籍河北定州。他生于倡优之家，家中人都是乐舞艺人，皆精于音律。李延年年少时因触犯法律而受到了腐刑，后来就到宫内做了太监。他能歌善舞，精通音律，因此武帝非常赏识他。

一日，李延年作了一首新歌："北方有佳人，绝世而独立，一顾倾人城，再顾倾人国。宁不知倾城与倾国，佳人难再得。"

武帝陶醉在美妙的乐曲之中，就问道："这样倾国倾城的绝代美女这个世界上真的有吗？"

武帝的姐姐平阳公主听了这话，就答道："陛下大概不知道，李延年的妹妹就是这样的佳人。"

武帝一听，非常高兴，忙命人召李延年的妹妹入宫，她就是日后的李夫人。

李延年因为妹妹的入宫而飞黄腾达，成了专门管理皇室乐器的"协律都尉"。

武帝十分宠幸李夫人，李家的地位也就更加显赫。再加上武帝本身就很欣赏李延年的音律才能，所以非常看重李家人。

除了能歌善舞之外，李延年也擅长创作音乐，他有着很高的作曲水平和独具特色的技法，所以很多文人包括司马相如都让他为自己的辞赋配过曲。

他还擅长把古曲翻新，在我国历史文献上，最早标明作者姓名和乐曲名字的就是他创作的乐府仪仗之乐曲。此曲是他用张骞从西域带回来的《摩诃兜勒》重新编成的，而李延年也因此成了名副其实的可以对外来音乐进行改编的音乐家。

另外，他还为武帝创作了十九首用于皇室祭祀的《郊祀歌》。

李延年还极大地推动了民间乐舞的发展，他重新整理、编配了乐府收集的很多民间乐歌。改编后的民乐受到了广大民众的欢迎。

李延年在音乐上作出的主要贡献就是促使汉代形成了自己的音乐风格，并影响了我国后来的音乐发展方向。

无辜受累，惨遭杀害

起初，武帝一刻也离不开李夫人。不久后，李夫人就生了一个儿子。李延年自然就和武帝更加亲近了，他们经常一起进出。

可是好景不长，李夫人突然得了重病。武帝常常去看望李夫人，可每次都看不见李夫人的脸。几次下来，武帝忍无可忍，于是在再次看望李夫人的时候就要求看她一下，可最终还是被李夫人拒绝了。

宫女见此情景不解地问道："夫人，皇上来看您很多次了，可您为什么不让他见您呢？"

夫人答道："我是因为容貌娇美才得到宠幸的。现在，我得病数日，美貌早已不在。如果皇上看见我这样，或许会更不高兴，我死了，也就更不会想念我了，我的家人就更加不会得到关照了。现在皇上没看见我的容貌，我死后他自然还会想念我，也就可以多照料我们李家。"

李夫人死后，武帝确实很想念她，安葬她的时候还用了皇后的礼仪。可自此以后，武帝却渐渐不再宠信李家了。

没多久，有人告李夫人的弟弟李季胡作非为，淫乱后宫。李季被判了死刑，李延年也被连累，进了大牢。但对此武帝并不满意，还想要追究征战匈奴的李延年的弟弟李广利的罪责，李广利得知消息后就降了匈奴。武帝知道后，盛怒之下处死了李家的所有人，李延年也没能幸免。

在古代，倡优的地位很卑微，始终被看成是下九流，那些欺世盗名的正派人物只把音乐当作娱乐工具，很少有人真正关注音乐。而李延年这个后宫的乐者，也因为出身于"倡优之家"，而成为后人诟病的对象，这不能不算是一种悲哀。

思想家扬雄

扬雄，西汉末年著名的文学家、思想家、儒家大师。他才华卓越，知识广博，平生只好写作，不喜追名逐利，除了写诗作赋外，他还分别仿照《论语》、《周易》写了《法言》、《太玄》二书。宋代司马光称他是在孔子之后能够超越荀子、孟子的一代儒学大师。

淡泊名利，精于辞赋

扬雄，祖籍四川成都，字子云。他口吃，不喜辩论，但广览书籍、精于思考。他虽清贫，却不喜名利。游历京都的时候，他已经四十岁了。

后来，大司马王音赏识他的才华，封他为门下史，接着又举荐他当了待诏。随后，由于乡人杨庄的举荐，他成了喜好诗词的汉成帝的侍从。汉成帝每次外出祭拜、打猎，都会带着扬雄。

任侍从期间，扬雄主要为成帝作赋。但扬雄其实并不想为官，他只想当个专门的文人，只要有俸禄就行，于是他就把自己的想法告诉了皇上。成帝欣喜，批准他可以随时在皇室的书馆里读书，并且还保证他一生都能拿到朝廷的俸禄。

扬雄最终实现了自己的愿望，成了一个专门的文人。成帝非常喜欢的《绣补》、《灵节》、《龙骨》就是他在这之后的一年内写成的。

扬雄十分欣赏前代的辞赋家，司马相如是他最尊敬的。他仿照司马相如的《子虚赋》和《上林赋》写成的《甘泉》、《羽猎》等赋，主要描述了盛大的皇族祭拜仪式，并含蓄地表示了嘲讽之意。这两篇赋华美壮观，构思和语言与司马相如的非常相似，因此后人就把他们二人并称"扬马"。

《解嘲》、《逐贫赋》和《酒箴》是扬雄所有赋中最出色的。他为了表达自己不想见风使舵而写了《解嘲》，并揭发了当时皇上奢靡、佞臣当道、钩心斗角的混沌局面，还深入地批评了贤士不被赏识，而无所作为的人横行朝廷的情况。

《逐贫赋》从质询自己的清贫出发，写自己的不得志。此赋主要采用四字句、风趣的手法、新奇的构思，使得沉重的不满之意表露无遗。

《酒箴》以咏物为主，主要通过说明水瓶虽质朴实用却易被破坏，酒瓶虽沉重无用却一直是国器，来表达自己愤懑的心情。

此外，《反离骚》、《广骚》和《畔牢愁》等是扬雄仿照屈原的楚辞而写的。他为悼念屈原写了《反离骚》，全文在悲悯屈原悲惨际遇的同时，借道家之语批评了屈原不舍功名的缺点，这也体现了扬雄的处世之道——明哲保身。

先作《太玄》，后著《法言》

扬雄在世时，为了躲避朝廷内外的争斗，就转而钻研天文历法。

后来，他在仿照《周易》而写的《太玄》中，称哲学的最高领域是"玄"。在他看来，天地互相作用产生万物，而天地的根源就是"玄"。他认为气的根基是"玄"，因此"玄"是"摛措阴阳而发气"。在扬雄的观点里，阴阳都在"玄"里，因此万事万物都是矛盾的统一体，它们互相转化。

他肯定"盛则入衰，穷则更生；有实有虚，流止无常"；因、革互换是万物变更的表现，因此要"因而循之，与道神之；革而化之，与时宜之。故因而能革，天道乃得；革而能因，天道乃驯"。其中，万物的连接关系是"因"，万物的革新是"革"。他说革新存在于连接过程之中，而革新过程中又包含连接，也就是"物不因不生，不革不成"。

《法言》是扬雄继《太玄》后写的一本书，共十三篇，是采取问对形式和语录结构所作的书。当时正处于百家争鸣、诸子都剑指孔子的时候。扬雄维护孔子学说，就结合百姓平常的疑惑，模仿《论语》的结构写了一本书。此书的准则是语言，因此谓之"法言"。《法言》中有很多儒家的精辟观点，如"人之性也善恶混，修其善则为善人，修其恶则为恶人"观点，就出自孟子阐释的性善论和荀子阐释的性恶论。《法言》用词谨慎，这也是扬雄写作时态度端正的结果，此作当时获得诸多好评。此书有"一词之褒胜于华衮，一语之贬严于五刑"的气势。那时蜀地的严君平、郑子真就因名字出现在《法言》上而被人们熟知，并千古流芳。据说，扬雄作此书时，有人为让自己可以出现在书中，公然重金贿赂扬雄，可扬雄断然拒绝了。

王莽即位后，扬雄受人牵连即将被捕，他想跳阁自杀，未果，后来郁郁而逝。

扬雄是辞赋家、天文学家，还是钻研易学的大家和淡泊致远的道家，他精于艺文辞赋、历法天文、阴阳占卜和黄老学说，是一个博学多才的儒士。他潜心研究古代贤人的思想，使自己在具备一定的艺术品德的同时，掌握了文字技巧，非常难得。

东汉王朝

绿林赤眉起义

王莽的暴政让寄希望于新政的老百姓苦不堪言，而连连发生的各种天灾更是给百姓带来沉重打击。老百姓在天灾人祸的双重打击下，终于揭竿而起，纷纷起义反对王莽政权。起义军受到了广大百姓的支持，一路下来不断发展壮大，没多久其势力就覆盖了全国。起义军中，声势最大的是绿林、赤眉两支。

社会动荡，绿林起义

王莽在位时，众多农民在激烈的土地兼并斗争中失去了自己的土地，成了徘徊于各地的流民，有一些成了强权地主的佃农，还有的成了奴婢。而王莽实行的托古改制，却引发了更大的暴乱，原因是这样的制度引起了贵族、地主和官僚的激烈反对。王莽又颁布了繁杂苛细的刑法和禁令，还连年征战边境的少数民族，又赶上天灾不断，没有出路的农民只好揭竿而起，纷纷加入起义大军。

公元17年，荆州（今河南南部、湖北中部、湖南西部）出现饥荒，人们只能靠沼泽地里的野荸荠果腹。可野荸荠根本不够人们食用，争夺也就出现了。这时出现了两个调解纠纷的人——王匡和王凤，他们是新市（今湖北京山东北）的名人，得到了大家的拥戴。他们二人组织起了附近的几百饥民，再加上一些投奔来的逃犯，建立了起义军队。

起义军被称为绿林军，他们把占领的绿林山（今湖北大洪山）当成基地，开始向周围的乡村发起进攻。几个月时间，起义军人数已经达到了七八千。随后，绿林军又击溃了前来围剿的王莽的两万大军。接着，他们趁机占领了好几个县城，并放出了监狱里关押的所有犯人，还打开官仓，分粮食给穷人。霎时间，起义军威震八方，投靠绿林军的贫苦之人越来越多，起义军人数骤增到将近五万人。

之后，由于绿林山出现了瘟疫，起义军只得兵分两路出山。其中的一路是下江（长江在湖北西部以下叫下江）兵，将领是王常、成丹，向西进入了南郡（今湖北江陵一带）；还有一路是新市兵，将领是王匡、王凤、马武，向北进入南阳。新市兵攻打随县时，又有了一支军队前来投奔，这就是平林人陈牧、廖湛的部队。

这时，汉室宗亲刘玄也来投奔陈牧的部队。刘玄因触犯法律逃亡在外。他投奔陈牧之初，地位很低。没多久，他的本族弟兄刘演和刘秀也开始率众反对王莽政权。这支以"复高祖之业"为口号的军队有七八千人，其中包括了强权地主、刘家宗室等。他们得到刘玄投奔了绿林军的消息后，也加入了绿林军。自此，在刘演和刘秀的辅佐下，刘玄开始逐渐强大起来。在绿林中，地主阶级渐渐掌握了领导权。

公元23年，刘玄在青阳被绿林军立为皇帝，建立了年号为"更始"的汉朝。王匡、王凤被封为上公，刘演受封为大司马，刘秀被封为太常偏将军。此后，绿林军又称"汉军"，拥有了更强的号召力。

赤眉起义，攻击官军

公元18年，山东人樊崇在莒县（今山东莒县东北）揭竿而起，只有百余人的起义军在占领泰山后，受到了周围民众的拥戴。很快，樊崇的老乡逢安、东海人徐宣、谢禄也带着部队加入进来，起义军人数骤增至几万人。他们以泰山为根据地，占领了山东境内的莒县、青州等地，势力发展到十几万人。他们一路斩杀官兵，收缴地主钱财，并重罚强权地主，拥戴他们的贫穷百姓也越来越多。

这支起义军由农民构成，他们没有标准的规章，没有口令、文书，也没有旗帜或是标志，将领和士兵和平共处。在他们中间，"三老"是最有权力的人，之后依次是"从事"、"卒史"。起义军内部为了表示平等，还互称"巨人"。这支起义军军纪严明，凡杀害民众的一律处斩，凡骚扰民众的一律受刑，因此得到越来越多的民众的拥护。

公元22年，新朝太师王匡（此非绿林军领袖）和将军廉丹奉王莽之命携十万大军围剿樊崇起义军。樊崇让士兵把眉毛染成红色，作为区别于王莽军队的标记。因此，樊崇起义军就有了"赤眉军"这个别号。

这一战中，王莽军队大败，王匡战败逃走，廉丹战死。之后，绵延几千里的山东、江苏、安徽、河南等省的广阔的边界地区，就成了赤眉军的活动区域。众多分支队伍，如青犊、铜马也不断加入进来，起义军有了更大的势力。

不久，樊崇率军归顺了称帝于洛阳的刘玄，还被刘玄封了侯。从此，绿林军和赤眉军一起反抗王莽的政权。

昆阳大捷

绿林军不断发展壮大，在刘玄做了更始皇帝之后，就变成了汉军。之后，刘演、刘秀受刘玄之命分别围攻宛县、昆阳。刘秀占领昆阳后，王莽的四十万大军来围攻昆阳，而刘秀所部不过万人。刘秀只好让昆阳的驻军盯住敌人的主力，然后让精悍的援军深入敌腹，终于成功地击溃了王莽军，为汉军围剿洛阳、长安颠覆王莽政权打下了基础。在中国古代战争史上，昆阳之战也是以少胜多、以弱胜强的著名战例之一。

攻打昆阳，义军被围

刘玄登基后，就命王凤、王常、刘秀围剿昆阳（今河南叶县）。他们在攻下了昆阳后，又直取邻近的郾城（今河南郾城）和定陵（今河南郾城西北）。接着，他们又做好了攻打宛城（今河南南阳境内）的准备。

此时，王莽知道刘玄已称帝，整日寝食难安，得知又有几座城池被夺，更是心急如焚，于是下令让王寻、王邑两将立刻带领大军，自洛阳直取昆阳。

王莽还派来了一个校尉巨毋霸，他是王莽千辛万苦才找到的一个巨人，有着极高的个子，牛一般粗壮的身体，他会训练虎、豹、犀牛、大象等猛兽，所以王莽让他带着一群猛兽一起上阵。

当时十几万汉军正在围剿宛城，位于昆水北岸的小而坚固的昆阳是其唯一的屏障。若昆阳失陷，汉军就会受到内外夹击。所以刘秀必须坚守昆阳，直到拿下宛城，否则就会功亏一篑。但是，当时敌我力量相差太大，昆阳的驻军只有八九千人，而王邑和王寻的军队加起来差不多有四十万人。

敌人的强大让昆阳的一些将领有了二心，他们觉得应弃城而去，四散驻兵，寻找机会。可刘秀却坚持守住昆阳，说："昆阳小但坚固，足以护住我们。倘若我们分开，就会被各个击破，那时我们就更难保全了。而且，宛城还没到手，若失去昆阳，宛城的汉军也一定被歼。"各个将领听从了刘秀的话，就以刘秀为主帅，制定了守住昆阳寻找援军伺机歼敌、消灭王莽军的战斗部署。刘秀命王凤、王常驻城，自己则携十三骑前去召集定陵、邱城等地的援军。

昆阳固然很小，可是却异常牢固。王邑以为自己人多兵器好就可以拿下昆阳，于是命人在十几丈高的楼车上向城内雨点般地射箭。城内的人走到哪都要用门板遮箭。王莽军攻城不成，就想挖地道进城。可惜昆阳的守军防守太严，王莽军根本就没有机会进城。

奇计巧谋，大败官军

不久，已经到达郾城、定陵的刘秀、李铁、宗佻准备全力回援昆阳。可是，有人却提出要分散驻扎，因为他们害怕强大的王莽军，更不想失去自己的妻儿、家财。刘秀耐心地说出了制胜的方法和条件，他接着说："倘若敌人战败了，我们就能拥有非常多的财物；倘若我们只是简单驻守，我们就必败，到时候连性命也将不保，更不用说妻儿、财产了。"大家听懂了其中的道理，马上召集了一万多兵将开赴昆阳。

刘秀先带领一千多名步兵、骑兵组成的先锋部队回到昆阳，并在离王莽军四五里远的地方设阵。王寻、王邑就让几千士兵前去应战。趁着敌军还没来得及摆好阵，刘秀就率先锋部队开始了进攻，很快就有几十个敌人死在他的剑下。

前来援助的人马到达的时候，见刘秀的先锋部队杀得激烈，也有了信心，几路大军一起杀到阵前，王寻、王邑见此情景只好撤退。汉军不停追击，越打越强。刘秀接着率敢死者三千人，冲向了王莽军的要部。王寻见只有这么少的人，根本就不在意。他亲率一万大军迎战刘秀，可是却败给了敢死队。没多久，王寻的队伍就自乱阵脚，而汉军则越打越勇，他们瞅准了王寻一顿乱砍，就这样要了王寻的命。

昆阳城内的驻军见王莽军败走，就倾巢而出，杀向了王莽军。此时的王莽军没有了将领，又被汉军内外夹攻，都乱作一团，军心大动。碰巧天上电闪雷鸣，暴雨倾盆，狂风肆虐，王莽军中的猛兽受到了惊吓，也乱作一团，怒吼着在军中乱窜，士兵被它们撞得七零八落。士兵们互相踩踏，死伤无数，而暴雨又使河水疯涨，还淹死了不少士兵。就这样，几十万人的军队全部溃败。

昆阳之战，刘秀立下了赫赫战功，随后汉军分成两队攻击王莽。一队主攻洛阳，将领是王匡。更始帝把刘秀派到了黄河北岸。北上后的刘秀，渐渐不受更始帝的限制。另一队向西入武关，将领是申屠建、李松。攻陷武关的析县人邓晔和汉军联手直奔长安，关中震惊。长安城内，百姓发动暴乱，攻入皇宫，杀死了王莽。汉军很快就攻陷了长安。

在中国古代战争史上，昆阳之战是以少胜多、以弱胜强的出色案例之一。此战汉军成功击溃了王莽军，为日后颠覆王莽政权奠定了基础。

刘秀复汉

　　新朝后期，在绿林军起义反抗王莽政权之时，汉朝皇室宗亲刘秀也发动了起义。昆阳大战中，刘秀给了王莽军重重一击，王莽政权的毁灭已不可避免。后来，刘秀和云台二十八将一起出生入死，东征西战，攻陷河北，收服王郎，降伏铜马起义军，并铲除了奸雄。接着，他统一全国，以洛阳为都，重建了汉室王朝，史称汉光武帝，刘秀由此成为中兴汉朝的君主。

扩充实力，自立为王

　　刘玄登基没多久，就把都城迁到了洛阳，第二年，又改迁长安。而赤眉军领袖樊崇在刘玄迁都洛阳时，带着二十几名将领来到洛阳，以表示自己对刘玄政权的信任。但是此时，出身于士族地主阶层的刘玄，开始显露出了他的阶级本性——淫乱奢靡。即位后，他整日在后宫饮酒作乐，还使计诱骗起义军的首领申屠建、陈牧和成丹进宫，并杀了他们。从此，起义军内部开始出现了分歧和斗争。樊崇为了使部下和睦，只好远离洛阳。接着，刘玄又对绿林军和赤眉军的一些将领进行攻击，比如王匡、张卬等，这使得农民军和更始政权之间的分歧越来越大。

　　刘玄迁都长安后，又想迁回洛阳，就让刘秀去修葺皇宫。刘秀到了洛阳，不遗余力地亲身监督工程。刘玄迁回，为了让刘秀去攻讨黄河北边的郡县，又给了已为破虏大将军的刘秀大司马的权力。

　　刘秀到了黄河北岸，为了获取民心，废弃了王莽的苛捐杂税，还放了囚犯。此时，河北的强权地主王郎称帝，并重金悬赏抓捕刘秀。公元24年，在逃亡了数月后，刘秀在信德太守任光、上谷太守耿况、渔阳太守彭宠的帮助下打败了王郎。后来，刘玄封刘秀为萧王，让他举兵回长安。刘秀的部将一听，赶紧对刘秀说："这个刘玄，搬到长安后只知道吃喝玩乐，全国的起义大军从几万到几十万的都有，他根本就拿他们没有办法，所以他也做不了多久的皇帝。现在，大王您铲除了王郎，只要召集一下，天下人都会投靠您，所以您不应该把天下拱手让给他，更不能听他的。"刘秀摇摇手，示意他们停止讨论，随后对刘玄的使者说："目前虽已灭掉王郎，但尚未平定河北，所以我还不能回去。"这样，刘秀没有回到长安，从此就和绿林军各奔东西了。

当年秋天，刘秀趁赤眉军和刘玄激战时，率部攻打铜马义军。起初，铜马军多次挑衅，刘秀都坚守不战。后来，刘秀派人切断了敌军粮道，并在敌军无粮撤兵之时追击，大胜。而后在蒲阳（今河北定县北），刘秀又俘获了铜马军首领，收编了铜马军全军。此战之后，刘秀的军队又多了十万人，士气渐增。

众望所归，称帝复汉

公元25年，部下马武建议刘秀称帝。刘秀装作很吃惊地问道："将军怎么会有这种念头呢？就不怕因为这大逆不道的话而被灭族吗？"马武答道："这可不是我自己说的，各个将领都这么说。"可是刘秀还是没有接受马武的建议，他还将众将领集合到一起，严肃地斥责了他们。

没多久，刘秀又找到冯异，向他打探各地军况。冯异猜到刘秀想称帝了，就说："刘玄一定会溃败的。现在，您身上系着整个国家社稷的安危，复建汉朝就要称帝。"刘秀答道："可是，我们还没有铲平各地的割据势力，自己也四面受敌，我怎么称帝呀？"部将耿纯一听，说道："我们这些将士告别家人，远离故土，整天跟随您东征西战，也不过就是希望建功立业，加官封爵。现在，天下三分之二的土地都归我们所有，又有精兵良将，正是大王该称帝的时候啊。倘若大王不这么做，那就会影响将士们的战斗气势，也会使军心不稳。"听完这些话，刘秀说道："我还要再想想。"

此时，各地也有不少人传言，说刘秀称帝是天命难违。刘秀知道了，也就不再推脱了。

25年夏天，刘秀称帝，年号"建武"，史称"光武帝"。同年秋，刘秀和部下攻陷了洛阳，并以此为都，此后的汉朝被称为东汉。

刘秀登基时，西边的更始政权和东边的赤眉军还在活动。另外，河南南部、安徽北部被刘永占领着，西北的甘肃、陕西、内蒙地区被隗嚣占领着，巴蜀、汉中地区则被公孙述占领着，他们的军事力量非常庞大，而其他大大小小的割据势力也在各地散布着。在接下来的十年里，刘秀先后消灭了赤眉军，打败了刘永、隗嚣、公孙述等所有的割据势力。36年，全国统一。至此，刘秀复建汉室的目标总算完成了。

刘秀极富文采武略，为人宽宏大量，是历史上有名的皇帝之一。他用兵时总有自己的谋略，精于以弱胜强，以奇取胜，一手打下了东汉的江山。他是推翻王莽政权、结束割据局面的关键人物，对历史发展作出了巨大的贡献。

一代贤后阴丽华

41年，刘秀废掉郭皇后，册封阴丽华为皇后。阴丽华从此全心全意地相夫教子、打理后宫，并且从不干涉朝政。更让人敬佩的是，她为了让光武帝能够全身心地处理朝政，不用为了外戚乱政而担忧，竭力束缚本家。阴皇后一生仁慈恭敬，谦虚谨慎，端庄大方，是后世公认的贤后。

美貌佳人，英雄好述

阴丽华，传说是管仲的后人，祖籍河南新野，出生于名门望族。阴丽华美若天仙，倾国倾城，她的美貌在当地无人不知，无人不晓，很多士族大家都希望她能成为自家的儿媳。但阴丽华有选丈夫的标准，她最重视的是这个人的抱负和才华，因此很多士族大家的儿子来提亲都被她找理由拒绝了。

那时，南阳的刘秀虽有高祖刘邦九世孙的头衔，却因家中衰败而不再是贵族了。父亲的早逝，使得他和两个哥哥刘演、刘仲只能暂居在叔父刘良家中。兄弟三人品德高尚，为人宽宏大量，又愿意帮助别人，因而在当地有一点名声。

刘秀早就知道阴丽华的美貌，也在心里发誓一定要娶到她。但是，刘秀也深知自己家不论是在名望上还是在势力上都不及阴家，因此他没有草率地前去提亲。

没多久，各地纷纷起义，反抗王莽的暴政。刘秀和哥哥刘演也举起了反抗的旗帜。几年以后，兄弟二人由于作战英勇，名望越来越高。

这时，刘秀麾下的阴氏兄弟也觉得刘秀定是个有前途的人，就说服家里人让阴丽华嫁给了刘秀。

不久，刘玄找借口杀了刘演。失去了哥哥的刘秀悲痛不已，而此时也只有阴丽华陪着他，安抚他。

没多久，王莽被害，刘玄迁都洛阳，并让刘秀平定河北的割据势力，但是却未给他军马。刘秀自然知道此事危险重重，就派人送阴丽华回到了故乡新野。

进驻河北后，刘秀发展势力的最大障碍就是王郎。王郎是一个懂得占卜的邯郸术士，在各地义军激战之时，谎称自己是汉成帝的后人，并自立为王，还掀起了很大的声势。

为了铲除王郎，刘秀不得不求助于河北军阀刘扬。但刘扬却希望刘秀娶自己的外甥女郭圣通，这样才能帮他。没有办法，刘秀只好娶郭氏为妻，并最终借助刘扬的十万精兵击垮了王郎，平定了河北的割据势力。

郭圣通是个貌似天仙的女子，又知书识礼，长时间相处下来，刘秀就对她有了感情。刘秀登基那年，她诞下一子，而此时刘秀已经三年没有见阴丽华了。

定都洛阳后，刘秀就让人接阴丽华过来团聚。

谦让自抑，皇后楷模

刘秀即位的第二年，想让阴丽华做皇后，可阴丽华认为郭圣通已生有一子，而自己还没有孩子，就让刘秀立郭圣通为后。刘秀感动于她宽厚仁慈的品德，就册立郭氏为后，并册封其子刘疆为太子，阴丽华则做了贵人（东汉妃嫔封号之一，仅次于皇后）。

这时，刘扬出兵发动叛乱，但很快就被平定了。刘秀想借此机会废掉郭皇后，立阴丽华为后，可还是被阴丽华谢绝了。

她说道："当年在皇上最艰难的时候，郭皇后家族帮了您。现在，她舅舅发起了叛乱，可郭皇后并没有过错。"因此她不同意做皇后，刘秀只得让郭圣通继续做皇后。

统一全国后，刘秀封阴丽华的哥哥阴识为原鹿侯。阴识为人正直，在朝就说政事，出朝和客人交谈的时候从不议论国家大事。刘秀非常赏识他，还经常以他为榜样来教训皇亲国戚："你们都该好好向国舅阴识学习。"

当时，阴丽华的另一个兄弟阴兴被升为侍中，还被封为关内侯。可他看着备好的印绶，却决意推脱道："臣自认为没有什么功绩，倘若受此爵位，天下人都会觉得不公，臣不想看到这些。"

后来，阴丽华问他为什么要那么说。

阴兴道："盛极而衰，贵人知道这个道理吧？作为外戚，就要知谦退，这样才会避免祸患。"

33年，无名盗贼杀害了阴丽华的母亲和弟弟。刘秀觉得自己对不起阴家，就下诏再一次封赏了阴家，还命朝中官员前去吊唁，且在诏书里透露了当年只有几个人知道的阴丽华拒绝做皇后一事。

阴丽华一生谦虚贤惠，从不干涉朝事，她为了不让刘秀为外戚担忧，专心处理朝政，处处限制自己本家人。

从那以后，郭皇后就开始处处刁难阴丽华。可阴丽华却以大局为重，事事忍耐。

41年，刘秀终于无法忍受郭皇后的所作所为，废掉了郭皇后，立阴丽华为后。刘秀在诏书里，说郭圣通是和吕雉、霍成君一样的人，而且觉得自己误了阴丽华的人生。

阴丽华后来努力安抚郭皇后和郭家，同时也劝太子刘疆不要将此事放在心上。就这样，郭家提早有了"皇太后家族"的礼遇和爵位。朝廷下了一道道的圣旨，接连封赏了郭圣通的哥哥郭况、侄儿郭璜、堂哥郭竟、堂弟郭匡、叔父郭梁的女婿陈茂。

在中国历史上，也只有郭圣通是被废后没有被打入冷宫却还始终受到尊敬的皇后，而郭家也成了唯一没有因为失去靠山而遭受惩罚反而始终享受高官厚禄的外戚家族。

郭圣通被废后，太子刘疆终日惶恐，后主动让出了太子之位。刘秀去世后，阴丽华的儿子登基成了汉明帝，阴丽华也成了皇太后。但她依旧怀着悲悯仁慈之心，还叮嘱自己的后人要好好对待郭氏家族。汉明帝刘庄及其子汉章帝刘炟都按要求做了。章帝北巡经过真定郭家时，还特地依照阴丽华所托和郭家人聚会，并把万斛粟米和五十万钱赏给了他们。

64年，阴丽华病逝，终年六十岁。

阴丽华一生谦虚贤惠，从不干涉朝事。她为了不让刘秀为外戚干政担忧，专心处理朝政，处处设法限制自己本家势力。古代皇帝中，很少有几个皇帝能拥有幸福的婚姻，而刘秀和阴丽华的美满婚姻却让别人羡慕。这自然有刘秀宽宏大量、情感专一的原因，但最重要的则是因为贤惠的阴丽华具有恪守本分、温柔谦恭的品德。

云台首将邓禹

　　"云台二十八将"是帮助光武帝复建汉室的著名将领，汉明帝为了纪念他们，命人在南宫云台阁画了他们的画像，其中为首的是战功赫赫的邓禹。早年，邓禹是光武帝的平民朋友，刘秀起义后，他就前去投靠。他帮助刘秀平定了河北，后来还在一些关键性问题上出谋划策，为刘秀恢复汉室统治作出了重要贡献。

追随刘秀，出谋划策

　　邓禹，祖籍河南新野，字仲华。他自幼就很聪明，长大后去长安游学。当时刚好刘秀也在长安学习，于是两人就成了好友。邓禹游学结束后返回了故乡。

　　刘秀被刘玄派到了河北后，在邺（今河北临漳西）见到了赶来的邓禹。邓禹剖析了天下的形势，认为刘玄自身犹豫不决，属下也多追名逐利，因此更始政权很难长久。他还觉得刘秀应该广招贤士，聚揽民心，复建汉室，解救百姓，因此得到了刘秀的器重。邓禹任人唯贤，因此刘秀在任用将领之前都会询问他的看法。

　　在清阳阻击铜马义军之时，盖延兵败，铜马军围困了清阳。邓禹到达后，大败铜马军，还捕获了敌军的将领。

　　刘秀军平定河北后，赤眉军正在攻打长安，刘秀觉得这是个收复关中的好时机，可那时河北刚刚平定，自己还不能离开，于是他就派邓禹担此重任。

　　他命邓禹携两万良将西取关中，还让他随意挑选帮手。邓禹挑选了得力干将，包括军师韩歆、祭酒李文、李春、程虑，积弩将军冯愔，车骑将军宗歆，建威将军邓寻，赤眉将军耿欣等人，向西挺进。

　　公元25年，邓禹携西征军离开箕关，进入河东（今山西境内）。河东都尉拒绝打开城门，邓禹用了十天就攻占了河东，还得到很多物资。

　　随后，他又追攻安邑（今山西夏县西北），却数月未果。刘玄的大将军樊参携几万人马前来援助安邑。邓禹命属下前去阻拦，最终敌军惨败，樊参被斩。此事震惊了更始王朝，刘玄急命权臣王匡、成丹、刘均率几万人马兵分几路攻打邓禹。邓禹首次作战战败，他的属下认为应该趁夜撤退，可邓禹认为以后的战役才能决定胜负，因为首战让他了解了王匡军队的弱点，那就是人虽多但势力弱。

翌日，邓禹下令：即使有敌军来挑战，也不要轻举妄动。王匡见此情景，就草率地来到了邓禹的营帐前。

这时，邓禹急令属下击鼓进攻。从营内杀出来的士兵大败敌军，并俘获了刘均，王匡只好逃走。汉军还获得了数不清的兵器、五百多枚将领的印绶和其他东西。之后，河东很快就被平定了。

随后，刘秀登基，封当时年仅二十四岁的邓禹为万户侯、大司徒。

运筹帷幄，功高盖世

接着，邓禹渡过黄河，又打败拥有十万人马的刘玄的中郎将公乘歙，铺平了前去关中的道路。

那时，赶走了刘玄的赤眉军已经占领了长安，可他们的纪律和更始军一样差，使得民众不知道到底可以信赖谁。而邓禹的军队纪律严明，一路从不强取豪夺，邓禹还抚慰沿途投靠他们的众多民众。因此各地驻军纷纷投奔邓禹，大军越来越壮大。

邓禹的属下认为他应该尽早进入关中，占领长安，但是稳重的邓禹却说道："我们的军队规模虽然逐渐壮大，但是大多数人都没有什么作战本领。而且，我军的军粮、物资供应也更加吃紧。可赤眉军却不同，他们占领的关中很富足。他们不可能放着这么好的地方不要，肯定会坚持和我们作战，倘若此时进军，我们必败无疑。但是有一点要注意，赤眉军都是一些流寇，他们烧杀抢掠完后自然会逃窜到别的地方。所以我们要先占领地大人稀、粮足畜多的北地三郡，一来可以养兵，二来可以查探关中的情况，等待时机，这才是上上策。"随后，邓禹就携军北进栒邑（今陕西旬邑县）。

光武帝见邓禹久不出兵攻打关中，就下旨敦促他。可邓禹一直坚持自己的想法，他命人占领了上郡（今陕西东南）的一些县，并让冯愔、宗歆两将军驻守栒邑，而他自己则携重部打下了北地（今甘肃庆阳和宁夏吴忠地区）。

这时，冯愔、宗歆开始夺权内斗。冯愔用计除掉了宗歆，怕自己受罚，就率部下反叛邓禹。

于是邓禹派人去向刘秀讨教计策，刘秀就向使者询问谁是冯愔的挚友，使者回答是护军黄防。刘秀遂认定黄防和冯愔一定有矛盾，就让使者回复邓禹道："不用担心，有一天，黄防一定会亲手擒住冯愔。"

果然，一个月后，冯愔真的被黄防所擒。

又过了两个月，赤眉军在长安内斗起来，其主力部队只好西进扶风（今陕西兴平东南）。邓禹得知长安内虚，命令将士急速前往，不久就攻下了长安。

刘秀让使者回复邓禹道："不用担心，有一天，黄防一定会亲手擒住冯愔。"

那时，有个势力很大的地方武装，首领是延岑。他喜欢单独行动，因此赤眉军和刘秀军都无法让其归顺。邓禹对他进行了攻击，可因为不了解周边的地势，在短时间内没有打败延岑。

赤眉军失了长安，打算进驻陇右。可此时隗嚣却占领着陇右，赤眉军进攻不成后，就又返回关中。

正在攻打延岑的邓禹遭到了赤眉军的突袭，两面被敌军牵制，汉军粮草奇缺，战士们每日靠野枣、野菜果腹。在这样艰难的情况下，早前归顺邓禹的一些人也都相继离开了。

后来，刘秀委任冯异为帅，才顺利地大败赤眉军。

36年，天下一统后，光武帝奖赏有功之臣，邓禹也被封为高密侯，位列二十八位复国将领之首。58年，五十七岁的邓禹因病去世，谥元侯。

邓禹虽是云台第一将领，但功绩却比不过其他人。只是因为他是刘秀的挚友，又常常给刘秀出谋划策，因此才获此殊荣。当然，他在刘秀复建汉室之时也的确作出了重要贡献。

吴汉力挽危局

常胜将军吴汉是"云台二十八将"中的第三名。他善于用兵，足智多谋，败不弃胜不骄，且总能在最危难时挽救局面，为东汉的大一统作出了杰出贡献。他在二十几年的军旅生活中，大败铜马、青犊等义军，并肃清了王郎、刘永、董宪、隗嚣等割据势力。他曾担任过偏将军、大将军、大司马，最后被封为广平侯。

劝降彭宠，担当重任

吴汉，字子颜，生于河南南阳穷苦之家。他朴实厚道，但不喜辞赋。少年时，他还是当地的亭长。新朝后期，其门下宾客触犯了法律，他害怕自己被牵连，就流亡到渔阳（今北京密云），靠买卖马匹生活。他时常在河北、北京等地穿梭，因此与各地的英豪义士私交很深。

刘玄登基后，命南阳人韩鸿赶往河北的各州郡招降纳附。韩鸿见过吴汉后，非常赏识他，就借刘玄之名，让其任安乐（今北京顺义）县令。

当时，河北地区的王郎假托自己是汉成帝后人，占据了邯郸，而刘秀也凭更始王朝大司马之职统辖着河北，河北各州郡的新朝旧吏万般犹豫，不知该投向哪边。吴汉早年就知刘秀惜才，便决定归顺刘秀。他还成功说服想建功立业的渔阳太守彭宠归顺刘秀。彭宠派吴汉率上谷郡将士一起南下与刘秀会师。一路上，吴汉携部下把王郎在幽州各处的将领都杀了，最终和刘秀会师于巨鹿广阿（今河北隆尧县东）。之后，由于邓禹的大力推荐，吴汉被刘秀封为偏将军，并被派去率骑兵围剿邯郸。没多久，邯郸就成了吴汉的囊中之物。

之后，因兵源不足，刘秀计划去幽州征兵，但害怕刘玄的幽州牧苗曾从中作梗，便向邓禹征询前往征兵的最佳人选。邓禹力荐吴汉，他对刘秀说："此人骁勇，且足智多谋，这些将领中没人能及得上他。"因此刘秀就封吴汉为大将军，命他在幽州的十郡征召骑兵。苗曾知道后，果真暗中作了军事安排。可到了幽州的吴汉却先他一步制定了对策，他先和侍从去了苗曾的守地。苗曾见他只有几个侍从跟着，觉得他不会就此行动，就亲自在城门接待他，吴汉则趁机命侍从杀了苗曾。幽州各郡得知后都乱了阵脚，接着，吴汉命所有兵马南去刘秀驻守的清阳（今河北清河县东南）等候命令。

24年，在更始王朝的尚书谢躬北上征讨农民军之时，刘秀命吴汉、岑彭攻取邺城（今河北磁县南）。此时，更始王朝驻守邺城的只有大将刘庆和魏郡太守陈康，其他将领都随谢躬北上讨伐农民军去了。吴汉想迅速攻下邺城，就先命人进城劝降，使得陈康归顺。之后，吴汉又趁机除掉了兵败返回邺城的谢躬，最终在不损一兵一卒的情况下，占领了邺城，还收编了几万人马。

吴汉经常率领骑兵跟着刘秀出生入死，北上攻打铜马、重连、高湖等农民军。河北被攻克后，吴汉又和各将领力劝刘秀称帝。刘秀登基后，吴汉因功高而被升为统率全军的大司马，并被赐号舞阳侯。

东征西讨，屡立战功

26年，吴汉击败檀乡农民军，十几万人马归降。刘秀得报，赐封吴汉广平侯之号，并封赏田邑。不久，吴汉又挥军南下，平定了河内郡各处割据势力；之后，他直取南阳，占领了刘玄统治下的宛、涅阳（今河南南阳市西南）、郦（今南阳市北）、新野等县。随后，他又在新野大败秦丰军，接着率部同冯异军向北击败了新安（今河南渑池县东）的铜马、五幡农民军残部。

27年，驻守在河内郡轵县（今河南济源市南）地区的青犊农民军被吴汉、建威大将军耿弇、虎牙大将军盖延率部击败，最终只得归降汉军。接着，占领梁地（今河南东部）的梁王刘永也被吴汉、骠骑大将军杜茂、强弩将军陈俊等打败，大将苏茂也被困广乐（今河南虞城北）。之后，吴汉又率轻骑对抗前来援助刘永的大将周建的几万大军。首战告败，吴汉的膝盖也因坠马而受伤，只得回营调养，将领们对他说道："现在敌军就在眼前，主帅又受了伤，会不会动摇军心呀？"吴汉听了，包扎好膝盖就宴请军士，全军士气顿盛。第二天天刚亮，吴汉军就受到了苏茂、周建的围剿。吴汉以精兵为前锋军，奋勇杀敌，最终战胜了敌军，苏茂、周建丢城逃走。

29年春，吴汉携精兵攻下了渤海。第二年春天，他又占领朐城，杀董宪。39年，吴汉将五万多雁门、代郡、上谷人迁往居庸、常山关以东，匈奴也遭到了吴汉、扬武将军马成、捕虏将军马武的袭击。

南征北战中，吴汉也吃过败仗，但决不会因此一蹶不振，而是鼓励将士再战。一次战败后，光武帝命人查探他的反应，差人回报吴汉正在修整兵器。刘秀因他处变不惊而愈加器重他。吴汉能屡次反败为胜，靠的也是这个优点。

44年，吴汉病逝。吴汉一生节俭，从不过多置办土地家宅，他做事果断、勇敢，为东汉的统一立下了赫赫战功。

大树将军冯异

"云台二十八将"中的冯异是东汉的佐命虎臣，他为复建汉室、统一天下作出了巨大贡献。他是个有勇有谋的人，因此常常作为先锋出战；他还协助刘秀严肃军纪，关心百姓疾苦。他为使刘秀聚拢民心，占领河北，提出了宽待囚犯、同民共利的计策。他还是个谦卑之人，从不因功骄傲，别人讨论谁的军功最大时，他就躲在树下休息，从不参与讨论，因此得了个"大树将军"的名号。

投身汉军，因功封侯

冯异，祖籍河南宝丰，字公孙。他自幼就好诗书，并精通《左氏春秋》和《孙子兵法》。新朝后期，他任颍川郡郡掾，和苗萌一起驻守父城。

22年，攻打颍川的刘秀怎么也拿不下父城，后来侥幸捉住了在父城属县巡游的冯异。此时，在刘秀帐中做事的冯异从兄冯孝和冯氏族人都大力推举冯异。冯异也同意归顺刘秀，同时还允诺只要刘秀让其回到父城见母亲，就把五县送给刘秀。没多久，冯异果真说服苗萌一起投靠了刘秀，而他举荐的铫期、叔寿、段建等人也在建立东汉的过程中立下了汗马功劳。

后来，刘秀想去治理河北，但刘玄属下都认为不妥。这时，冯异就劝说刘秀去交好左丞相曹竟的儿子曹诩。没多久，在曹诩的帮助下，刘秀顺利地被派往了河北。刘秀到达河北后，冯异建议他借机聚揽民心，扩大自己的势力范围。刘秀听取了他的提议，到达邯郸后，就命冯异和铫期巡游各处，安抚当地群众。他们一路上开释囚犯，帮助孤寡老人，并不再处罚犯法而自首之人。就这样，民心渐渐向刘秀聚拢。

23年冬，邯郸的王郎起兵造反，当地民众也都支持，有人悬赏黄金十万取刘秀首级，刘秀带着一百多人迅速南下。沿途险情不断，他们不能进城，只好在郊外食宿。到了河北饶阳无蒌亭时，北风呼啸、大雪不期而至，将士们饥寒交迫。后来，冯异在临近的村落为刘秀讨得了热豆粥一碗。第二天一早，刘秀就对部下说道："我已不再感到饥寒，这全仗着昨夜冯异送来的热豆粥。"

谦让不夸，战功卓著

冯异一向谦恭，从不居功自傲。他的军队以军纪严整享誉全军。每次安营扎寨时，将士们喜欢聚集起来争论谁的战功最大，此时冯异就独自躲在树下歇息，因此将士们就称他为"大树将军"。王郎被打败后，刘秀重新制定了作战计划。很多将士都想做冯异的手下，因此刘秀十分器重他。

接着，在刘秀和刘玄分道扬镳之时，冯异也在北平（今河北满城北）大败铁胫农民军，并逼降匈奴于林闿王。之后，刘秀想要收复并州，直取河北北部，为避免腹背受敌，就封寇恂和冯异为河内太守和孟津将军，一起抵御驻守洛阳的拥有三十万军马的更始王朝的李轶和朱鲔。查得朱鲔、李轶素来有怨，冯异就先写信告诉李轶目前的情况，劝他不要和刘秀作对。李轶抵不住劝说，给冯异回信承诺，自此不再抵抗冯异，这使得冯异顺利占领了一些郡县。此后，冯异又将此事告知刘秀，刘秀有意透露给朱鲔，致使李轶被朱鲔所杀。接着，朱鲔遣苏茂攻打寇恂，自己则亲征冯异。在冯异的属下援救寇恂并大败苏茂之时，冯异也战胜了朱鲔。此战结束以后，刘秀登基称帝。

公元26年，光武帝封赏功将，冯异因此成了阳夏侯。当时，关中民不聊生，本已占领汉中地区（今陕南）的延岑又起兵袭击长安西部，各郡县强权地主相继持兵自保，而缺少军粮的赤眉军士兵也大多想向东回归。刘秀则命冯异代替在关中驻守多日而无战功的邓禹进入关中，掌管关陇地区的军队。刘秀亲身送冯异到了河南，把七尺宝剑赐给了他，说道："此次出兵，不要你占城掠地，只要你安抚民心。别的将士虽然也会打仗，却总在作战中抢夺民众的东西。你的属下都很听从你的吩咐，所以你去那里，关中的百姓就可以远离疾苦。"冯异领命直奔关中，一路上，他善待百姓，得到了百姓的信任。

那时，关中被一些割据势力和强权地主所占据，延岑离开关中北上后也自立为王，自称武安王。他集结了一些地主武装来围剿冯异，冯异带将士大败延岑，延岑只得从武关（今陕西河南边境）逃到南阳，而残余的强权阶级则相继归顺于冯异。三年过后，关中终于被平定了。

期间，有人奏明光武帝称冯异想拥军自立于关中。光武帝给冯异看了奏章，冯异赶紧向武帝表明心意，以感谢光武帝对自己的信任。后来，冯异还进朝与光武帝一起探讨铲除公孙述的策略。之后，光武帝让冯异和他的妻子一起返回关中。

34年，长久以来一直带病坚持打仗的冯异，终于不支，在军中逝世。

耿弇平齐

新朝后期，以山东琅琊人张步为首的数千民众起兵造反，不断攻城略地。27年，张步将刘秀派来的使者杀死，自封为齐王，势力更加强大。刘秀铲除赤眉军后，张步势力就成了他最大的敌人。29年，刘秀命云台二十八将之一的耿弇去攻打张步。耿弇采用出奇制胜、避重就轻等办法成功铲平齐势力，使得张步也归顺了东汉王朝。

少年有为，深谋远虑

耿弇，祖籍陕西兴平，字伯昭，新朝后期的上谷郡太守耿况是他的父亲。他少时就已学《诗》、《礼》，更因刻苦学习而闻名。他非常喜欢郡中每年年末的郡试和军事演习，因此很小就开始学习骑马、射箭，更希望做将领，并逐渐成长为一个有文韬武略之人。

刘玄即位后，即命将士去各郡县设立军事驻地，他们中的一些人就借此把郡中的很多官员给撤了下来。耿况因为自己是王莽的旧吏而倍感焦虑，于是就让年仅二十一岁的耿弇带着礼物去面见刘玄，以求保住自己的官职。

耿弇半路上得知王郎自立为帝，侍从就劝他归顺王郎。耿弇却觉得王郎不过是个叛国之人，不值得投靠。可侍从们却不这么认为，他们全都投靠了王郎。

此时，耿弇得知刘秀正在河北地区作战，就决意去见刘秀。刘秀见过耿弇，觉得此人年纪虽小，却志向远大，就命他为门下吏。

一次，耿弇面见护军朱佑，提议要想平定邯郸就要先攻打上谷。刘秀知道此事后，更加看重耿弇，因此常给他赏赐。

没过多久，刚到蓟县的刘秀军队遭到了王郎军队的追击。刘秀身边不足一百人，只得计划南下逃亡，于是就召集属下商讨对策。

耿弇说道："此时我们不能南下，因为那里有追兵。主公，您的老乡是渔阳太守，我的父亲是上谷太守。只要得到这两个地方的帮助，我们就能掌控几万兵马，也就无需在意邯郸的王郎了。"

刘秀的得力将领一致反对，但刘秀却准备接受耿弇的建议。

不料，当天夜里，刘秀面对追随王郎的蓟县强权地主的追捕，只得仓皇南下，其属下也都四散开来。

和刘秀走散的耿弇逃回了上谷，并劝父亲让寇恂去渔阳和彭宠立下各发两千骑兵和一千步兵的约定。之后，耿弇、景丹、寇恂和渔阳郡的士兵一起南下，一路上杀死王郎的大将、九卿、中山、校尉等官员四百余人，缴获一百二十五枚印绶、两枚节杖，杀死三万敌军，使得涿郡、中山、巨鹿、清河、河间等二十二县被平定。不久，众人最终赶上了刘秀。

之前，上谷、渔阳两郡的兵马来救王郎的谣言四处流传。将领们为此都很担忧，可刘秀却认为一定是耿弇来投奔自己了。

刘秀见了耿弇，立即封耿弇为偏将军，让他依旧统帅原来的士兵，还任命耿况为大将军，并赐号兴义侯。

之后，耿弇等人就开始攻打邯郸。

平定齐地，战功显赫

没过多久，耿弇建议刘秀离开刘玄，自己占领河北，争取统一天下。他对刘秀说道："我觉得您应该一统天下，现今刘玄为帝，他的家人亲戚也在长安胡作非为，而山东的各将领则各自为政。进而可知，刘玄的政权一定不会长久。"

刘秀非常欣赏他的观点，因此封耿弇为大将军。接着，在耿弇等人的帮助下，刘秀平定了铜马、青犊等农民起义军。

刘秀即位后，又封耿弇为建威大将军，并赐号好畤侯。随后，邓奉、延岑等割据势力也相继被耿弇击败。

公元29年，耿弇上奏光武帝表示自己愿意进攻齐地，并立誓除掉齐王张步。此时，费邑大军受张步之命驻守历下（今山东济南），分一部驻守祝阿（今山东长清东北），并扎营于泰山到钟城（今泰山北）的路上。耿弇却取道黄河，绕开了这道防线，向祝阿进攻。在攻城前，耿弇使计假意放祝阿城内驻军向钟城逃去。跟着，钟城驻军也溃败而逃，费邑只好让弟弟费敢撤到巨里（今属济南）。

没多久，耿弇就到了巨里城下。大军在城外安营扎寨后，耿弇命将士迅速备好夺城兵具，并扬言在三天后攻陷巨里。他还命将士埋伏在从历下至巨里的路边，准备攻城时伏击前来帮助费敢的援兵。

三天后，费邑真的前来援救弟弟。得知此事后，耿弇率军从高处突袭援军，并最终杀死了费邑，以其人头威胁城内守军。惊慌失措的费敢和属下只得丢城逃走，耿弇则趁机占领了城池。

刘秀来抚慰前线的将士，对将士们说道："攻克这两地的决心耿弇三年前就已下，如今可说是实现了志愿。"

之后，张步让弟弟张蓝携两万良将驻守在今山东淄博东北一带，还遣数十万人驻守临淄。

此时，耿弇正攻打画中，它位于淄博和临淄间。淄博虽小却坚固，临淄虽大却易攻，耿弇扬言五天后攻打淄博，却在攻城当天突袭临淄，结果只用半天时间就攻陷了临淄。

张蓝得知此事，就携军撤出淄博逃到剧县（今山东寿光南）。张步知临淄已失，更难守住剧县，就集结二十万军马进行反击，想趁耿弇军心未定之时，再占临淄。

之后，耿弇就命一队军士诱敌来袭。张步追到临淄东门外，耿弇在其与驻军作战之时，亲率良将从两面夹击张步，并最终大败张步。

此战中，耿弇的大腿被箭射中，耿弇举刀砍断了箭接着作战。

第二天，耿弇得到张步要撤逃的消息，就提前在张步要退逃的路上设下伏兵。张步一到，耿弇就开始进行攻击，并一直追到了钜洋水（今山东寿光西）。

随后，刘秀来抚慰前线的将士，对将士们说道："从前有韩信夺历下，今有耿弇拿祝阿，这两地都在齐地西部，这两人的战功也一样。可韩信所袭为欲降之人，耿弇面对的却是顽强抵抗之人，所以韩信比不上耿弇。攻克这两地的决心耿弇三年前就已下，如今可说是实现了志愿。"

之后，耿弇接着追击张步，并最终使其携十万军马归降于自己。58年，五十六岁的耿弇病逝，谥愍侯。

耿家除了耿弇战功赫赫外，耿弇之父耿况，弟耿舒、耿国，子耿忠，侄耿秉、耿夔、耿恭等人，也都为东汉立下了汗马功劳，可谓满门英豪。

征南大将军岑彭

岑彭，"云台二十八将"之一，他参与了复建汉室的所有战役：平定河北，占领关东、洛阳，一统关中，激战隗嚣，消灭巴蜀割据势力。他除了骁勇善战、计谋奇多外，还是一个以守信著称、宽待别人的人。正是因为具备这些品行，他才能建立伟大的功业，并成为"云台二十八将"中的佼佼者。

韬略过人，劝降朱鲔

岑彭，祖籍河南南阳，字君然。他自幼就十分重视功名，因此勤奋苦读《诗》、《礼》和兵书。他长大时，正是新朝时期，于是他就投靠了王莽，做了棘阳县令。

新朝灭亡以后，刘秀率军攻陷了棘阳县，岑彭只得携家人弃城逃到甄阜军中。但他们在那里并没有得到好的待遇，甄阜因他丢失棘阳而斥责他，还关押了他的母亲和妻子，逼迫他在战场上戴罪立功。

没多久，甄阜阵亡，岑彭借机把母亲和妻子救了出来，并逃向宛城（今河南南阳境内）。

到了宛城，岑彭就立下和副将严说一起驻守的决心。期间，绿林军围剿宛城，可始终因为岑彭的严防死守而没有办法攻下来。绿林军也一直不放弃围剿，双方相持了几个月，由于城内粮草匮乏，岑彭只得和严说降于绿林军。

因岑彭下令死守宛城，害得绿林军的将士们吃了不少苦，所以绿林将士们都恨不得杀了他。但刘演因赏识他的才华，感动于他的忠心，于是出面说服刘玄免了他的罪。没什么主见的刘玄先前想杀了岑彭，但在刘演的劝说下，不但没有杀他，还封他为归德侯。

刘演被害死后，刘玄把岑彭置于朱鲔帐下，任命他为校尉。岑彭随朱鲔打下扬州后，就被升为淮阳都尉。没多久，他又调任颍川太守。

此时，刘秀的族叔刘茂起兵占领了颍川，岑彭没有办法上任，只得携侍从投靠了河内（今河南武陟）太守韩歆。

此时，刘秀也已起兵到了河内。岑彭深知刘秀是个志向远大、能够成就

岑彭对刘秀说："早前，我被刘演所救，但到现在也没来得及报答他，心里一直深感愧疚。现在既然碰上了大王，我愿以死相报。"

一番大业的人，就说服韩歆舍城接待刘秀。可韩歆此时早已做好了奋勇抵抗、坚守城池的准备。

刘秀命令攻城，韩歆一看根本挡不住刘秀的进攻，只得舍城归降，岑彭也被汉军俘获。

接着，刘秀接见了岑彭。岑彭对他说："如今群雄割据纷争，百姓无依无靠。大王您统一了河北，为统一天下创造了必要的条件，这是上天的旨意，百姓的福分。早前，我被刘演所救，但到现在也没来得及报答他，心里一直深感愧疚。现在既然碰上了大王，我愿以死相报。"刘秀听完这番话，就把岑彭留了下来。

25年夏，刘秀向西直取洛阳，久攻未果，还让刘玄的大将朱鲔困住了自己。汉军正处于进退两难的境地时，刘秀想到了岑彭，于是马上命他去劝朱鲔归降。

岑彭见了朱鲔，说道："我很感谢大将军早前推举我做了官员，每次想起来，都觉得该好好报答您。现在，长安城内战争不断，更始帝也朝不保夕。刘秀奉命将燕、赵平定，并占领了河北，因此成了民众的依靠，归顺者众多。如今，刘秀统帅兵马攻取洛阳，大将军您现在虽然守住了此城，可能还会战胜刘秀，可您的未来在哪里？援军在哪里？你驻守城池和作战是为了谁？你现在应该遵照天命，适应时机，献城并归降于明君，才能建功立业。"

岑彭这番诚恳、由衷之言让朱鲔最终选择了献城归降，于是他命人绑住自己，和岑彭一同出城见了刘秀。刘秀亲自解开了捆绑在朱鲔身上的绳索，并封他为平狄将军。

奉命平叛，功勋卓著

26年，岑彭领命挥军向南攻打襄阳、荆州地区，并非常顺利地相继占领了竿、叶、舞阳、昆阳等几座城池。大军接着向南进兵，又占领了杏集，大败许邯。刘秀因其立下赫赫战功而封他为征南大将军。

受封后，岑彭再次向南进军，占领了黄邮（在今南阳新野一带）。接着，他又在邓县激战秦丰率领的农民军。秦丰的军队人多势众，而岑彭的军队人少势弱，所以南攻受到了阻碍。

随后，岑彭攻陷了实力弱小的山都（今湖北襄阳西北），抓住了许多俘虏，但不久又特意把俘虏放走了，好让他们去跟秦丰借兵支援山都。

在秦丰支援山都之时，岑彭派人暗渡沔水（今汉水），突袭阿头山，攻取了秦丰的营地黎丘（今湖北宜城西北）。秦丰得知此事，勃然大怒，并立即带领兵马回援，还夜攻打岑彭军营。而此时岑彭早有对策，他设下伏兵，大破秦丰军。

接着，秦丰得到了以田戎为首的、独据夷陵的几万农民起义军的支援。岑彭得知后，速命手下分两队分别围攻黎丘和抵抗田戎，经过几个月的战斗，终于战胜了田戎，接着挥军攻打秦丰。这一仗打了两年多，消灭了秦丰的主力。

35年，岑彭与大司马吴汉、诛虏将军刘隆、辅威将军臧宫、骁骑将军刘歆等将领打算攻打巴蜀，于是他们就在荆州集合了六万多南阳、武陵、南郡的士兵和桂阳、零陵、长沙的撑船将士。吴汉建议遣散撑船将士，理由是他们人数过多，会损耗太多粮食。岑彭却因蜀军强大，而不同意将他们遣散。两人相持不下，因吴汉是主将，岑彭没法驳斥，于是干脆将此事奏明皇上。

刘秀得知后，立即下旨道："大司马习惯在陆上作战，因而不懂水战，这件事情由岑彭来主持，大司马不可干涉。"得到了皇上的旨意，高兴的岑彭决定报答刘秀的赏识之情，誓死攻下巴蜀。

进入巴蜀后，岑彭制定了严明的军纪，并命军中将士不可抢夺群众的东西。因此，他途经各地之时，受到了百姓的热烈欢迎。

岑彭攻击到武阳之时，扎营于城外，当天夜里却被公孙述派来的刺客所杀。

岑彭不幸去世后，他的部下都悲恸不已。刘秀也十分悲痛，下旨赐岑彭壮侯之号，并重赏其家人。

岑彭在东汉的建国良将中不是战胜敌军次数最多的将领，却是收复失地最多的将领。他是一个坚守信义的将领，虽然身处乱世，却一直坚守自己知恩图报的信念，一生为明君效力。

光武帝平复陇西

平定关中后，光武帝刘秀想要统一全国，要对付的割据势力就只剩下河西的窦融、巴蜀的公孙述和陇西的隗嚣了。可是势力正盛的公孙述很难对付，而窦融相对弱小、威胁不大，所以刘秀决定先聚集所有兵马对付隗嚣。

解除威胁，出兵陇西

在铲除赤眉军、消灭掉关东的各个势力后，刘秀想要平定陇西、巴蜀，以统一全国。

那时，河西、陇西、巴蜀分别被窦融、隗嚣、公孙述占领着。刘秀采取了先近后远的作战策略，决定先对隗嚣发兵，接着再对付公孙述。

30年春，刘秀命耿弇、祭遵等将领兵分多路向陇坻（今陕西陇县西北）进兵。隗嚣速遣将领王元去占领陇坻，以阻挡汉军进攻。之后，汉军取道渭北平原，越过陇山，向陇坻进攻，结果惨败。王元携军沿路追来，幸亏马武带领精兵在后面以死相拼，汉军才能够撤退。

之后，刘秀命冯异攻打栒县（今陕西旬邑地区）。隗嚣则命王元、行巡携两万大军出兵，并命行巡支援栒县。

知道此事后，冯异速命将士日夜赶路。将士们对他说："现在敌军势力强盛，我军应先避开它的主力部队。"

冯异却不以为然，他说："倘若行巡先占领了栒县，我们的处境就变得非常被动了。我军只有先占据栒县，并做好充分的准备，才能将疲惫的敌军打败。"

于是他就命将士们继续加紧步伐，到达栒县并将其迅速占领后，他们就紧闭城门。

这时，行巡还不知道冯异早已占领了栒县。他急急赶到栒县，遭到了冯异的突袭。行巡的大军顿时慌作一团，士兵四处逃散。冯异率军追击几十里，大败敌军。

此时，祭遵也打败了王元。

这之后，以耿定为首的北地（今甘肃宁县一带）的地方势力就相继脱离了隗嚣，投降了汉军。

没多久，窦融就派使者向刘秀表示，甘愿降于汉军。刘秀非常高兴，马上命其发兵河西，以夹袭陇西地区。窦融立即向金城发兵，并消灭了暗自勾结隗嚣的西羌封何的军队，使得隗嚣背面受敌。

期间，刘秀对隗嚣内部的分化工作也在逐步加紧。他派遣曾是隗嚣属下的陇西将领马援携五千良骑，去隗嚣的部队里拉拢一些隗嚣的属下。隗嚣受到了多面夹击，军队的军心也开始动摇。他觉得这样下去对自己不利，就想用缓兵之计暂且保住自己。于是他急忙上奏刘秀，表示之前与之交手只是属下的主意，与自己无关，并恳请刘秀原谅。可刘秀并没有答应，随后隗嚣只得遣使者向公孙述称臣。

31年秋，隗嚣率领三万兵马攻打安定（今甘肃镇原地区），却在阴槃（今甘肃宁县一带）遭到了冯异的阻挡。

隗嚣又兵分几路攻取藉县（今甘肃天水地区），却又遇到祭遵的阻拦，最后只得无果而回。

这时，隗嚣的部下王遵投降了刘秀，并被升为太中大夫。之后，刘秀逐渐聚拢陇西的将士，瓦解了隗嚣的大军。

两军相持，击灭隗嚣

32年春，刘秀趁隗嚣不备之时，开始对其发动进攻。他先命令来歙和祭遵带领部队攻击略阳（今甘肃庄浪地区），以达到切断隗嚣后勤补给线的目的。

可是，在此期间，祭遵因病而回，来歙只得独自率领两千多名将士，一路艰难地行进着，最终他率部队从回中（今陕西平凉一带）直取略阳，并很快占领了略阳。

隗嚣闻得略阳已被占领，非常吃惊，他担心汉军会借此发起猛攻，就急命将领王元驻守陇坻，行巡驻守番须口，王孟驻守鸡头道（今甘肃平凉一带），牛邯驻守瓦亭（今宁夏固原一带），他则亲率几万兵马反攻略阳。

此时，公孙述也率兵赶来支援。他集合了兵力，就开始强攻略阳，可是始终没能攻下。于是，他们劈山筑堤，准备水淹略阳，但依然没有成功。来歙率军

来歙率领两千多名将士，一路艰难地行进，最终他率部队从回中（今陕西平凉一带）直取略阳。

严防死守，用完兵器后，就拆了城里的屋子，以木材做兵器，挡住了敌军的多次猛攻。

几个月下来，隗嚣依旧没有攻下略阳。此时，他手下的将士们早已疲惫不堪，军中士气低下。刘秀得知后，急命各路汉军支援来歙。

汉军到了略阳，直击隗嚣的侧背，使得隗嚣军四散而逃，众多将领降于汉军。隗嚣见形势不利，马上命王元去求助于蜀军，并率残余部队撤退到西城（今甘肃天水一带）。

刘秀想让隗嚣投降，但隗嚣却拒绝了。于是，刘秀就命吴汉和岑彭一起接着攻击西城。

这时，颍川的残余农民军又发生了叛乱，接着河东守军也跟着叛乱。由于形势危急，刘秀只得让吴汉、岑彭接着围剿隗嚣，自己则匆忙回到了洛阳。

西城快要被攻破的时候，王元、行巡率领借于蜀中的五万兵马，袭击汉军的腹背，他们还谎称自己有百万大军，使得汉军在惊慌中乱作一团。王元和行巡见时机刚好，就冒死杀进汉军营中，救出了隗嚣，接着就向冀县（今甘肃天水西北）逃去。这时，汉军因为缺衣少粮，已经不能再作战了，吴汉只得率军队撤退。

如此一来，隗嚣又占领了陇西，两方再次进入了对峙的局面。

33年，隗嚣郁郁而亡。同年秋，刘秀派遣来歙带领大军攻取陇西。此时，陇西的驻军士气已经很弱。

34年秋，汉军打败了陇西军，王元带着少数兵马向蜀地逃去，后被公孙述留用。这时，平陇战役已经进行了四年。

平定陇西的战争中，刘秀几乎动用了所有的开国良将，由此可见，这一战打得实在是艰难。平定陇西后，汉军就可以坐镇此地攻打南面的公孙达、西面的羌族部落和北面的匈奴了，所以此次战役为东汉日后的大一统打下了根基。

刘秀平公孙述

新朝后期，天下纷争不断，公孙述自封为辅汉将军和益州牧，凭借着蜀地的富庶，大肆招兵买马，操练士兵，西南的少数民族也纷纷给他进贡。他觉得巴蜀地区地形险峻、物资富足、人口众多，因此根本不害怕汉军来袭。刘秀占领陇西后，就开始大举向强大的巴蜀地区进攻。

挥戈伐蜀，初战不利

收复陇西后，刘秀开始计划除掉公孙述。他知道巴蜀地区东靠三峡、北依巴山，易守难攻，于是就制订了水陆并进、先取成都的战略方案。他命令岑彭、吴汉带领荆州的兵马沿长江逆流而上向江西进军，还派遣大将来歙带领陇西军自天水直取河池（今甘肃徽县西北）。

这时，巴蜀的所有作战重地已经都归公孙述统辖。当刘秀在关东、陇西作战之时，他就尽力扩大统领范围，还留用溃逃至蜀地的延岑、田戎、王元等，并且和关中的强权势力首领吕鲔、张邯等人结盟，此时他的军队人数达到了几十万。

35年春，刘秀命大司马吴汉带着六万多名兵卒赶去援助岑彭带领的东路军。同年夏，来歙的北路军开始攻打蜀地，并大败公孙述派出的阻止汉军南袭的王元、环安军，占据了河池、下辨（今甘肃成县一带）。但不久后，来歙被公孙述设计杀害，使得北路军士气受损。

随后，岑彭开始进攻江州（今四川境内），江州城坚不易摧，他就命属下冯骏驻守此地监督田戎军的情况，自己则亲率大部队向北直取平曲（今合川西北）。

汉军一步步逼近，让公孙述非常震惊，他命王元速率军南下援助，并在成都附近地区聚集主力部队，防止成都被袭，又派遣候丹携两万兵马驻扎于今四川江津一带，以协助王元。期间，他为了强化北部的防守，还命其弟公孙恢驻守绵竹（今德阳北）、涪城（今绵阳东）。

岑彭得知敌情后，及时地调整了作战计划，他将军队分成两路。其中一路以臧宫为首领，向平曲上游进兵，以攻击王元、延岑带领的蜀军；其余重要部队则由自己率领，自江州逆水向西，进而攻取黄石（今重庆涪陵西北），打败候丹所部。之后，他们又日夜赶路，急行一千公里，占领了武阳（今四川彭山东）。期间，他为了进攻成都，还命精兵良骑突袭巴蜀的中心地带广都（今成都南）。

汉军趁机穷追，并在平阳俘虏了王元，使得他最后归降了汉军。

岑彭率主力部队离开后，臧宫率领的汉军由于缺少粮食而发生骚乱，众多士兵开始计划出逃。臧宫原想带领将士们撤回营地以补给粮食，可又害怕蜀军借此机会追击他们。危难之时，刘秀派遣的支援岑彭的军队刚好经过，臧宫顿时心生一计，就谎下命令把这些士兵带的七百多匹马和其他东西全部分给了自己的军队。

接着，臧宫就让部队日夜赶路，一路上，他命人在各处插上旗帜，并登山击鼓让敌军把他们当作疑兵，而主力部队则在他的带领下，按照他的命令步兵走右岸，骑兵走左岸，水军在江中乘船，顺江快速赶路。

蜀将延岑得知汉军已经来了，赶紧登山远眺，只见汉军浩浩荡荡，规模庞大。臧宫率军袭来，蜀军最后战败，众多将士或被杀死或溺水而死。最终，除了延岑逃到成都外，十几万蜀军都归降了汉军。汉军趁机穷追，并在平阳俘虏了王元，使得他最后归降了汉军，此后臧宫又带领军队直取成都。

不甘心战败的公孙述命人杀死了岑彭，汉军只得在短时间内撤出武阳，但这并没有给公孙述带来新的希望。汉军人才众多，岑彭死后，刘秀命吴汉替代他，接着率军讨伐蜀地。

重整旗鼓，平定蜀地

36年，吴汉在鱼涪津（今四川乐山地区）打败了蜀将魏党和公孙永的部队，接着就率军围剿武阳城。公孙述调集军队前去支援，但援军却几乎全军覆没。

吴汉受刘秀之命，带领将士绕过诸县，直取广都，进入敌人的中心地区，接着他又命快骑烧毁了成都市桥，切断了敌军的退路，蜀军知道后都十分惊恐。不久，冯骏占领了江州，俘获了蜀将田戎。

此时，刘秀对吴汉说道："我们先让将士好好休息，倘若敌军来袭，我们就能痛打敌人；倘若他们不来，我们就步步向敌军逼近，等到敌军精疲力竭之时，我们再急速进兵。"

可急于获胜的吴汉亲自率领两万步骑扎营在离成都几里的江北，他还命副将刘尚带领将近一万人马在江南驻守。

刘秀得知后大怒，急命人去指责吴汉，让吴汉马上撤回广都。他认为吴汉和刘尚分开驻扎，敌军就会采取分而攻之的策略。

这时，公孙述已经命谢丰带领十万兵马，兵分二十几路，从四面围攻吴汉的军队；他还命大将带领一万多兵马攻击刘尚，使得他们没有办法互相支援。

最后，蜀军团团包围了吴汉的大军。吴汉赶紧集结众将领商讨突出重围的办法，最后他们决定不作战，并在每个营地插上很多旗帜，同时还点燃了很多木头，以保证烟火不断，借此扰乱蜀军。

当天夜里，吴汉就带领将士们偷偷地移向江南，蜀军见汉军营内四处插满了旗帜，烟火也没断过，认为汉军还在营内。

天亮的时候，吴汉所率部队与刘尚军队汇集一处，开始攻打蜀军，谢丰最后战败而亡。之后，吴汉八次战胜蜀军，汉军也占领了成都的外城。没多久，汉将臧宫带领军队也赶到了成都城门外。

危急时刻，公孙述把召集来的五千人的敢死队给了延岑。接着，延岑假装攻打市桥，并派主力从侧面突袭汉军，吴汉战败。这时，吴汉军中的粮食已经没有多少了，可他坚持不撤退。

十一月，在成都西北的咸门，延岑带领敢死队抵挡臧宫的大军，最终汉军三战三胜，完全击垮了延岑军。此时，公孙述亲自率领几万兵马攻打吴汉，结果战败。

此次战役中，公孙述因受重伤而死于当天夜里。无路可走的延岑只好献城降于汉军。至此，汉军终于完全灭掉了蜀国。

这一战是中国战争史上顺三峡进入四川并巧妙运用江河的实际距离往返作战的出色战役。期间，公孙述先后派人暗杀了汉将来歙与岑彭，但还是没能摆脱覆亡的命运。

公孙述死后，刘秀基本统一了天下。

光武中兴

　　刘秀一统天下后，就以前史为鉴，采用"柔道"管理国家，并陆续采用了一些强化君主权力、缓解阶级矛盾和休养生息的政治策略，为恢复和发展社会经济打下了根基，使得东汉早期的八十年间国家富庶，百姓安乐。因此，后人把这段时期称为"光武中兴"。

统一政权，巩固统治

　　刘秀重建汉室后，为了使政权稳定，陆续实施了一些政策：

　　第一，整饬吏治，加强君主专制的中央集权。刘秀虽然大封良将为侯，赏赐他们丰厚的财物，却不允许他们干涉朝政，还大肆限制诸侯王和外戚的权力。他为了独揽大权，下令全国的政务都由尚书台处理。他还强化了监察机制，提升了御史中丞、司隶校尉和部刺史的权力和地位。另外，刘秀还下旨规定了选拔官员的条件：要有崇高的德行，出身要好；要博学多才，通晓各种诗书；要谙习各种法规政令，能够娴熟地处理政事；要有才能，遇事沉稳，能独立处理事情。全国的官员在选拔贤士时，都要完全以这四条为准绳，倘若有人违背，一定会被治罪。

　　第二，简化机构。30年，刘秀下旨命全国各地减少官员人数，全国共合并了四百多个县，精简了十分之一的官员。这些政策加强了皇权，有效地促进了封建官僚机构行政效率的提高，使刘秀真正做到了"总揽政纲"。同时，西汉时制定的地方兵制也被刘秀废除了，他还取消了地方军队，并让中央军队负责地方防务。

　　第三，号召天下人尊敬孔子，崇尚儒教，以强化思想统治。刘秀刚登基时就设太学，还亲自参与讲学。他还特意命大臣去拜祭孔子，并赐孔子后人孔志褒成侯之号，以示对孔子的尊敬和推许。儒家的谶纬之说可以强化君主对百姓的思想统治，更得到了刘秀的高度尊崇。同时，他还以西汉后期很多追逐名利的官员、贤士都归顺于王莽为鉴，重重封赏了在新朝时归隐的官员和贤士，并称赞他们品德高尚，借此来培养朝中官员、世间贤士重视品德和节操的习气。

　　第四，与少数民族休兵和解。大将马武提议出兵攻打匈奴，刘秀对他说："现在国家刚刚稳定，社会经济还没有复苏，怎么可以再进行远征呢？"这明智的决定，使得东汉初年的边境情势非常平稳，南匈奴没有作战即归降汉朝，北匈奴也以和亲来示好，其他西域各国也纷纷称臣纳贡。

注重民生，与民休息

东汉建立之初，天下因为遭受连年战乱，民不聊生。为此，刘秀采用了以下的措施来恢复国家的经济生产。

第一，解放奴隶。西汉后期以来最严峻的社会问题就是奴隶问题。新朝和农民起义时，许多人因被掠走贩卖而成了奴隶。为使生产力得到解放，刘秀即位后，先后九次下旨释放奴隶，诏书中指出，倘若被卖做奴隶的人同意回到父母家，而奴隶的主人却不放人的话，就会依法获罪；若有人杀死奴隶则罪刑不可减免，烫伤奴隶的人也要依法获罪；同时，他还撤销了奴隶伤人要被处死的刑律。这些举措使得众多奴隶成为平民，回到乡村，对农业生产起了推动作用。30年，田地的荒芜现象渐渐有所好转。刘秀在位后期，全国户籍上的人口已经超过了两千一百万。此外，刘秀还将"十税一"的田租改为"三十税一"，使田租和西汉文景之治时一样，以减轻农民的负担。

第二，倡导节俭，减轻刑罚。刘秀即位后，不穿华服，也不听曲调妖娆的乐曲，还下旨命全国所有的官员都不许进献奇珍异宝。他把地方官进献的宝马拿去驾鼓车，还把值几百两黄金的名剑送给骑兵，他从不建造豪宅，也不组织耗费大量人力、财力的狩猎活动。他还下旨在全国实行"薄葬"。他驾崩之前，就嘱咐后人要给自己办一个简单的葬礼，就像西汉文帝那样，陪葬品不用金银铜锡，只要瓦器即可。刘秀还废除了很多酷刑。

第三，停止作战，休养生息。东汉建立之初，由于连年战乱，民不聊生，生产也停滞不前，人口更是大幅减少，因此刘秀采取了休养生息的措施。自从统一了陇西、巴蜀后，刘秀再也没有进行过征战。31年，刘秀又精简了军队。他下旨说："将士中的大多数都是体力好的年轻人，所有应让那些轻车、骑士、材官、楼船和相关的军士都回家种地去。"由此，众多兵卒重返家乡种田。这项措施不仅缩减了军队支出，也使农业生产多了大量的劳动力。

在刘秀及其继任者明帝、章帝的共同努力下，东汉前期人心安定，社会稳定，百姓的生产积极性很高，社会经济很快就得到了恢复和发展，人口每年都有所增加，这一时期被后代的史学家称为"光武中兴"。南宋诗人陈亮曾以"自古中兴之盛，无过于光武"来歌颂这一时期的辉煌。

治世能臣寇恂

寇恂是东汉的建国功臣。他精通经术，品德高尚，不仅可以管理地方，还可以独自处理军务，可谓能文能武。他还是个舍己顾国之人，因此有着颇高的名望。那时，很多人都很钦慕他的长者气势，并认为他的度量和才华胜过萧何，因此称他为"赛萧何"。

镇守河内，保障供给

寇恂，祖籍北京昌平，字子翼，生于强权世家。新朝后期，他任上谷郡功曹，辅助太守处理郡事，因才华过人、果断坚强而受到太守耿况的重视。

更始政权建立之初，刘玄命使者去河北各郡招降，并承诺先归降的人可继续任职。使者来到上谷郡时，出来迎接的是耿况和寇恂，他们交出了太守印信。可使者看后并没有归还，于是寇恂就带领部下拿下了使者，抢回了印信。

没多久，王郎在邯郸起兵，并命使者去上谷郡招兵。寇恂以刘秀礼贤下士、民心所系为由，说服耿况回绝王郎，归附刘秀，可耿况却担心自己很难阻挡王郎的强大势力。为此，寇恂就提议和渔阳太守彭宠联手抗击王郎，耿况接受了寇恂的建议，命他赶去渔阳。和彭宠商定好后，寇恂就返回上谷郡，途经昌平时，他趁王郎使者没有留意之机将其杀死，接着就和耿况之子耿弇一起向南追赶刘秀。刘秀与他们会合后，封寇恂为偏将军。之后，寇恂跟着刘秀一起攻打河北农民军。在作战时，他常和邓禹商讨策略，邓禹觉得他是个非常有才华的人，因此二人私交甚笃。

刘秀铲除王郎、大败铜马军、平定河内，并与刘玄决裂时，河北刚刚平定。接着，他想铲除北方的十多支农民军，可想到驻守在黄河对岸洛阳的是刘玄的大司马朱鲔，他知道河内很难守住。于是，刘秀和邓禹商议派谁驻守河内，邓禹说："前朝的高祖让萧何留守关中，因而不再担忧西面，集中全力攻打山东，并最终实现了统一大业。现在，河内人口充足，它北接上党、南临洛阳。寇恂是个文武兼具之人，我觉得只有他才能担任这个重担。"

于是，刘秀就命寇恂担任河内太守一职，并给了他大将军的权力。寇恂没有让刘秀失望，他在守住河内的同时，还将军需用品源源不断地送到了前线，既稳定了后方，又援助了前方。刘秀北上讨伐时，寇恂就在其管理的属县讲习兵法、练习射箭，还用淇园的竹子做了百万枝箭，并养了两千匹马，收缴了四百万斛租税，他把这些都准时地运到了前方。

朱鲔听说刘秀北伐，想借机占领河内，于是命大将苏茂、贾疆带领三万兵马渡过巩河，袭击温县。寇恂得到警报后，丝毫不惧，急命全军和各下属县的将士们在温县会合，一起阻挡敌军。寇恂奋勇抗击，终于战胜了敌军，并一直追击敌军到了洛阳城下，处死了贾疆，还俘虏了将近一万敌兵。

那时，刘秀得到朱鲔想占领河内的消息，可他毫不担心。果真，没多久，寇恂大败敌军的文书就到了。刘秀高兴地说："我果真没有用错人啊！"

后来，刘秀为平定洛阳而回到了河内，寇恂请命去前线作战，刘秀认为河内不能没有寇恂，就不予批准。寇恂没有办法，就让自己的侄儿寇张、外甥谷崇带领精兵良骑做刘秀的先锋军。刘秀大喜，遂封两人为偏将军。

执法刚严，治民有方

刘秀即位后，大将贾复带领大军驻守汝南，后来他的属下在颍川杀了人，被时任颍川太守的寇恂处死。那时，法律条文杂乱，将士触犯法律，大多不用受罚，因此贾复认为寇恂是有意和自己过不去。没多久，他奉命奔赴洛阳，途经颍川。在去洛阳之前，贾复曾对随从说："寇恂和我都是将帅，可我的属下却被他害死了，我怎么能忍受这种侮辱呢？一旦我见了他，我一定会置他于死地。"

寇恂早就知道他会这么做，本来不肯见他，可又怕这样太失礼。谷崇想要持剑保护他，可他认为这样的敌视态度实在不妥，他说："从前，蔺相如不害怕秦王，却屈服于廉颇，是为了国家。小小的赵国，就有这样的仁义之人，我又怎能输给他呢？"于是，他命人备好酒宴，好好招待贾复和他的将士们，还亲自接待贾复，并且没有等到贾复动手，就先称病离开。贾复想要追击他，但将士们都大醉，他只得回到洛阳。

刘秀知道了这件事，就出面调解，使这两个人消除了误会并成了好友。

27年，刘秀封寇恂为汝南太守，并命骠骑将军杜茂辅佐他讨伐窃贼。不久，他们就消灭了当地的窃贼。接着，寇恂建立学校，并礼聘优秀教师授课。31年，刘秀封寇恂为执金吾。36年，寇恂逝世，谥威侯。

寇恂深谋远虑，遇事果断，既擅长治理地方，又善于作战，文武兼备，为刘秀统一全国立下了不可磨灭的功劳，也因此受到人们的交口称赞。

伏波将军马援

马援是东汉良将，平生战绩卓越。东汉建立之初，他助刘秀战胜了隗嚣，随后出兵西域，征服了羌人，后又南取武陵，铲除了蛮族，成为建立东汉的功臣之一。马援待人很和善，对部下也是各用其所，因而得到部下的拥护。他一生为国鞠躬尽瘁，在白发苍苍之时仍请求带兵出征，最后病死于战场，为后世人所赞叹。

助攻隗嚣，平定羌族

马援，祖籍陕西兴平，字文渊。其祖先是赵国的良将赵奢，赵奢曾被赐封号"马服君"，于是他的后人都以马为姓。

马援十二岁时丧父，他不想靠兄长过安乐的日子，因此准备去北疆以驯马为生。可马援还没出发，其兄马冯就离开了人世。马援就在家乡为哥哥守了一年孝。

这一年内，马援从未远离兄长的坟墓。他还十分尊重守寡的嫂子，只有衣冠整洁时才进家门。

一年后，马援只身去了北疆驯马，因驯养得力，没多久就成了有数千头牛马的富户。但他并没有挥霍财富，生活依旧十分朴素。有人对此很不理解，他说："这些积累来的钱财，用来接济贫困之人时才最有用，其他时候我就是个吝啬之人。"

后来，他投靠了陇西的割据势力隗嚣。他和隗嚣是挚友，因此曾几次劝说隗嚣归降于刘秀。隗嚣起初听了他的劝告，但没多久就叛离了汉军。而马援则继续追随刘秀。

32年，刘秀亲自出征陇西。途经漆县（今陕西彬县）时，一些将士觉得无法判明前方状况，输赢未可知，不应入敌深处，刘秀对此也难做决断。

马援则提出了自己的建议，他觉得隗嚣的属下已经开始军心不稳、四分五裂，倘若借机攻击他们，一定会大获全胜。说着，他让人拿了些米过来，并在刘秀面前用米堆出了山峰沟谷。他指着这些山谷，来分析每一路军队进退的路线，米把地形呈现得非常清晰。因此，马援对战势的解析也就非常明了。

刘秀欣喜地说道："我已经看见我军的战果了。"于是，他坚决地出兵，最终收复了陇西。

35年，陇西多次遭到羌人侵袭，众人认为只有马援能够平定。为此，刘秀封马援为陇西郡守，抗击多面作乱的羌族部落。

马援刚一出任，就整治军队，并率三千步骑兵在临洮战胜了羌人，杀死了几百人，缴获了一万多头牲畜。八千多驻守羌寨的羌人全部投降。此战中，马援的小腿被敌箭射中受伤。

刘秀闻之，命亲信前去探望马援，并赏给他几千头牛羊，而马援把这些物品都分给了自己的属下。

37年，武都参狼羌（羌族分支之一）和塞外部落共同斩杀了当地官吏，起兵反叛朝廷。马援携四千兵马赶去围剿，队伍经过氐道县时，羌人已经占领了山峰。马援命兵卒择取合适的地方扎营，切断了羌人的水源，掌控了草地。由于缺乏水草，羌人处境非常不妙，将领们只得率领数十万大军向塞外逃去，残余的万余人则全部归顺汉军。

自此，陇右安定下来。

远征交趾，南征武陵

41年，东汉附属国交趾（今越南）一个名叫徵侧的蛮族女人，以其壮于男子的体魄而在南蛮中声名鹊起。

后来，她因为触犯了法律而被太守追捕，于是她带领族人发起叛乱，临近各郡的民众都纷纷投靠了她。此后，她占领了六十五座城池，并在交趾自封为王。

于是，刘秀下旨封马援为伏波将军，命其率军讨伐徵侧。

42年春，马援的军队在浪泊大战中重挫敌军，杀敌数千人，并使将近一万敌军归降汉军。随后，马援趁势追击，在禁溪地区多次战胜徵侧，致使敌军四处逃散。

43年初，马援一鼓作气，斩杀了徵侧。为此，刘秀下旨赐马援新息侯之号。

之后，马援带领两万多士兵、两千多艘大小楼船去攻打徵侧的残部，汉朝的南方疆域也因此扩大了很多。马援在新的疆界线立了两根写有"铜柱绝，交趾灭"的铜柱。

马援穿上铠甲，骑上战马，来到刘秀面前，并威风凛凛地骑了一圈。

44年秋，马援带领大军胜利回朝。

一个多月后，匈奴、乌桓攻打扶风。马援上奏请求出兵，刘秀答应了他的要求，并命百位朝臣前去饯行，以示对他的重视。

马援的军队扎营于襄国（今河北邢台）。乌桓军得知马援军已经到达，马上撤回国内，马援班师回朝。

没想到北方才安定下来，南方武陵五溪的少数民族又起兵造反，刘秀派兵征剿了两次，均大败。

这时，时年六十二岁的马援再次请求出征讨敌。刘秀以其年迈为由没有同意他的请求。可马援没有死心，他穿上铠甲，骑上战马，来到刘秀面前，并威风凛凛地骑了一圈，刘秀见此情形，只能答应了。

马援第一次出战就大败敌军，但是队伍在前进途中被围于山中，此时瘟疫肆虐，很多将士病死，马援也不幸染病。这时，马援的属下上奏朝廷说马援指挥失误。刘秀大怒，命梁松前往查探原因，并代替马援率领军队。

梁松刚到武陵五溪，就得知马援已经去世。他素来与马援不和，为了报仇，就编织各种罪名诬陷马援，指责马援没有正确作出作战部署，南下征讨交趾时曾独吞大量金银珠宝，朝中多数大臣也都纷纷附和。刘秀得知后，更是气愤，就下旨削去了马援的爵位。

马援的家人并不知出了什么事，只好简单地埋葬了马援。然后，一家人都上廷来认罪，刘秀给他们看了梁松的奏章，他们才知道此事的前因后果。

事实上，马援只是从交趾带回来一些可以医治风湿病的当地产的薏米。于是，马援的妻子为了替马援申冤，六次给皇帝上书，刘秀最终命人重葬马援。

马援为人忠诚，一生南征北战，安定边疆，为东汉统一全国及稳定西南边境作出了重大贡献，非常值得后人景仰。不过他受奸人诬陷，死后还受到不公平的指责，也着实令人慨叹。

强项令董宣

董宣知识广博，机警干练，为人正直，执法严肃，故而常因遭受权臣们的陷害而不断被贬职。在担任洛阳令时，他不惧权贵，严惩恶徒，铲除强权势力，震惊了整个京师，因而得到了"卧虎"的称号。董宣除了重击不法的强权贵族外，也从不向刘秀屈服，因此被刘秀称为"强项令"。

北海惩恶，正气凛然

董宣，祖籍河南杞县，字少平。他知识广博，为人正直，机敏干练。刘秀登基之初，司徒侯霸非常赏识董宣，推荐其做官。随后董宣奉命治理北海（今山东昌乐）。

那时，出身士族的当地武官公孙丹因依仗着朝中有人帮忙而权倾一方。

一次，公孙丹要建造房屋，就请一名占卜师测算凶吉。占卜之人认为屋子建成后公孙家会有人暴毙，化解的办法是让别人代替公孙家人而死。相信了占卜师之话的公孙丹就计划让其他的人来代替家人死亡。之后，这个恶徒果真让自己的儿子把一个过路之人杀死，并将其尸置于新房内，以避凶解难。

董宣得知此事后，愤怒不已，立即命人查明此事的经过，并下令缉拿了公孙丹父子二人，将其斩首示众。当地民众无不叫好。

但是，这件事并没有了结。公孙丹一族向来在乡间称王称霸，他们根本就不在乎王法，私下聚集了几十个人，拿着兵器攻进了府衙。

董宣知道此地治安不太好，而公孙丹曾经追随过王莽，他担心公孙丹的残党会和海盗串通一气来侵犯民众，因此当机立断，抓捕了公然闹事的人。不久后，他让属下水丘岑斩了这些恶徒。

青州（今山东临淄）知府知道这事后，

董宣知道自己命不久矣之时，并未悲伤害怕，反而每天在狱中诵诗唱曲。

以董宣草菅人命为由奏请刘秀逮捕了董宣和水丘岑。最终二人被判了死刑。

董宣知道自己命不久矣之时，并未悲伤害怕，反而每天在狱中诵诗唱曲。行刑当天，府衙送来吃食，董宣却拒绝食用，他大喝道："我这辈子从来没吃过他人之物，即使要行刑了也一样。"说完，他坦然地上了囚车奔赴行刑之地。

就在刽子手的刀要落下之时，刘秀命人宣布暂免董宣死罪，押回牢里。使者询问董宣为何草菅人命，董宣详细叙述了公孙家案件的经过，并表示水丘岑杀人是自己命令的，应由自己一人承担所有处罚，并期望朝廷详查此案，以保住水丘岑的性命。

使者将案情禀明了皇上，刘秀觉得董宣没有做错什么，只是杀了太多人，用刑太重，就将他降职为怀县县令，并赦免了水丘岑。

当时在江夏地区，有一伙盗匪，首领是夏喜。这伙盗匪常常挑起事端，使得民众苦不堪言。于是，刘秀又命董宣改任江夏太守。

董宣还没上任，就命人在郡内贴出告示，说："皇上封我为太守，是因为他觉得我是个缉拿盗匪的高手。现在，我已到任，那些胡作非为的盗寇也该好好为自己考虑考虑了。"

这些盗匪早就知道董宣的厉害，非常害怕，相继四散而去。

此时，担任江夏郡都尉的是外戚阴氏，可董宣没有讨好他，因而很快就遭到陷害而被免去了官职。

刚正不阿，强项抗命

没多久，京都洛阳的治安开始混乱起来，这主要是由于洛阳是京都，皇族世家弟子处处可见，强权恶徒也常常滋事。刘秀对此非常伤脑筋，此时他想到了董宣这个铁腕官，就封其为洛阳令。

湖阳公主是刘秀的姐姐，她素来专横跋扈，还养了一些心腹。湖阳公主随意抢占民田，欺侮民众，即使是刘秀也惧她三分。她的心腹管家更是以她的名义，四处作乱，还在众目睽睽之下杀害一名无辜的百姓。

董宣知道后，立即命人去捉拿真凶。可是这个管家，在事情发生后就一直藏于公主的府第。由于公主的包庇，董宣的下属几次都吃了闭门羹。无奈，董宣只得命人日夜监视湖阳公主的府第，并命属下只要杀人者一露面就想办法捉住他。

过了几天，那个管家觉得此事已过，就放心大胆地随公主出去郊游了。

董宣知道此情况后，即率属下挡住了公主的车队。董宣先在地上画了一把刀，然后大声斥责公主包庇犯人，并怒斥那个管家，随后用乱棍将其处死。

湖阳公主来到皇宫，哭着向刘秀禀明了一切。刘秀非常气愤，即刻召见董宣，并命卫士当即处死他。

董宣说："我只要说完一句话就可以受死。"

刘秀道："说吧。"

董宣激昂地说道："皇上您建立了中兴伟业，却不管公主的家仆肆意杀人，这么做又怎么管理国家呢？不用别人来行刑，我还是自杀了吧。"

说罢，他一头向宫内的柱子撞去，当即头破血流。

刘秀反复思考着董宣的话，内心深有触动，就对董宣说道："你给公主叩个头就算赔礼道歉了，我就不责罚你了，此事也就了结了。"

可董宣却不肯叩头道歉。

刘秀觉得自己面子上有些挂不住，就让太监把董宣的头按住，强行让他向公主道歉。可是董宣用双手紧紧地撑住身体，就是不叩头谢罪。

湖阳公主大怒，对刘秀说道："皇弟还是平民之时，也经常窝藏逃亡之人，官府捕快也不曾上门查询。如今当了皇上，以您的权力要制服一个小小的洛阳令有什么难处吗？"

刘秀微笑着对公主说道："皇上怎么能和普通百姓比呢？"

随后，光武帝对董宣说："你这脖子真够硬的，真是'强项令'。"

说罢，他命人把董宣带走了，之后他又下旨赞扬董宣按律行事，并赏赐给他三十万钱。董宣把这些封赏全部分给了自己的下属官吏。

自此，董宣以"强项令"之名继续打击强权势力和士族大家，还被京都民众称为"卧虎"。后来，洛阳城内的所有皇亲、士族都很惧怕他。在他的治理下，洛阳的社会治安很快得到了改善。

董宣当了五年洛阳令后死于任上，时年七十四岁。刘秀命人去他家中慰问，只见裹着董宣尸体的竟是粗布被褥。而几斛大麦、一辆破车就是董宣的全部家当。

刘秀得知后悲痛地说道："董宣死了，我才知道他如此正直清廉。"随后，刘秀追加其官衔，还下令以大夫的礼仪来埋葬他。

董宣不惧强权，严惩恶徒，抨击强势之人，被人们称为"卧虎"。他执法严明，不徇私舞弊，一生正直清廉，因此千百年来一直深受后人称赞。

中兴明君汉明帝

"明章之治"指的是汉明帝及其子汉章帝统治东汉的三十年间开创的国无贪污腐败之事、社会昌盛、国家安定的局面。明帝登基后，积极倡导儒学，重视刑罚、法律，还禁止外戚干预政事，并多方面限制功臣、士族大家。此外，他还从根本上解除了因王莽暴政而导致的周边少数民族进犯的威胁，恢复和发展了汉朝和西北少数民族的友好往来。

初露锋芒，打击宗室

刘秀的第四子即为汉明帝，名庄。刘庄幼时就喜欢诗书，理解力很强，十岁时就读了《春秋》。刘秀非常喜欢他，认为他有周朝贤士季札之才。

刘秀建立东汉后，曾颁布度田令，目的是重新检查田亩数，以使人口和亩数对上。有州郡的官吏来京做工作汇报，刘秀就见陈留吏在奏章中写着"颍川、弘农可以问，河南、南阳不能问"。刘秀疑惑地询问是什么意思。陈留吏说这些是自己在洛阳长寿街上看到的，并不知其具体意思。这时，十二岁的刘庄答道，这是郡里的官员在告诉他如何清查土地。刘秀问道："河南、南阳为何不可以问？"刘庄答道："皇上的老家是河南，皇帝出生的地方是南阳，这两处地方的田亩和宅院一定是超过了规定，但是没法仔细清查。"刘秀听完这话，就命人责询陈留吏，结果证实了刘庄的话。就这样，刘秀更加欣赏刘庄。

57年，刘秀因病去世，太子刘庄即位，也就是汉明帝。

刘秀在位时，严格控制同姓宗室王，他自己的十个儿子都只封王，而不就国，他们聚集在洛阳，只分到很少的土地，根本无法与西汉时的同姓王相比较。刘秀死后，明帝登基，各个同姓王才得以驻守自己的封地。刘荆是明帝的弟弟，为刘秀诸子中颇有才华的一个。刘荆给被废的太子刘疆去信，说他无端被废，应自东海出兵，如同高祖一般夺天下做皇上。刘疆本是个安守本分之人，见到此信自是手足无措，赶紧把信呈给明帝。但明帝并未追查下去。

之后，羌人与汉军激战，刘荆又到处活动。他曾问算命之人，我和先帝长得很像，先帝三十岁时做了皇上，如今我也三十岁了，能兴兵造反吗？算命之人大惊，将此事报告了郡国的官吏，刘荆在惊惧之下自盲。但明帝没有再追查此事。之后，刘荆又用巫术企图作乱，被郡国的官员知道后自杀身亡。

明帝还是太子时，刘秀和许美人所生之子楚王刘英就和他私交很深。刘英后来在封国内作金龟、玉鹤，以符瑞雕刻其上，策划起兵反叛。后有人告密，大臣上奏明帝处以刘英死刑。刘庄不忍，只免去其官职，将其流放，后刘英自杀而亡。

加强集权，整顿吏治

明帝除了有效打击宗室贵族外，还严厉限制外戚权臣。他按照刘秀生时的意旨，在云台画了二十八将，但却独独把自己的岳父马援排除在外，这也是在向大臣们表示自己要掌控外戚。他在位期间，三位国舅马廖、马光、马防的职位都没有超过九卿。他还下旨声明，后妃家族里只有一人能够升为校尉。

另外，汉明帝还严厉惩罚仗着权势胡作非为的外戚和大臣。东汉元勋窦融，因没有管束自己的子弟，使得他们常常触犯法律。窦融的侄子窦林因欺骗君主、贪污受贿、违犯法纪而被处以死刑。窦融的长子窦穆因其自身封地临近六安国，想把六安据为己有，就假借阴太后之意，命六安侯刘盱休掉妻子，娶自己女儿为妻。明帝获知此事后，罢免了窦穆的官职，并只让窦融一人留京，窦家其他人全都迁回旧郡。窦融也受到明帝指责，惊恐之下只得辞官回家。

驸马阴丰因事杀了公主，虽然他是阴太后弟弟阴就的儿子，但明帝不徇私舞弊，处以阴丰死刑，阴就夫妻二人也自杀而亡。没多久，明帝又以罪处死了河东尹薛昭、司隶校尉王康、驸马都尉韩光等。明帝严厉制裁外戚权臣，绝不包容位高权重之人，对大臣们起到了很好的震慑作用。

另外，明帝还很重视整饬吏治，在考察和任免地方官员方面也很严厉。明帝刚登基时，就下旨命吏部在选拔官吏时要谨慎，有犯上作乱、欺压民众的记录的人，一律不予录用。

66年，明帝下旨，每年对地方官吏进行一次考核。在选人为官上，明帝明令禁止权臣干涉。明帝之妹馆陶公主请求让其子担任郎官一职，也被明帝拒绝了，他说："郎官官职虽说很小，但倘若我外甥处理不好地方事务，连累的就是民众，所以这事我不能答应。"之后他把一万钱赏给外甥了结了此事。大臣阎章精于典章制度，功绩卓越，按理来说早该担任要职，可后宫贵人中有两个是阎章的妹妹，如此看来，阎章就是外戚，明帝为了遵守外戚不能封侯干预朝政的规定，一直没有提升阎章。

汉明帝，即刘庄，刘秀的第四子。他及其子汉章帝在位的三十年间，政治清明，社会经济繁荣，国家相对稳定，史称"明章之治"。

与民休息，崇尚儒学

明帝执政期间，曾几次下旨减轻刑罚，减少徭役赋税，还命各地官员督促、扶持农桑，竭力防治虫害，并让贫民种植公田。由于实行了这些举措，当时的农业呈现出繁荣的景象。

69年，明帝下旨对黄河进行治理。自西汉后期开始，黄河就因多年未治理而导致水灾肆虐，两岸民众也都怨声载道。为此，明帝命水利专家王景和王吴带领大军整修黄河。他们在黄河荥阳东到千乘海口将近五百公里的河面上每隔十里就建一道水门，使得黄河中下游的农民可以顺利进行农业生产。

另外，明帝还倡导官员以简朴为美，皇宫生活也应节俭。那时，皇后穿的是素服，旁边的侍者穿的是帛布，从不佩戴香薰类饰品。由于皇室的大力提倡，简朴之风很快盛行全国。

明帝幼时就学习儒学典籍，登基后，他依旧刻苦努力地学习，并大力推举儒学，倡导人们尊崇孔子，研读经书。他曾几次与太子、大臣、儒士聚在一起探究儒学的典型要义，还会亲自做一些演说。

75年，四十八岁的明帝因病去世。明帝在位期间在政治、经济上采用了很多举措，使得搅扰汉朝多年的诸侯王之事得以解决，为稳固封建中央集权作出了突出贡献。他的治理政策对汉朝的君权统治影响很大，因此他被誉为汉朝最出色的皇帝之一。

贤惠皇后马明德

在中国历史上，封建王朝的许多皇后都倾向于封赏本家，植党营私，干预朝政，给后人留下了骂名。可是，贤淑有礼、通情达理的皇后马明德却从不参与朝事，也禁止本家族凭借她的名声担任官职，作为汉明帝的皇后，她的这些举动，为治理国家、安抚百姓作出了一定的贡献。

嫁入皇宫，意外受宠

马明德是伏波将军马援的女儿，生于陕西兴平。马援离世后，他的儿子因思父心切，没多久就病亡了。马援的妻子因想念儿子也神志不清，不能管理家事。此时，马明德只有十岁，就挑起了家中的重担，她像大人那样指导家仆做事，处理大事小情，受到了很多人的称赞。

京都士族大家见马家已不得势，就经常欺侮马家人。马援之侄马严为此气愤不已。当时东汉皇室从太子刘庄到皇子诸王都还未正式立太子妃或王妃。因此马严就奏请刘秀让马明德进宫当王妃，只要才貌俱佳的妹妹作了太子妃或是诸王的妃妾，马家就可以扬眉吐气。

也许是念及当年马援的恩情，刘秀答应了马严的请求，让马明德入住太子宫。马明德举手投足都符合封建礼仪，为人亲善仁爱，无论是侍从或妃嫔都很喜欢她，阴皇后对她更是疼爱有加，她也得到了太子刘庄的宠幸。

无法生育，晋身皇后

可是，马明德入宫几年却没能为太子生下一子。太子刘庄为此非常忧心，马明德也很焦灼。她自知太子倘若没有子嗣，就会影响社稷的安危。为此，她就让宫中的奴婢和刘庄在一起，期望她们能够诞下龙种。

57年，刘秀离世，刘庄登基称帝。马明德被封为"贵人"，地位只在皇后之下。此后，朝中大臣为了成为皇室亲戚，纷纷使出浑身解数让自己的女儿入宫，贾氏之女就是其中一人。说起来，她还是马明德的外甥女。

贾氏入宫后不久就诞下一子，即刘炟。可明帝依旧宠爱没有子嗣的马明德。明帝知道马明德很想有个孩子，便找理由让她抚育了刘炟。马明德像对待亲生儿子一样对待刘炟。刘炟和养母也相处得很好，彼此毫不芥蒂。

明帝一直想册立马明德为后，可又怕大臣会因其没有子嗣而反对。因此，他在登基后的三年里，一直都没有立后。60年，群臣一起奏请明帝册立皇后，明帝就去征求阴太后的看法。阴太后非常明白明帝为何登基三年而未立后，就说："马贵人温文尔雅，品行很好，后宫之人都比不上她，她该是皇后。"于是，马明德被册立为皇后，其养子刘炟被立为太子。

朴素平和，禁封家族

做了皇后之后，马明德还是坚持着节俭的习惯，她只在国家大典上穿着丝绸衣服，其他场合只着粗布之衣，以此来倡导皇亲大臣以简朴为美德。她为人依旧仁厚，谦恭有礼，从不讨论别人的是非。

明帝处理政事时碰到很难决定的事，也会询问她的想法。马皇后总是从事件的缘由入手来提出好的处理方式。更令明帝尊敬的是，她深明大义，以之前外戚掌权引出祸商的历史为鉴，从不过问明帝对本家人奖赏的事情。

75年，明帝驾崩，刘炟登基，史称汉章帝，马明德成了皇太后。之后，马明德为明帝写起居注。她删掉了哥哥马防侍奉明帝的部分。章帝对此很疑惑。可马明德却说："不删掉的话，后人会觉得先帝与外戚关系密切。"

76年，天旱成灾，一些趋炎附势的臣子奏请朝廷封赏马太后的两个弟弟，理由是他们觉得出现旱灾是因为未赏赐外戚。可马太后拒绝了这一请求。

过了三年，天下风调雨顺，年谷顺成。随后，马廖、马防、马光被章帝封为列侯。但没多久，他们三人就在马明德的劝说下奏请章帝准许自己辞官归家。章帝没有办法，只好答应了。

马明德不仅管束外戚，对自己要求也很严格。她叫人削低了母亲的坟头，只因坟头的高度超过了规定的标准。马明德还常常见一些自家的晚辈，嘉奖、安抚那些恭敬有礼之人，斥责、严惩那些作威作福之人，并命他们即刻离京回乡。

79年夏，马太后离世。她去世前，下旨把两百个奴婢、两万匹杂帛、千两黄金、两千万钱赏给贾贵人。

马明德平生节俭朴实，深明大义，她影响了明帝、章帝两朝的统治，因而得到了后人的普遍称赞。

窦固战天山

汉明帝在位期间，为了重新建立与失去联系多年的西域各国的友好关系，决定效仿先祖汉武帝，出兵西取北匈奴。由于外戚窦固熟知边境形势，因此明帝封其为奉车都尉，命其出征北匈奴，窦固最后在天山击败了北匈奴。天山战役的胜利，为东汉肃清北匈奴势力奠定了基础。

出身豪门，大战天山

窦固，祖籍陕西咸阳，字孟孙，喜好诗书和兵法。光武帝在位时，他继承了父亲的爵位，被封为显亲侯。明帝在位时，他出任中郎将和骑都尉。后来，他因兄长窦穆犯法而受到连累，被罢官，在家中静养。

东汉建立之初，匈奴因内乱分为南北两部分。没多久，东汉就收复了南匈奴，并采用"以夷伐夷"的办法，命南匈奴单于驻扎云中（今山西原平地区）。明帝在位时，计划按武帝之法袭击北匈奴，打开通往西域之门，因此封熟悉边境形势的窦固为大帅，让其带领军队讨伐北匈奴。

73年，汉军兵分四路开始进行攻击：窦固和骑都尉耿忠带领一万多名将士向酒泉塞发起攻击；耿秉带领一万名将士向居延塞（今内蒙古额济纳旗东南地区）发起攻击；太仆祭彤和度辽将军吴棠带领一万多名将士向高阙塞（今内蒙古临河西北）发起攻击，这时南匈奴单于还命左贤王与汉军一同出征高阙塞；骑都尉来苗和护乌桓校尉文穆带领一万多名将士向平城塞（今山西大同东北）发起攻击。

窦固等人攻进天山，杀死了近千个匈奴人，还一直把北匈奴呼衍王追杀到了蒲类海（今新疆巴里坤湖地区）。

这时，窦固又以班超为假司马，带领一些人马袭击伊吾（今新疆哈密地区），进而打通了去西域的通道。

此次作战，四路大军中只有窦固一路战绩赫赫，其他三路均无功而返。追击北匈奴句林王部的耿秉和秦彭率领将士在沙漠中走了六百多里，可一直到了三木楼山都没有发现敌军的踪影，只得撤退。以祭彤和吴棠为首的军队追了北匈奴军将近一千里，还是没有见到敌军的踪迹，也只得无功而回。来苗和文穆率领将士到达匈奴河岸时，北匈奴军早就没了踪影，他们也毫无所获。

出兵西域，立功边疆

74年冬，窦固、耿秉和骑都尉刘张率领汉军自玉门关（今甘肃敦煌市西北小方盘城）出发，大败驻守在白山的北匈奴军，接着又去攻打北匈奴的附属国车师（今新疆吐鲁番地区）。

车师有前、后两部，汉军远离车师后部，且途中奇峰险岭较多，天气又异常寒冷，将士很难前行，因此窦固建议先攻取前部。可耿秉觉得车师的重部是后部，倘若占领了后部，攻取前部就会轻而易举。窦固采纳了他的建议。

果然，汉军刚刚击败了车师后部，前部就请求归降汉军。此战后，东汉朝廷重新启用西汉时设立的西域都护和戊己校尉，渐渐再次掌控了西域。

打败车师之后，窦固就一直带兵驻守在边境上。他根据当地习俗，笼络人心，来对待边境的少数民族。

那时，羌人和胡人通常用没有完全烤熟还带血的肉来接待宾客。他们会用刀切下带血的肉，呈给窦固。窦固总是抓过肉就大嚼起来。羌人和胡人见他这样吃肉，觉得他并没有蔑视蛮夷，因此非常尊敬他，这也使得边境一直保持着稳定平和的局面。

汉章帝即位后，封窦固为大鸿胪。只要边境出现重大事情，章帝通常都会征询窦固的建议。

88年，窦固病逝。

在东汉初抗击北匈奴的战争中，窦固随机应变，战胜了北匈奴。此后，在他的管理下，边境出现了稳定局面，对巩固和维持汉朝与各少数民族之间的友好关系起了巨大作用。

车师有前、后两部，汉军远离车师后部，且途中奇峰险岭较多，天气又异常寒冷，将士很难前行。

定远侯班超

自张骞出使西域后，汉朝与西域各国间的关系一直很友好。但是后来，匈奴常联合一些西域国家侵犯汉朝边境，西域各国也都屈服于匈奴，不敢与匈奴为敌。73年，明帝命班超出使西域，目的是再次掌控西域各国，重新建立与西域各国的友好关系，并重挫匈奴。班超一去西域就是三十多年，为推动东汉和西域各国之间的经济、文化交流作出了突出贡献。

壮志在胸，投笔从戎

班超，祖籍陕西咸阳，字仲生，生于书香门第。他的父亲班彪和哥哥班固都是史学家，妹妹班昭则是皇后的老师。

班超从小就志向远大，而且学习刻苦、反应机敏、有勇有谋。

62年，由于哥哥班固入京做了校书郎，班超及母亲也一起去了洛阳。他为了养家糊口，经常替官府抄书。

一天，他放下手中的笔，长长地叹了口气，感慨道："我不能总是忙于笔墨间的小事，我应该和傅介子、张骞一样，在边疆成就一番事业，获取功名。"

旁边的人听了这话，都讥讽他，班超就说："你们怎么可能知道我的抱负呢？"

班超曾请算命师为他看相，算命师对他说："多年以后，你一定会在万里之遥的边疆成就一番事业的。"

班超惊奇地问："何以见得？"

算命师答道："你的下巴如燕子般，表明你会像燕子一样飞起来，你的头颈如老虎般，表明你会像老虎一样吃到肉，所以你会在边疆成就一番功名啊。"

后来，明帝问班固："你弟弟现在在干什么呢？"

班固答道："他在替府衙抄书，以奉养母亲。"

于是，明帝就封班超为兰台令史，负责管理奏章和文书。

73年，班超弃文从武，跟随窦固讨伐匈奴，并担任假司马一职。班固在这次战役中展露了他的军事才华，因而得到窦固的器重。

出使西域，平定叛国

出于信任，窦固命班超带领郭询等三十六名随从出使西域，目的就是联络西域各国同伐匈奴。

班超先带人到了鄯善国。刚去的几天，鄯善国王还好好地款待他们，可没多久，班超就发现国王对他们的态度冷漠起来，而且还找理由拒绝与他们见面，就算见了面，也不再提一起抗击匈奴的事了。

班超打探到是匈奴的使者一直在中间捣乱，致使鄯善王不知如何决定所以才有意回避汉使。班超赶紧把随行的人叫到一起，鼓励大家说："我们这次只有冒险试一下了，如果不杀了匈奴使者，就扭转不了局势。"

当天晚上，班超就命随行的人向匈奴使者驻扎之处发动了突然袭击。众人顺风点火后，一起杀进营帐。匈奴使者和他的三十几个随行者都未能逃脱。

随后，班超请来了鄯善国王，劝他不要再依靠匈奴，而归顺汉朝。鄯善王同意了。

接着，班超又去了于阗王国（今新疆和田地区）。那时，于阗王国已经取代莎车王国雄踞一方，北匈奴还命使者驻守那里。

班超到了那里后，于阗王并没有热情款待他。国王的巫师又和匈奴的使者相互串通，对于阗王说道："汉朝使者中有一人有黄马一匹，这匹马会带来不幸，把它杀掉吧。"

于阗王就向班超要那匹马，班超答应了此事，只是要求巫师亲自来取马。巫师来了之后，班超就杀了他。于阗王甚是惊惧，就杀死了北匈奴使者，归顺了汉朝。

此时，与北匈奴关系最好的是龟兹王国（今新疆库车一带）。龟兹国王仗着有匈奴帮助，派人杀死了疏勒王国（今新疆喀什地区）的君主，并命龟兹将领兜题为国君。班超派遣属下田虑出使疏勒，可兜题不同意与汉朝交

随后，班超请来了鄯善国王，劝他不要再依靠匈奴，而归顺汉朝。鄯善王同意了。

往。接着，田虑出其不意地偷袭并捕获了兜题，并命人快马报告班超。

班超得知此事后，即刻来到龟兹，召集疏勒的文武官员，向他们列出了龟兹的各条罪状，并命前任国王的侄子为疏勒国王。此举大大震慑了龟兹国王。

发兵讨敌，威震西域

75年，明帝离世，焉耆国趁东汉举行国丧的机会占领了都护陈睦驻守的城池，龟兹、姑墨（今新疆阿克苏一带）两国更是借此机会屡次出兵袭击疏勒国。在一年多的时间里，在将少势弱的情况下，班超坚守盘橐城，和疏勒王一起前后照应，守住了城池。

此时，皇帝认为陈睦已亡，班超孤立边疆，肯定很难支撑下去，就下旨召回班超。得知此事后，疏勒国上下一片惊慌，有一个叫黎弇的都尉自杀了。

班超艰难地来到于阗王国，那里的臣民也都痛哭流涕，抱住马腿不肯让他走。这些事深深地触动了班超，于是他没有理会圣旨，毅然决然地留驻西域。

朝廷同意了班超的决定，没多久就升他为西域总督。

78年，班超率领疏勒、于阗、拘弥的一万多将士攻取了姑墨的石城。班超奏请皇上，提出了收复西域的建议。

章帝接受了他的建议，并派兵予以支援。与班超同心合意的大臣徐干也自请前去支援班超。

接下来的十年，班超带领徐干带来的援兵，并集结西域诸国的势力，相继消灭了莎车、龟兹、慰犁、危须（今新疆博斯腾湖地区）、焉耆等地的强权势力，还打退了贵霜王朝（今阿富汗境内）的侵袭，从而名震西域。

这时，汉朝已收复了五十多个西域国家，班超也圆了自己在边疆建功立业的梦想。皇帝下旨奖赏他，并赐他定远侯之号，因此后人也称他为"班定远"。

后来，朝廷把班超调回了洛阳。没多久他就去世了，时年七十岁。

班超出使西域的三十多年间，平定了西域的内斗，抵御了外敌的入侵，为打通和稳固丝绸之路，增强汉朝和西域各国之间的友谊立下了汗马功劳，因此名垂青史，万古流芳。

窦宪大破匈奴

汉和帝登基后，窦宪因事惹怒了窦太后，为求自保，就奏请皇帝，表示自己愿意出征匈奴，借此将功赎罪。那时，匈奴分为南匈奴和北匈奴，南匈奴和汉朝关系很好，北匈奴却屡次进犯汉朝边境。此时，南匈奴请求汉朝发兵攻打北匈奴，于是皇上封窦宪为车骑将军，命其征讨匈奴。窦宪战胜匈奴后，很快就重新获得了权力和名望，他沾沾自喜地班师回朝，再次掌控了朝中重权。

出身显贵，征伐匈奴

窦宪，祖籍陕西咸阳，字伯度。他的祖父窦穆和父亲窦勋都因罪而被杀。

78年，窦宪的妹妹被章帝封为皇后，他因成为外戚而被升为侍中兼虎贲中郎将，并逐渐得到章帝宠信。

窦宪常常仗势胡作非为，还强行低价购买了章帝妹妹沁水公主的田园。公主惧怕窦宪的权势，也不敢多说一句。

一日，章帝乘车路过那座田园，就问本是沁水公主的田园，为何成了窦宪的。窦宪一时语塞。

不久，章帝知道了事情的来龙去脉后，勃然大怒，并立即召见窦宪，严厉地训斥了他。

窦宪十分惊恐，就让妹妹窦皇后为他说情，窦皇后为了表示自责就降低了自己的服饰等级，并再三劝说皇帝。皇帝才渐平怒气，只让窦宪归还属于公主的田园，没有追究窦宪的罪责，却也不再重视他。

和帝登基后，窦太后掌管朝政，身为国舅的窦宪对内掌控国家要务，对外颁布指令，他的弟弟窦笃、窦景也都位高权重。窦氏兄弟位尊权高，更加放肆起来。

89年春，窦宪命人杀了当年曾经审判自己父亲窦勋的韩纡，还取下了他的头颅放在父亲坟前。

没多久，都乡侯刘畅因事到洛阳，后私通窦太后。窦宪知道后，害怕刘畅威胁自己的地位，就命人杀了他，并嫁祸给刘畅的弟弟。事情败露后，窦太后大怒，把窦宪关于内宫。窦宪知道自己这次性命难保，就主动请命征讨匈奴，以将功赎罪。

这时，漠北东部兴起的鲜卑族大败北匈奴，杀死了匈奴单于，其时草原蝗虫成灾，漠北一片混乱。为此，南匈奴单于奏请汉廷，请求汉廷发兵一起攻打北匈奴。大臣们觉得北匈奴并没有入侵汉朝边境，因此没有必要耗费人力、钱财去讨伐。可征西将军耿秉却认为这是消灭北匈奴的最好时机。

因此，窦太后力排众议，命以窦宪为主将、耿秉为副将的大军和北方的汉军及羌胡军一起出兵攻打北匈奴。

89年夏，汉军分兵三路开始总攻北匈奴。

分别带领四千骑军的窦宪和耿秉与带领一万名骑军的南匈奴左谷蠡王师子组成西征军出击朔方郡鸡鹿塞（今内蒙古磴口县西）。

带领一万名将士的南匈奴单于屯屠何组成东征军出击满夷谷（今内蒙古准格尔旗西北）。

带领八千缘边羌胡志愿军的度辽将军邓鸿与率领将近一万名匈奴骑兵的南匈奴左贤王安国组成中路军出击固阳塞（今内蒙古包头北）。

三路大军在向导的帮助下，成功会师于涿邪山（今蒙古境内古尔班察汗山）。

接着，窦宪派出的以副校尉阎盘、司马耿夔、耿谭为将领由一万多精兵良骑组成的部队与北匈奴单于展开了激战，并最终取得了胜利。北匈奴部队迅速瓦解，单于借机遁走，窦宪带领将士一直追到了距离边塞三千里的私渠比缇海（今蒙古乌布苏泊）。

此次战役后，北匈奴贵族闻牧须、日逐等带领八十一个部落大概二十多万人全部归顺汉军。窦宪、耿秉与将士们一起登上燕然山（今蒙古杭爱山），在山顶上立下了一块由中护军班固作铭文的石碑，用以记录汉军的丰功伟绩。

北匈奴单于逃往远方后，窦宪又命司马吴汜、梁讽带兵前去追攻他。他本人则带领将士回师驻守五原。那时，北匈奴民心涣散，吴汜、梁讽在沿途宣传汉朝的威名，相继招降了近万人。

91年，窦宪命部下耿夔、任尚、赵博等带领将士袭击北匈奴的余兵，并取得了胜利。

至此，北匈奴彻底被消灭了。

居功自傲，被逼自杀

89年，汉章帝命中郎将去五原传达自己的意旨，封窦宪为大将军，并赐其武阳侯之号，可窦宪却拒绝了。

那时，大将军位列三公之下。由于窦宪权倾朝野，大臣们为了附和皇帝，就请示朝廷，使窦宪的职权在太傅之下、三公之上。窦宪率领大军班师回朝后，汉廷打开粮仓和钱库，奖赏众兵卒，并封随窦宪进行征讨的各郡守子弟为太子舍人。

这时，窦宪弟兄几人全都身居高位，他们的势力范围也扩展到全国。在朝中，窦宪只任用自己的亲信，还将与自己有隙的郅寿、乐恢等大臣逼死，甚至公开卖官鬻爵。他还和弟兄四处购买田地，修屋建房，还多次抢占民女，掠夺民财。

92年，窦宪的亲信邓叠、邓磊、郭举和郭璜等人相互串通，常常擅入后宫，暗通太后，并想偷偷除掉和帝。和帝知道他们的计划，就和一向足智多谋、稳重小心的郑众一起讨论除掉这些叛徒的计谋。

这时，恰逢窦宪领兵返回朝廷，和帝赶紧命人在城外迎候他们，并宣布要亲自与窦宪等人见面。

窦宪入宫后，和帝立即命人紧闭城门，并封闭南北两宫，抓住了窦宪及其手下。考虑到窦太后的情绪，和帝没有马上杀了这些人，过了一段时间后，才命人逼他们自尽了。

倘若只评论战绩，窦宪不输卫青、霍去病。但遗憾的是，前两位青史留名，而窦宪则是臭名远扬。倘若他没有因自恃功高而胡作非为，也许会有另外一种人生。

邓绥临朝摄政

汉和帝驾崩后，即位的皇帝年幼无知，皇太后邓绥只好执掌朝政。邓绥以窦氏外戚掌权时损害国家利益为鉴，极力约束邓家人的权力。因此在她掌权时，外戚干预朝政的事情几乎没有发生过。邓绥掌权的二十年间，国家安定，百姓富足，对后世的影响非常大。

才貌双全，入主后宫

汉和帝的皇后邓绥祖籍河南新野，她的祖父是东汉建国功臣邓禹，她的父亲是在少数民族中声望很高的护羌校尉邓训，她的母亲是阴丽华的侄女，可见她一家人的显贵。邓绥自幼就懂得经史，知书识礼。

一次，奶奶为她理发，老人家视力不好，一不小心就把邓绥的额头给伤了。邓绥强忍着疼痛没有出声。一旁的侍者看见后，问她为什么不出声，邓绥答道："奶奶是因为喜欢我才给我理发，我现在被弄伤了，再痛也不能说，因为怕她自责。"

这时邓绥才五岁，却已经知道关心别人了。

92年，邓绥的父亲邓训不幸离世。邓绥悲痛不已，在三年的服丧期内没有吃过任何有盐、有油的菜。服丧期满后，家人甚至都快认不出面容枯槁的邓绥了。

95年，十五岁的邓绥被召入宫中，没多久就凭着文静的个性、颀长的身材、雪白的肌肤和卓越的才华而做了贵人。她谦恭谨慎，做事妥当，非常照顾其他姬妾和宫中的奴婢，因此得到了宫中所有人的爱戴。

没多久，邓绥就凭着文静的个性、颀长的身材、雪白的肌肤和卓越的才华而做了贵人。

深明事理，册立为后

那时，汉和帝的阴皇后十分嫉妒被和帝宠幸的邓绥。每次后宫举办宴会的时候，在身着华服、涂着浓妆的诸多姬妾中，总会看见一身素衣、画着淡妆的邓绥，因为她不想与别人有什么冲突。

邓绥如果穿了和阴皇后一样颜色的衣服，就会立即换穿别的衣服；如果和阴皇后一起去见和帝，她就会走在阴皇后的侧面；每次和帝问话时，她都要等阴皇后说完了才说。和帝见她如此，就感慨道："这么小心慎重，为难她了。"之后，他就更加喜欢邓绥。

一次，邓绥生病卧床不起，和帝就命她的家人进宫照顾她的饮食起居，并且没有限制时间。邓绥得知此事后，就对和帝说："陛下，您收回成命吧。要知道皇宫不是平常之地，宫外的人自然不能长久地待在这里，否则就会有人嘲笑陛下偏爱某个人，我也会被说成是不知足的女人。"和帝说道："别人都认为家人进宫是件光荣的事，可是你却处处管束自己人，还为此而忧虑，太难为你了。"

此后，和帝越来越宠幸邓绥。

众人赞赏邓绥的话越来越多，这可惹急了阴皇后。她不知如何是好，就用巫术对邓绥下了诅咒，想除掉她。

和帝发觉到阴皇后憎恨邓绥，就时刻防备阴皇后。102年，阴皇后及其外婆邓朱暗地里使用巫蛊之术诅咒邓绥一事被人揭发。

和帝命人拿下了邓朱和她的两个儿子邓奉、邓毅以及阴皇后的弟弟阴轶、阴辅、阴敞。本来和帝就不喜欢阴皇后，出了这事后，他就更加不留情面地废掉了她。

102年冬，大臣奏请皇帝册封皇后。和帝对大臣说道："皇后的册封关系重大，所以不能草率行事。邓贵人的品德在后宫无人可及，她是皇后的最合适人选。"群臣也都没有异议。

没过多久，邓绥就做了皇后。

临朝听政，勤俭治国

105年，和帝驾崩，邓绥无子。此前已经有十几个皇子相继早亡了，后妃认为后宫不吉，因此后来多把生下的皇子偷偷地送到民间抚养。

不久，年仅二十五岁的邓绥接回出生才百天的刘隆（殇帝）回宫继承皇位，她自己则成了皇太后，执掌大权。由于年纪轻轻就守寡，邓绥的行动多有不便，于是她封其兄邓陇为车骑将军，命其随时待命入宫商讨事情。

邓绥掌权后，竭力减少皇宫内外的开支。首先，她缩减了大宫、导官、尚方、内者的山珍海味的数量。另外，她规定宫内只在祭祀宗庙时细择稻米、谷米，还限定每日只有一餐有肉菜。自从太宫、汤宫制作稀有食物的用度被减少后，这两个宫每年的费用从过去的两万万余钱减少到了几千万钱。邓太后还将各郡国的贡品也减少了一半以上。她还卖掉了上林苑中的所有鹰犬，不再征调蜀郡和汉中的嵌银漆器、九带佩刀等，并停用了三十九种画工。

另外，邓绥还下旨禁止御府、织室、尚方等制造刺绣、透明的纱罗、起花的绸缎、珠玉、犀角象牙、玳瑁等精磨细琢的东西，并减少了储存在离宫别馆中的粮食、柴木等的数量。

106年，殇帝早逝，邓绥立清河王刘庆十三岁的儿子刘祜为帝，即汉安帝，自己继续执掌朝政。

连续的国丧导致民众劳役加重。为此，邓绥量力而行，将殇帝陵墓中的陪葬品和修筑陵园的费用都减少了很多。

邓绥一直都很约束邓家的子弟。可由于此时她已是名震天下，朝内外的人都阿谀奉承邓家子弟。

于是，她就亲自对司法官说："前朝外戚违法乱纪，多是因为众人的纵容，现在倘若邓家人触犯了法律，一定要严惩，不得袒护。"

在她的严格约束下，邓家人全都遵纪守法。

121年，时年四十一岁的邓绥吐血身亡。

邓绥辞世后，安帝的乳母对安帝说："邓太后活着时，想立平原王为帝，就和邓骘等人准备暗地里杀死你。现在您做了皇上，可要远离奸佞之人啊！"

安帝听后，勃然大怒，即刻下旨免掉了邓家人的官职，还抄了邓骘的家，把他撵回了封国。

此后，邓骘父子和邓豹、邓遵、邓畅等人相继被逼死。

邓绥是个十分优秀的女性，也是东汉杰出的政治家之一。她为人大方，勤俭朴素，不喜奢华，十分关心民众疾苦，致力于减少他们的负担，因此受到百姓的爱戴。

外戚阎氏乱政

邓太后离世后，昏聩无能的汉安帝开始亲政，他一直很宠信外戚阎氏一家，因此阎氏一族逐渐掌控了朝政。阎氏一族掌权后，败坏朝纲，贪婪残暴，排除异己，阎氏内部亦是各有想法，明争暗斗，貌合神离。这么一来，朝政更加混乱，统治更加腐败。自此开始，东汉王朝再无兴旺之势。

阎姬入宫，得幸安帝

阎姬，祖籍河南荥阳。汉明帝时，她的祖父阎章担任尚书，后来又担任步兵校尉，阎章的两个妹妹也相继入宫被封为贵人。可是，那时明帝极力限制外戚的权力，很少让外戚担任重要职位，因此本可以担任要职的阎章只被封为拥有中上级军衔的步兵校尉。

阎章的儿子阎畅就是阎姬的父亲，邓绥的弟弟西平侯邓弘的夫人和阎姬的母亲是亲姐妹。凭着这样的关系，在邓绥掌权时，阎家在朝中的威望和地位得到了提升。

阎畅有四个儿子，分别是阎显、阎景、阎耀、阎晏。阎姬是阎畅唯一的女儿，因此自出生起就成了父母的宝贝，父母非常溺爱她。阎姬长大成年后出落得非常标致，有倾国倾城之貌，除此以外，她还是个非常聪颖、颇有才华的女子。因此，在114年，阎姬凭借"才色"被召入宫中。

那时，邓太后执掌大权，所以安帝就流连于花天酒地之中。阎姬入宫后，安帝被她的姿色迷倒，相见恨晚之情油然而生。他们非常恩爱，一刻也不想分开。没过多久，汉安帝就将阎姬封为贵人。

115年，安帝又封阎姬为皇后。册封大典之后，阎姬欣喜若狂地住进了中宫。

阎姬以安帝的宠幸为荣，深居后宫的她专横跋扈，横行霸道，为所欲为，她甚至不能容忍安帝与其他妃嫔亲热。她仇视所有被安帝宠幸过的妃嫔，常常非常残忍地杀害她们。

阎皇后自入宫起就未曾生下一儿半女，因此总担心自己皇后之位不保。后来，有一个李姓宫人诞下了一个皇子，名叫刘保，更使得阎皇后昼夜无眠，于是她就和哥哥阎显一起毒死了李氏。可安帝并没有责备她，对她放纵的行为从不加以过问。

120年，阎氏仍无子嗣。没有办法，她只得答应册封刘保为太子。

专权乱政，兵变遭诛

121年，邓太后因病去世，安帝开始掌权。阎姬赶紧请求安帝封赏自己的四个兄弟。她的四个兄弟很快就被升为了卿校，管理全国的禁兵。122年，安帝又赐阎显长社侯之号，并追封他已经过世的母亲为荥阳君，同时还加封阎显兄弟家年仅七八岁的孩子为黄门侍郎。

125年，安帝在南巡途中离世。阎姬和阎显非常担心远在朝中的群臣会册立刘保为帝，就没有将此事宣扬出去，只称皇帝得了重病。之后，阎姬带着安帝的尸体回京师举行丧礼，并以太后的名义处理朝政。为了稳固自己的地位，她封其兄阎显为执掌兵政之权的车骑将军，并册立汉章帝之孙济北王刘寿的儿子即少不更事的北乡侯刘懿为帝，即少帝。

为了总揽朝中大权，阎显以国舅耿宝、中常侍樊丰等人有叛逆之心为由罢免了他们，并最终逼耿宝自尽；还将中常侍樊丰和投靠宦官的虎贲中郎将谢恽、侍中周广送进了大牢，没过多久又逼他们自尽了。

阎显还将安帝的乳母野王君王圣和她的女儿流放到了雁门关地区，并找借口处死了王圣的女婿、黄门侍郎樊严和大将军长史谢宓。此后，阎太后就真正掌控了朝中大权，阎氏一族全都位列高官。

不久，即位仅七个月的少帝刘懿因病去世。阎氏兄弟恐大臣册立别人为帝会对自己执政产生影响，就没将此事告知天下，还紧闭宫门，集结重兵守在宫内，计划再找一个傀儡皇帝。

不料，宦官孙程等人借未册立新帝之机，先带领宫兵发起了兵变，拥立被废的皇太子刘保为帝，即顺帝。接着，孙程带领禁军卫队以汉顺帝的旨意杀死了阎景，阎太后只得交出了玉玺。随后，孙程处死了阎显、阎耀和阎晏，又将阎太后囚禁在了冷宫。没过多久，惊恐无措的阎太后就病亡了。

阎氏外戚掌权之时，朝中一片混乱，民不聊生，这使得东汉王朝进一步迈向了灭亡之路。尽管阎氏族人最终没有好下场，但是东汉王朝经过他们的胡作非为已经很难再现盛世之景了。

杨震临财不苟

杨震精于典籍，知识广博，被誉为"关西孔子"。他在世时，朝纲败坏，奸臣当道，宦官掌权，贪污受贿之风甚为盛行。在这么混乱的官场中，杨震独自坚守着公正廉明、不向钱财低头的品格。除了做到出淤泥而不染，杨震还竭力改变官场风气，尽管他终无所获，但他的精神永远值得后人崇敬。

关西孔子，踏入仕途

杨震，祖籍陕西华阴，字伯起。他的八世祖杨喜曾被封为赤泉侯，高祖杨敞曾官至丞相，他的父亲杨宝才识过人，一生都在教书育人。

杨震被誉为"关西孔子"，精于典籍，知识广博。他不喜名利，自年少时在湖县（今河南灵宝地区）和潼关等地一住就是三十年。他一边种地一边授徒，总共培养了三千多名学生。

杨震五十岁时，朝中大将军邓骘推举他担任荆州（今湖南常德地区）刺史。没过多久，他又被派遣到东莱（今山东黄县一带）担任太守。

杨震在上任途中，经过了昌邑县。他曾经举荐的荆州秀才王密正好是这里的县令。

一天夜里，为了感谢杨震当年的推举，王密拿着十斤黄金来见杨震。可杨震却拒绝接受这些钱财。

王密小声地说道："我想要报答大人举荐我的恩情，现在已是夜半时分，绝对不会有人知道这事的，大人您就收下这些黄金吧。"

杨震严厉地说："你怎么知道没人知道呢？天、地、你、我都知道这事啊！"

他顿了顿，接着又说道："作为地方官，你应该为民众着想，做到清正廉明。倘若你觉得别人不知道，就收受钱财的话，就是在损害国家的利益，也是在欺骗百姓。你要是不想让我对你失望，就把这些黄金拿回去吧。"

王密听完这些话，羞愧难当，赶紧拿起黄金离开了。

后来，杨震做了涿郡太守，他依旧坚守正直廉洁的品行，从不行贿、受贿。他生活节俭，一生都没有为自己置办过什么家产。他还严格约束自己的后辈子孙和家属，要求他们不要向往锦衣玉食的生活，即使是外出也只能步行。

他的一些朋友见他家中贫苦，就好心劝说他要为后代留一些适当的家产。可杨震言近旨远地说道："我希望我的后人都是一些清白的官吏，'清白'二字就是我给他们的一份厚重的遗产。"

在杨震的影响下，他的几个儿子后来都成了公正廉明的好官。

清正廉洁，犯颜死谏

120年，杨震担任司徒，位列三公，地位极高。

那时，汉安帝的乳母王圣认为自己一直哺育安帝，功劳极大，又有安帝为她撑腰，就胡作非为。她的女儿还常常擅入皇宫，多行不法之事，产生了极其恶劣的影响。

杨震不惧权势，直言不讳地上书批评了他们，提出"政以贤为本，理以去秽为务"，要求安帝"绝婉恋之私，割不忍之心，留神万机，诫慎拜爵，损节征发"。意思就是说要安帝不再留恋美貌女子，专心处理朝政；还要慎重考虑加封之事，减轻民众的徭役，让民众能够过上安乐的日子。

但是，安帝不但没有接受这些意见，还把杨震的奏章拿给王圣等人看，致使王圣等人想要报复杨震。

123年，杨震担任太尉一职。安帝的舅父大鸿胪耿宝亲自拜见杨震，并假托圣意，胁迫杨震让宦官常侍李闰的哥哥为官。

杨震厉声说道："倘若皇上要让此人当官，就该让皇室尚书来下达通告。你说这是皇上的旨意，那我能看一下诏书吗？"

耿宝拿不出圣旨，只得气急败坏地离开了。

没过多久，王圣被封为野王君，皇帝还为其花费巨资修建了宏伟、奢华的住宅。樊丰、周广等奸佞之臣还假借安帝的名义，向各地随便摊派各种费用，地方上的贪官也借此机会大捞钱财。

面对此情此景，杨震不得不上书朝廷，向皇帝陈述利害。可汉安帝根本不在意这些。

不久，不甘心的杨震借地震之名再次劝谏皇帝，说是安帝身边的心腹宦官倚权滥用才导致了地震，并使得天下多旱少雨，这些现象都是上天给安帝的警告，希望安帝能够有所警醒。杨震的劝告触怒了汉安帝，但由于深知杨震"关西孔子"的威名，汉安帝没有惩罚他。

这时，一个名叫赵腾的河间书生上书安帝，谴责朝廷，安帝被他的言辞所触怒，就决定处死他。杨震劝谏皇帝要听取民众的意见，放过赵腾，可安帝拒绝了。最终赵腾被处以死刑，横尸街头。

惨遭诬陷，饮毒身亡

124年，安帝外出游玩，佞臣樊丰等人伪造圣旨大造宅院。杨震的属下查到了他们假造圣旨的证据，杨震想奏请皇帝惩治他们。

樊丰得知后，抢先一步反诬杨震。他对安帝说道："赵腾一死，杨震更是心有怨恨，况且他又是邓骘推荐的人，自然不可能对皇帝忠心。"

安帝相信了这些话，当夜就命人收缴了杨震的印绶，并下旨让他回到自己的家乡去。

杨震七十多岁了，还遭受这番侮辱，内心的愤怒和悲痛自是无法用言语来形容。途经洛阳城西边的几阳亭时，他悲痛地对门下弟子说道："承蒙皇帝赏识我，让我做了大官，我恨那些狡诈的奸佞之徒却不能杀了他们，更无力阻止他们祸国殃民，又有何面目活着呢？我要是死了，不要给我修建宏大的坟墓，也不要设立祠堂，只要给我做个杂木棺材，用被单裹住身子就行了。"说完，他就服毒自杀了。

杨震为官以后，始终坚持公正廉洁的品行，没有修建豪宅，也没置办过什么家产，其子孙更是常吃素食，外出也只能步行。他曾说："倘若我的后代能够被人们称作廉吏的后人，这也该是我留给他们的很好的遗产吧。"

杨震洁身自好，奉公守法，清正廉明，实在是当时黑暗腐败的官场里一道夺目的风景，他可被尊为廉吏的典范。

杨震悲痛地对门下弟子说道："我恨那些狡诈的奸佞之徒却不能杀了他们，更无力阻止他们祸国殃民，又有何面目活着呢？"

东汉良吏第五访

第五访是东汉的著名官吏，他生于贫困家庭，从小就聪明好学，长大后为官兢兢业业，公正廉明，一心为民。他所统辖的地方社会安定，百业兴旺。后世人奉他为良吏。

勤学苦读，举为孝廉

第五访，祖籍陕西咸阳，字仲谋。他的祖父第五伦曾官至司空。从他的父亲开始，第五访家道开始中落，到他出生时已经贫困不堪。第五访双亲离世很早，是兄嫂把他带大的。

年少时的第五访常常食不果腹，即便是严寒的冬天，兄嫂也没有钱给他添加衣褥，足见他们的生活有多么艰辛。第五访长大一些后，就靠在士族大家里作工赚钱来供养兄嫂。

尽管他的童年过得很悲惨，可正是这些促成了他坚毅刚强的品性。他多数时间都和下层百姓在一起，所以才能够深切了解普通民众的各种困苦，也才能够怀着一颗怜悯之心来对待劳动人民。

尽管生活非常艰难，但第五访仍积极面对，他知道知识就是财富，因此只要有空闲时间，他都会刻苦学习。

第五访没有钱去买书，就只好从有钱人家里借书来读。他还特别喜欢阅读有关处理政务和介绍各种生活技艺的书，他觉得这些书对自己的未来一定有用。他生性聪慧，机敏灵活，加上勤勉好学，因此才华越来越出众。

那时，朝中大臣或是各地贤士都可以举荐人才，第五访长大之后，凭借满腹经纶而名满当地。朝中的一个大臣偶然得知第五访博学多才，就举荐他为官。

没多久，第五访就担任了某郡的功曹一职，除了负责郡中的人事任命外，还可以参加一些郡内政事的处理工作。

担任功曹期间，第五访兢兢业业。没多久，朝中大臣又推举他为孝廉，接着朝廷又命其担任新都（今四川新都县）县令。

恪尽职守，为民效命

第五访做了三年的县令，这时期新都县治安稳定，经济繁盛。朝廷赏识他出色的治理才能，就把邻近的若干县都并入了新都县，统一交由他管理。

没过多久，朝廷为了封赏第五访，又升其为张掖太守。

第五访刚一上任，就赶上了百年罕见的旱灾，这里一整年没下过一场雨，庄稼全都枯死了，田地也干裂了，放眼望去，千里之内全是焦土。秋天农民自然没有收成。在这样的状况下，一些不法商贩开始借机屯粮，并哄抬粮价，民众买一石粟要花几千钱。原本就很贫穷的农民根本无钱买粮。很多人食不果腹，更有人被生生饿死。

第五访看着生生被饿死的百姓，心急如焚，坐卧难安。为了救济民众，他当机立断，决定开仓放粮。可是，除非得到朝廷的赞同，否则地方官吏无权打开军用粮库。当地的多数官员都害怕开仓放粮会被满门抄斩，因此就提议先奏请皇帝，再开仓救民。

第五访果断地对他们说："没有时间了，救民如救火，我们得立即打开粮仓。要是先奏请皇上，恐怕又有很多饥民被饿死了，我是这个郡的太守，为了百姓我可以不要自己的性命。倘若朝廷不能谅解，那么所有的责任都由我一个人承担。"

众官员没有办法，就打开了军用粮库，把粮食按照每户的人数发放了下去。由此众多的百姓得到了生存的机会。

之后，第五访向朝廷如实地说明了灾情和开仓放粮救济百姓的情况。汉顺帝看到奏章后，并没有责备第五访，还赞扬他做事有魄力，并特别下了诏书以资鼓励。

第二年，第五访和当地民众一起对抗旱灾，致力于恢复经济。到了秋收时节，从官员到百姓个个都是喜笑颜开。

经过第五访的管理，张掖郡内治安稳定，窃贼全无踪影，因此当地民众都十分尊敬第五访。

之后，朝廷又派第五访担任南阳（今河南南阳）太守，后因其政绩卓越，又将他调回朝廷，封为护羌校尉。

第五访一生为民效命，为了百姓可以不惜牺牲自身的性命。这样的官员，自然值得后人敬重。

虞诩平定西羌

东汉后期，汉廷日益衰败，西部少数民族借机多次发兵袭击西南地区的民众，还掠夺粮食和牲口。危急时刻，大将虞诩担当了平羌重任。他采用虚实结合、机敏多变的战术，终于战胜了实力强大的羌军，使边境百姓的生活再次恢复平静。

孝子贤孙，平叛有功

虞诩，祖籍河南鹿邑，字升卿，他十二岁时就能诵读《尚书》。由于双亲早逝，他就承担了奉养奶奶的事情。

那时，当地官吏以其品德才华俱佳而想让他做官，可却被虞诩婉拒了，他说："我现在还不能做官，因为我必须赡养已经九十岁的奶奶。"后来，虞诩的奶奶过世，虞诩就为其守孝。守孝期满后，朝中太尉李修命他入府，封他为郎中。

110年，羌人出兵袭击凉州。大将军邓骘觉得汉廷没有足够的军费，没法采取有效的抵抗，就提议弃守凉州，把兵力集中到北部边疆上。邓骘说："这和衣服有一处坏了我们用另一处来补是一样的，只有这么做了，衣服才能够再穿。"大臣们都同意了他的提议。

虞诩得知此事后，就对李修说："我听说朝廷要弃守凉州了，我觉得这么做不会有什么好结果。我们不能因为没有军费就放弃凉州，这可是先帝当年辛苦打下来的江山。况且，倘若凉州失守，汉朝边塞就会推进到三辅（汉朝以京兆尹、冯翊郡、扶风郡为三辅，意为京城的三个屏障）。这样一来，我们就无法保护先帝的陵园了。再说凉州地区士兵的作战能力在所有郡县中也是首屈一指的，这也是羌胡不敢进犯京城三辅的原因呀。"

李修觉得他的话有道理，就说："我还真没有想到这些，只是听了他们的建议，险些误了大事。可是，我们要怎么对付羌胡军呢？"

虞诩答道："现在凉州城里人心惶惶。大人要先安抚民众，就该让西州豪强来担任掾吏，并以长吏之子为郎。"

接着，李修根据虞诩的提议做了部署，果真使羌人主动撤兵了。

邓骘得知虞诩提议攻打羌兵后，非常生气。那时，朝歌（今河南淇县一带）贼寇肆虐，各州郡都出现了混乱局面。因此，邓骘便举荐虞诩任朝歌长。

虞诩到了朝歌后，马上去拜访河内太守。太守以为来的是个英勇善战的大将军，谁知却是个手无缚鸡之力的儒生，就叹息道："这个常常出现贼寇的地方不是你这种书生该来的，你这样的人该在朝中出谋划策。"

虞诩道："您不用担心，虽然这里贼寇多，但是只要我们打开粮仓救济民众，就能够聚揽民心，用不了多久就可消灭贼寇。"

接着，虞诩就抓捕了一些贼寇，并赦免了这些人，命他们混入人群，引诱其他贼寇前来劫掠。接着，虞诩让预先埋伏好的士兵袭击他们。

虞诩又命一些裁缝混入贼寇团伙中，让这些裁缝在给贼寇做衣服时，以彩色丝线做标记。这样，只要这个团伙有人出现在县城集市上，待命的将士就会根据标记来抓捕他们。

贼寇对虞诩的能力非常吃惊，觉得是有神明在帮他，就都四散而逃了。朝歌终于恢复了平静。

率兵出征，平定西羌

115年，武都（今甘肃成县一带）受到了西羌的侵袭。当时掌权的邓太后因看重虞诩的军事才能，而封他为武都郡长，并命令他去对抗西羌。

虞诩带军队赶往武都上任，不料却在陈仓（今陕西宝鸡东）崤谷遇到了羌军。虞诩立即下令将士停止前进，并放出风声，说已命人赶回朝中请求援助，等援军到了再前进。

羌军获知此事后，不敢挑衅，许多士兵四散到邻近的县城去抢劫。虞诩则借此机会率领大军加紧步伐昼夜赶路，还让将士在扎营时逐日增加灶坑的数量，让敌军以为援兵已到，汉军的人数在逐渐增加。

这时，羌军由于将士四散而兵力不足，又见汉军人数增加、前进的速度非常快，只得放手让他们一路顺畅地过去了。

此后，有人向虞诩问道："孙膑当年减灶而将军您却增灶，按兵书之说，为免意外发生，每天行军路程不能超过三十里，你们却达到了两百里，这其中有什么道理呢？"

虞诩答道："这是根据具体情况作出的部署。羌军人数多于我军，倘若我们行进速度不快，敌军就会追击我们，所以我们只能快速前进，让敌军不

能准确算出我们的行程；我
们每日增加灶坑的数量，是
为了让羌军以为我们已经有
了援兵，这样他们就不敢进
攻了。当年孙膑示弱来引诱
敌军，今天我则示强来使敌
军撤退。"

将士们听完后，更加佩
服虞诩了。

不久，虞诩带领三千兵

虞诩命令五百个士兵隐藏于路边，伺机伏击羌军。

马终于到了武都，却在赤亭（今甘肃成县西南）遭到了几万羌军的围困。在
接下来的十天，虞诩命士兵们浴血杀敌，多次挡住了羌军的进犯，使羌军的
士气严重受挫。

到第十天时，虞诩命将士们改用小弓，羌军误认为虞诩部队已经没有弓
箭了，就强攻城池。虞诩随后命人用强弓弩来射杀敌军，汉军百发百中，惊
慌失措的羌军赶紧撤走了。虞诩命将士们趁势追杀，羌军死伤无数。

随后，汉军将士们自东门而出，自北门而进，换了装束后又自其他门进
出。这样一来，羌军以为城内有很多汉军，就更加惊惧。

虞诩觉得羌军该撤退了，就让五百个士兵隐藏于路边，伺机伏击羌军。
果然，羌军真的撤兵了，虞诩急命将士攻打他们，最终重挫羌军。

此后，羌军再也无力进犯武都了。

为了避免郡内民众再次遭受侵犯，虞诩在观察了各处的地形后，下令建
造了一百八十座碉堡城寨。他还亲自和将士们一起勘探河川的状况，并召集
民众一起修筑水道，大大减少了当地政府的开支。

在虞诩的治理下，武都再次安定，民众也过上了安宁的日子。

赤亭之战中，在敌强我弱的状况下，足智多谋的虞诩巧妙用兵，虚实结
合，让敌人以为汉军非常强大，惊惧之下主动撤退，汉军由此最终大败羌
军。这是中国战争史上少有的巧妙用兵、以弱胜强的经典战例之一。

跋扈将军梁冀

汉顺帝驾崩后，外戚梁冀执掌了大权。他奢侈腐败到了极点，同时，梁氏一族倚仗自己的权位目空一切，狂妄自大，朝廷上下的官员都很害怕他们，连皇帝也不敢问及他们任何事情。东汉外戚权势最盛的时期、统治最杂乱的时期都处在跋扈将军梁冀执掌大权的二十年间。

纨绔子弟，总揽朝政

梁冀，祖籍甘肃平凉，字伯卓。他的先祖梁统是东汉开国元勋之一，他的父亲梁商官至大将军。梁冀出身官宦之家，是个花花公子，可他又精于官场上的各种门道，为人更是心狠手辣。

梁冀担任河南尹时，残暴待民。洛阳令吕放是他父亲的亲信，几次因梁冀的残暴而在梁商面前揭发他。梁冀就命人杀害了吕放。

为了不让别人知道这事，他举荐吕放之弟吕禹为洛阳令，并四处造谣说是吕家的仇人杀死了吕放，还帮助吕禹围剿了所谓的吕家的"仇家"，杀死了一百多人。

总而言之，梁冀身上兼具了官宦子弟的横行霸道、流氓的残暴无理和政客的狡猾刁钻等特征。

132年，梁商的女儿梁妠被顺帝册封为皇后。此后，梁商官运顺畅，官拜大将军。

那时，他的势力并不能使他权倾朝野，也不能助他抗击宦官集团，所以梁商就在与宦官交往的同时笼络人心，遇到饥荒之年他就在城门外发放粮食来救济难民。这些做法使他在得到朝中大臣赞赏的同时，渐渐巩固了自己的地位。

梁商去世后，梁冀担任大将军，并执掌了朝政。

144年，顺帝去世，不到一岁的太子刘炳即位，即冲帝。不到一年，冲帝又因病去世。

那时，清河王刘蒜和渤海孝王的儿子刘缵，都被认为是比较合适的皇帝人选。太尉李固等人劝梁冀立年纪较长的刘蒜为帝，但是梁冀及其妹梁太后想要总揽朝政，最终还是决定立当时年仅八岁的刘缵为帝，刘缵史称汉质帝。

汉质帝虽然只有八岁，却非常聪颖。他非常不满意梁冀独揽大权的行为。一日，当着满朝文武大臣的面，汉质帝就冲梁冀说道："大将军乃跋扈将军也。"

梁冀听完这话，勃然大怒，他害怕质帝长大后会影响自己执政，就秘密把质帝毒死了。

质帝过世后，梁冀又想立将与其妹成婚的刘志为帝。但是，以李固为首的满朝大臣都认为应当立清河王刘蒜为帝。这惹恼了梁冀，他就让梁太后免了李固的职，并封自己的心腹胡广为太尉。

最终，刘志被册立为帝，即汉桓帝。

权倾朝野，为所欲为

147年，梁冀的妹妹被桓帝封为皇后。这样，梁冀的两个妹妹就分别成了皇太后、皇后，他的地位也就更加稳固了。后来，他的两个弟弟梁不疑、梁蒙分别被赐颍阳侯、西平侯的封号，他的儿子梁胤则被赐号襄邑侯。

桓帝为了巴结梁冀，还特许他可以带剑上朝，且把所有政事交与他处理；并命被任免的官员都要先去梁冀家中叩谢，之后再去尚书台办理相关手续。

梁冀还找理由杀死了未去他家叩谢的辽东太守侯猛，又摆下宴席毒死了下邳人吴树，只因吴树在赴任前去梁冀家中辞行时，没有答应梁冀的要求，上任后还杀死了原是梁冀同伙的地方恶霸。

那时，朝中才华横溢、年仅十九岁的郎中袁著，奏请皇帝让梁冀约束自己的行为，却立即遭到了梁冀的追杀。无奈之下，袁著只得假装病亡，并让家人举行了葬礼，可他最终还是被梁冀的奴仆捉到生生打死了。

即便这样，梁冀还是觉得没消气，就命人杀死了包括袁著的挚友胡武、郝絜在内的一些人。其中胡

八岁的汉质帝冲着梁冀说道："大将军乃跋扈将军也。"

武家死了六十多人，郝絜最初逃亡了一段时间，后来为了不连累家人，就去了梁冀家，饮鸩而亡。

梁冀还大造府宅，他和妻子孙寿都过着淫乱放纵的生活，孙寿曾私通梁冀宠信的监奴，还常常干预梁冀的淫乱生活。她曾命人暴打美人友通期，只因此人曾经和梁冀有染。

恶贯满盈，梁氏被诛

梁冀觉得自己为桓帝登基立下了大功，就总是管制桓帝，为此桓帝非常不满。

159年，桓帝偷偷在厕所里召见了宦官唐衡，问他官员中谁与梁冀有隙。唐衡说中常侍单超、徐璜和黄门令具瑗一向与梁冀不和。接着桓帝又在密室中召见了单超等人，并对他们说道："梁氏一门执掌大权，权倾朝野，我想铲除这些奸佞，你们觉得怎么样？"

这几个人听后，也义愤填膺地说早就该杀了梁冀这样的奸佞，希望皇上早做决定，不可半路变卦。

桓帝下了决心："我一定要杀了这样的奸臣。"

没过多久，梁皇后因病过世。梁皇后一死，邓贵人的好日子就来了。梁冀为了稳固自己的权位，曾经将自己的干女儿改为梁姓送入宫中，她就是现在的邓贵人。在大家眼中，邓贵人就是梁冀的女儿，可邓贵人对这一切心知肚明。现在由于邓贵人受宠，梁冀非常害怕她在宫外的母亲会说出事情的真相，就命人去暗杀她的母亲。可没想到的是，派去的人被捉住了，邓贵人得知后就干脆将一切告诉了桓帝。

桓帝马上命宦官单超、具瑗、唐衡、左悺、徐璜等人率军包围了梁冀的宅院，最后处死了梁冀和梁冀妻子孙家的所有人，随后又没收了梁冀的家产。那些家产相当于东汉王朝半年的税收收入。

接着，桓帝又派人杀死了几十个被牵涉进此案的公卿、列校、州刺史等官员，罢免了将近三百个梁冀的旧吏和宾客。此后，朝中一片空荡，足见梁冀势力之重。

梁氏被满门抄斩，实属报应。而东汉王朝外戚专权的时代在梁氏被诛后也几乎走到了终点，但是这却没能阻止东汉王朝的进一步衰败。

五宦当道

汉桓帝铲除了梁氏一门后，为了感谢宦官的帮助，就封赏了除掉梁冀有功的五个宦官，即单超、唐衡、徐璜、左悺、具瑗，他们就是声名狼藉的"宦官五侯"。从此以后，宦官总揽了朝政，他们仗着手中之权谋取私利，还戕害大臣，胡作非为，使得朝廷更加混乱不堪。

宦官当权，五侯乱政

单超、唐衡、徐璜、左悺、具瑗这五个人在杀了梁冀后，于同一日被赐侯，当时的人们称他们为"五侯"，随后他们就总揽了朝政。其后的几年间，他们五人的多数家人都做了官，这些人铲除异己，肆意妄为。

一心想要复兴汉室的尚书令陈蕃向桓帝举荐了南昌的徐稺、广戚的姜肱、平陵的韦著、汝南的袁闳、阳翟的李昙这五位博学多才的人。可这五人都只愿意在自己的故乡种地、教书育人，不想为官。安阳贤士魏桓也不想做官。他的好友劝他说："去京城做官有什么不好吗？"魏桓答道："读书人，为官一定要对民众负责，对国家负责。可现在，我们能使后宫的几千人减少一些吗？我们能使宫中用于玩耍的一万多匹马减少一些吗？如今宦官掌权，我去了能做什么呢？"

虽然汉桓帝多次约请贤士入朝为官未果，可他觉得有宦官就够了，因此并不将这些事放在心上。中常侍侯览不曾参与铲除梁冀一事，却因献绢五千匹而被桓帝赐侯。白马（今河南郸城东）县令李云觉得朝廷不该如此随意地封侯，就上书斥责桓帝。奏章中写着："有些宦官根本没出什么力，却得到了封赏，这样的话，边疆的战士怎么可能没有怨言呢？皇上您随意给这些宦官封侯加爵，还听信他们的谗言，这样下去，国家就完了。"桓帝看了奏章后非常气愤，立即命人把李云抓进了牢里，还命中常侍管霸对他施以酷刑。

此时，大臣杜众请求皇上让自己和李云一同受罚，桓帝受"五侯"唆使又将杜众送进了牢里。一些大臣共同奏请皇帝放过李云和杜众。可还未平息怒气的桓帝却罢免了所有说情的大臣，并即刻下旨处死了李云和杜众。接着，他又封单超为车骑将军，命其掌控全国的兵权。不久，单超病故。徐璜、具瑗、左悺和唐衡这四侯愈加傲慢专横。桓帝还先后给他们的义子加官晋爵。

为了追求名利，众多的官员不顾形象争抢着认宦官做自己的父亲。就这样，这四侯的义子、家人、朋友都有了官职，这些人也都毫无顾忌地收受贿赂，抢夺民众财物。百姓叫苦不迭，却投诉无门。

徐璜的侄子徐宣在做下邳令时，想纳汝南太守李嵩之女为妾。遭到拒绝后，徐宣就强行将她抢了过来，可她宁死不从。愤怒的徐宣就将她捆在柱子上鞭打，然后一面喝酒，一面向她射箭，最终射死了她。事后，李家四处状告徐宣，却没人敢主持公道。后来，李嵩一直将徐宣告到了东海相黄浮之处。身为廉吏的黄浮下令抓住了徐宣，并当众审讯。徐宣大骂黄浮，黄浮就命人脱掉了他的衣服和帽子，宣布将其斩首示众。

徐宣再不敢放肆，就跪地求饶。黄浮的属下也劝说黄浮千万不能杀了徐宣。黄浮说道："今日杀了这个贼子，明天我就是死，也无遗憾了！"说完，他就下令将徐宣处死了。百姓得知此事后，无不拍手称快。

徐璜从此怀恨在心，极力陷害黄浮，使得桓帝最终罢免了黄浮的官职。

骄奢淫逸，祸害民生

当时，宦官为所欲为，无节制地耗费钱财，相互攀比着修筑华丽的宅院。身为太监，他们竟然妻妾满堂；自己没有子嗣，就花钱买子。他们的亲戚朋友都做了官，经常欺压百姓，抢夺百姓财物。中常侍侯览肆意聚敛钱财，贪污赌博，相继抢占了近两百顷民田、近四百所民宅，把自己的宅院修得和皇宫一样，奢华无比。侯览的哥哥侯参在做了益州刺史后，就找各种理由将自己辖区内的富裕之家的钱财收归己有。侯览的仆人和门客也大肆欺压民众，劫掠商贩。

那时，掌权的宦官混淆是非，百姓对他们深恶痛绝，却又无可奈何。于是人们称左悺为"左回天"，说他权力通天；称具瑗为"具独坐"，意指没人能与他比骄矜；称徐璜为"徐卧虎"，说他如老虎般恶毒；称唐衡为"唐两堕"，说他横行霸道。宦官专政到了极点，百姓叫苦不迭，许多人流落到山林，成了贼寇。

宦官势力大增，也更加专横，连皇权也受到了威胁。后来，桓帝借具瑗的哥哥触犯法律的机会，下旨把具瑗贬为都乡侯，唐衡等人也都相继被贬职，五侯掌权的时期终于结束了。"五侯"掌权之时，肆意妄为，四处掠夺民财，使得民生凋敝、民怨沸腾，进一步把东汉推向了衰亡的深渊。

党锢之祸

桓帝和灵帝在位之时，宦官专权，民生凋敝，民怨沸腾，昏君和佞臣把东汉一步步推向了衰亡。一些太学生实在看不下去了，就在出身世家大族的李膺等人的组织下联名奏请皇帝铲除宦官、进行政治改革，可众人最后却遭到宦官的残酷迫害，这就是历史上有名的"党锢之祸"。朝廷的腐朽破败导致了"党锢之祸"，这也从侧面反映出东汉王朝大厦将倾。

党人议政，宦官加害

东汉时，许多儒生在讲学的闲暇时间，常常谈论朝事，评论当朝的名人，人们称这种评论为"清议"。擅长清议之人被时人称为名士，他们对某个人的评价，能够有效地支配民众的看法。那时，在野的名士和太学生经常联名上书，影响不容小觑。

桓帝在位之时，李膺、陈蕃等正直的官吏受到名士和太学生的普遍尊重，他们与宦官集团展开了殊死斗争。那时，宦官张让之弟贪得无厌，喜好杀孕妇，司隶校尉李膺就将其抓住并斩首了。宦官们见李膺如此严厉，他们随时盘算着杀死李膺。

这时，一个名叫张成的与宦官来往密切的术士自称可以未卜先知。一日，中常侍侯览对他说，桓帝不久就要大赦天下。张成回去后装成什么都知道似的看看风向，并说皇上会立即下旨特赦全国。有人觉得他在胡说，他就让儿子把那人杀了。第二天，皇上果真大赦天下。张成骄傲地对其他人说："我的预测灵验吧？我儿子不会被处罚的。"李膺闻听后，怒吼道："就算皇帝大赦，我也不能放过这样的人！"接着就处死了张成的儿子。张成想让侯览、张让为自己报仇。侯览就让张成去向皇上状告李膺、太学生和名士一起联手诋毁朝廷、破坏风气，还把与他们对抗的所谓"党人"的名单献给了皇上。

张成的弟子牢修也在皇帝面前诬陷李膺，说他与太学生交好，诋毁朝廷。桓帝大怒，下旨抓捕李膺等人。宦官见报复时机已到，就肆意搜寻，搅得朝廷内外人人自危。桓帝还罢免了为李膺说情的太尉陈蕃。

李膺等人在被审讯之时，故意牵涉进一些宦官，宦官为此很担心。太学生知道窦皇后之父窦武憎恨宦官，就去向他求助。窦武劝说桓帝放了党人，不然天下人会对朝廷失望。因此，167年，桓帝下旨放了两百多名党人，将他们遣回家中。第一次党锢之祸就这样结束了。

铲除奸宦，事败被锢

桓帝死后，窦太后和她的父亲窦武立十三岁的刘宏为帝，即汉灵帝，窦太后执政，大将军窦武和被重新起用的太傅陈蕃辅政。窦武和陈蕃都极其厌恶宦官。在窦太后的帮助下，他们除掉了宦官管霸和苏康。此后，窦武又密谋除掉大宦官曹节等人，不料计划泄露。曹节等人挟制了灵帝和窦太后，以皇帝的名义命人逮捕窦武。窦武躲入军营中。曹节、王甫等人率领将士围剿窦武，处死了窦武和他的亲戚、门客。陈蕃得报，拖着年迈的身子，带领七十多个官员和学生拿着刀杀进了承明门，但刚除掉窦武的宦官正好赶了回来，杀死了陈蕃。

之后，宦官彻底掌控了东汉政权。灵帝刚即位时，年幼不懂事，长大后又沉迷于酒色和聚敛钱财，宦官也都迎合他的喜好，使得灵帝越发荒唐起来。宦官侯览的母亲和家人在山东老家肆意妄为，山东贤士张俭奏请皇帝罢免侯览。侯览就教唆无赖朱并诬陷张俭与郡里的二十四人结党准备起兵反叛，并劝说灵帝逮捕张俭。张俭历经艰险逃到了塞外。宦官们则趁机肆意地捕杀曾帮张俭脱离险境的人，并下令抓捕一直与宦官作对的所谓"党人"。

抓捕党人之诏一出，全国一片混乱。很多读书人来见李膺，劝他赶紧逃命。可李膺却说："作为臣子，侍奉君主就不能害怕灾祸，我已老态龙钟，生死由天决定，为何要逃呢？"因此，他就自己进了监狱，后被毒打致死。

汝南督邮负责抓捕贤士范滂，范滂得知此事后，就来到县里自首。督邮不想抓他，他对范滂说："天下这么大，去哪里不行啊，为什么要自坠陷阱呢？"可范滂不想把别人牵涉进来，甘愿被抓。县令无奈只好把范滂的母亲请来了。范滂的母亲鼓励他说："如今你已经和李膺、杜密等人齐名了，即使死了也没有遗憾了。"最后，年仅三十三岁的范滂死于牢中。杜密等人也因遭陷害惨死，还有将近一千人因受牵连而被流放、禁锢或是斩首。

176年，永昌太守曹鸾奏请皇帝放过被囚禁、流放的党人，宦官就生生打死了曹鸾，并诛杀了党人的众多亲戚。宦官迫害党人活动至此达到了顶峰。这就是第二次党锢之祸。

在两次党锢之祸中，党人不惧强权，以死反抗宦官。这种精神鼓舞后世，他们舍身求仁的志气必将流芳千古。之后，东汉的局势更加混乱。

汉灵帝荒淫无能

第二次党锢之祸后，贤能忠义的进步势力遭到了彻底的打击。宦官们消除了与自己直接抗衡的力量，宦官专权达到了顶峰。此时昏庸无能的汉灵帝也荒淫到了极致。他大造宫室林苑，满足自己的私欲；他卖官鬻爵，搜刮民脂民膏，致使东汉王朝进入了最黑暗的统治时期。

临朝执政，荒淫无度

168年，汉章帝的玄孙、汉桓帝的远房堂侄刘宏即位，即汉灵帝。灵帝时年十三岁，年少无知，宦官控告"党人"意图不轨时，他都不知道"不轨"指的是什么。他为了自在地玩乐，就让宦官处理朝政。张让、赵忠等十名在他身旁的宦官，都曾被封为中常侍，于是当时的人们就称他们为"十常侍"。这些宦官都是侍奉皇帝的人，他们为了掌权，就为年幼的皇帝找寻不同的、刺激的玩法，好让他只知享乐，不理朝政。灵帝觉得这些宦官非常了解他的心意，就更加宠信他们了。一次，他竟然说："张常侍是我父亲，赵常侍是我母亲。"

灵帝成年后开始处理朝政，并封宋氏为皇后。宋皇后是个温和贤淑的人，因此灵帝并不喜欢她，没多久就找理由将宋皇后废掉了。灵帝肆意地寻欢作乐，只要看见长得比较俏丽的宫女，就绝不放过。

186年，灵帝在西园建造了房屋一千间，命人在台阶上铺盖绿色苔藓，在渠水中种上将近一丈高的"夜舒荷"，这些荷花是南国的贡品，每个茎上长有四莲，花大如盖，荷叶白天卷上，夜晚张开。西园有如仙境，灵帝让宫女们脱光了衣服在其中玩耍。有时他来了兴趣，也会脱光衣服和她们一起玩耍，他还为这座花园起了个"裸泳馆"的名字。

灵帝夜以继日地在裸泳馆里和宫女们寻欢作乐。为了得知准确的时间，他在裸泳馆的北侧建了一座鸡鸣堂，养了许多鸡。而他身边的内侍为了让皇帝继续玩乐下去，就争着模仿鸡叫，致使后来灵帝都不知晓自己听到的是人声还是鸡叫了。

那时，宫内婢女大都在十四岁和十八岁之间，个个浓妆艳抹，灵帝让她们在宫内只着内衣，还常常和她们在那里裸泳。灵帝曾经感慨道："这样的日子要是能过上一万年，我就胜过神仙了。"

卖官鬻爵，搜刮民财

178年，灵帝下旨允许买官，两千万钱可买郡守级官职，四百万钱可买县令级官职，五百万钱可买关内侯。该被升职的人，出半价或是三分之一的钱就可买到官职。家境好的先出钱买官再做官，出不起钱的可延期交钱，但上任后要交双倍的钱。对于朝廷中权力最高的三公九卿这样的职位，灵帝就命心腹与想得到这些职位的人暗中进行买卖，以防止被外人知晓，一千万钱可买公，五百万钱可买卿。

灵帝还根据买官者的地位和财富来及时进行任免。例如，贤士崔烈用半价就可做司徒，宦官曹腾的养子曹嵩（曹操父亲）的家里极其富有，他用定价的十倍（即一万万钱）买了太尉一职。后来，只要是官职就要靠买卖来得到，常常是一个官员刚到任没多久，另一个官员就又到任了，有时一个月内，州郡官要换好多次。官吏担心自己没了本钱，一上任就大肆搜刮钱财，为了免遭浩劫，百姓甚至卖掉了仅剩的一些谷粱，以保证新任官吏一上任就能拿到钱。

181年，京都洛阳的后宫也出现了商业街，灵帝命人用宫内的宝物、丝绸和其他东西组成商铺，让宫女在其中买卖交易。灵帝自己则扮成卖东西的商人，在市场上来来去去，有时也会去酒馆饮酒，甚至还会和人吵架、厮打在一起，他急了，也会撵走店员，然后自己做店员，微笑着、装模作样地招呼客人。店里的东西时常会被宫女偷走，可灵帝都视而不见，并觉得这是件乐事。白天，他和宫女们做买卖，晚上就和她们肆意地寻欢作乐。

灵帝还制作了一种比马车更为便捷和新潮的驴车，他沾沾自喜地亲自驾驶驴车在上林苑中闲逛。京都的百姓知道此事后，也都争着置办那种驴车，致使驴价暴涨，竟然超出了马的价格。

189年，三十四岁的汉灵帝结束了他淫乱奢靡的一生。

汉灵帝执政的这段时间是东汉历史上最为黑暗的时期，朝中大臣对百姓的迫害也达到了顶点。汉灵帝可以说是直接促使东汉覆灭的罪魁祸首。

黄巾起义

由于宦官当权，朝政腐朽黑暗，各地遍布贪官污吏，土地兼并十分严重，百姓苦不堪言，农民和强权地主的矛盾也越来越不可调和，这些最终导致了以张角为首的黄巾起义的爆发。起义军四处烧毁府衙，处斩官员，铲除强权势力，完全搅乱了地主阶级的封建统治。在他们的打击下，东汉王朝名存实亡。

矛盾激化，揭竿而起

灵帝在位时，各地就不断有小范围的农民起义爆发。朝廷虽然平定了这些起义，却没能阻止日益高涨的民怨。

张角，祖籍河北平乡，他创建了"太平道"，借助行医暗地里传授教义，并聚集民众，向贫穷的百姓传播"人无贵贱，皆天之所生"的平等观念，还提议百姓建设一个钱财归大家所有的太平盛世。很多贫穷的百姓都很拥戴他，尊称他为"大贤良师"。十几年下来，太平道的人数达到了十万。

之后，张角和他的学生分散到青、徐、幽、冀、兖、豫、荆、扬等八州传播教义，聚拢民众，使得太平道的人数很快就到了几十万。张角将这些人分成三十六方。大方有一万多人，小方有六七千人，每一方由"渠帅"领导，渠帅统一由张角指挥。张角还大肆散播"苍天已死，黄天当立，岁在甲子，天下大吉"的预言。"苍天"指东汉，"黄天"指太平道所勾勒的太平盛世。

184年，做了充足的准备后，张角让大方首领马元义率领荆州、扬州的几万道徒攻打洛阳，让洛阳的道徒策应他们。可在发起总攻前的一个月，因为叛徒泄密，起义计划全部泄露，马元义被抓，一千多名京城的道徒也被杀害了。灵帝还下旨捉拿张角。情况十分危急，张角赶紧通告各处的道徒，让他们立即起兵。起义军的将士们都头戴黄巾，因此这次起义又被叫做黄巾起义。起义军人数众多，且军纪严明，因此在刚刚起义时，连连取得胜利。

张角自封为"天公将军"，封他的弟弟张宝为"地公将军"、张梁为"人公将军"。"神卜使"张曼成带领南阳黄巾军驻守在宛城，他们是黄巾军南方的主力部队。以波才、彭脱为首的黄巾军掌控了颍川（今河南禹州）、汝南、陈国（今河南淮阳）等地，他们是黄巾军东方的主力部队。

灵帝以最快的速度调派各地精兵良将去围剿黄巾军。各处的强权势力也相继起兵，预备和朝廷一起铲除起义军。这些势力的首领包括袁绍、袁术、公孙瓒、曹操、孙坚、刘备等。

转战南北，兵败而终

面对朝廷的围剿，黄巾军英勇反抗，并多次取胜。在京都洛阳，以波才为首的颍川黄巾军大败以皇甫嵩和朱儁为首的四万多官兵。

不久，灵帝调遣皇甫嵩去了河北前线，并命其彻底剿灭农民军。

不幸的是，张角此时因病去世。以张宝、张梁为首的黄巾军接着对抗官兵。在农民军的重创下，皇甫嵩再也不敢轻易出营作战。之后，张梁因为自大，轻视敌军，致使农民军遭到了官兵的突袭。以张梁为首的三万黄巾军全部牺牲，众多将士的亲属也都被官兵害死了。随后，以张宝为首的十万黄巾军在下曲阳遭到了皇甫嵩的围剿，全军无一幸存。皇甫嵩进城后甚至还把张角的尸体从棺材中挖出来鞭尸。

185年春，以波才为首的黄巾军大败朱儁，并在长社（今河南长葛地区）包围了皇甫嵩。此后，由于波才作战经验不足，在草地旁扎营，致使皇甫嵩趁机在大风天顺着风点起了火，起义军大败。此后，皇甫嵩、朱儁又去攻打汝南、陈国的起义军，并在阳翟（今河南禹州）再次大败波才军，波才战死沙场；后来他们又在西华（今河南西华南）打败了彭脱。

以张曼成为首的黄巾军驻守在宛城，可他们没有找准作战时机，因此使官兵有了机会，张曼成不久战死。之后，大家推举赵弘为将领，并占领了南阳。朱儁和其他军队一起围剿赵弘，起义军誓死守卫城池，无法动摇。灵帝怪罪朱儁想惩处他，朱儁为了自保，只得筑起土山和义军拼死相争。期间，赵弘亲自作战，后被矢石所伤，献出了宝贵的生命。

很快，汉军又一次在苍亭大败东郡（今河南濮阳市西南）黄巾军卜已部，杀死了七千多义军，并捕杀了卜已。至此，汉军消灭了东郡、汝南、颍川三郡黄巾军的主力部队。之后，黄巾军残部和各处的农民武装仍继续进行战斗，共坚持了二十几年，沉重打击了各地的割据军阀和强权势力。

黄巾起义被誉为我国古代史上少有的有组织、有计划、有纲纪的起义。它公然宣称要消灭东汉王朝，创立农民政权，比之前的农民起义有了很大的进步。东汉王朝尽管最后残忍地镇压了黄巾起义，可是由于起义军的重创，东汉王朝也早已是名存实亡。

东汉文化

佛教入华

自西汉时张骞出使西域到东汉初期，汉朝与西域各国在经济、政治、文化上一直保持着友好交流。期间，源自印度的佛教开始传播到西域各国，并最终由西域传播到了中原。

释迦佛教，传入西域

佛教乃印度古老的宗教。据传，两千五百多年前，有一个年逾古稀的国王得到了一个儿子，这个国王就是位于喜马拉雅山山脚的迦毗罗卫王国的国王乔达摩，他的儿子就是悉达多皇太子。据说，小皇子一出生就接连走了七步，且走过的地方都长出一朵盛放的莲花。悉达多还是太子时，每每见到受苦的人，都特别难过，他期盼自己能帮这些人找到解脱之法。因此，他在十九岁时决然地离开了皇宫，并用了十几年的时间潜心修行，到三十五岁时，终于修成正果。之后，他就开始授徒传道，并最终创立了佛教。

苦、集、灭、道"四谛"是佛教的基本观点。佛教认为人一辈子都要受苦，且只有苦没有乐，但众生不知这些，反而以苦为乐。"苦谛说"认为，一辈子有八种苦，分别是生苦、老苦、病苦、死苦、爱别离苦、求不得苦、怨憎会苦、五阴炽盛苦；"集谛说"认为，人们总爱自讨苦吃，最终因集苦而酿成苦果；"灭谛说"认为，要想不再有苦因苦果，就要远离痛苦寻找快乐；"道谛说"认为，要寻找道义，让自己的思想境界有所提高，才能修成正果。

"四谛"说认为：欲爱是苦难的源泉，人有欲爱就会建业（孽），若建了业，报应也就来了。如要避免报应，就要灭掉欲爱，可要灭掉欲爱，就一定要先修行。这里的修行就是指出家。此说还认为，尘世中的事，有因必有果，因是欲爱，果是报应，即所谓的"因果报应"；善果出自善因，恶果出自恶因，所谓"善有善报，恶有恶报"，指的就是这个。佛教相信，今生未报，来生必究，因为人的灵魂不灭，能够转世轮回。所以，人们要苦中作乐，要积累善果，要学会忍耐，以祈祷来生得到幸福。

在印度阿育王的支持下，自公元前3世纪起，佛教很快就传播到了缅甸、斯里兰卡和中亚、西域等印度以外的一些国家和地区。公元前2世纪，印度西北的舍竭国遭到了大夏国的侵袭。那时，佛教已经在舍竭国传播，所以很快也就到了传播到了大夏。

公元前130年，大夏受到大月氏的入侵，从此大月氏人也开始崇信佛教。当大月氏侵占其他地区后，这些地区也开始信仰佛教。如此，大月氏就将佛教传播到了西域各国，此后西域派遣到汉朝的使者和商贩就成了首批在中原传播佛教的人。不过在西汉后期，中国百姓仅把佛教看作一种风俗，没人把它当宗教信仰。后来，被盘剥欺压的百姓由于无处申冤，加上佛教主张让众生安于磨难、积累善果，因此百姓渐渐对佛教有了很深的兴趣。

成文的佛教经典出现于公元前1世纪以后，此前人们都是靠口头来传播佛教教义的。

佛教入华，影响深远

佛教传播至中国的时间在公元元年前后。当时，大月氏使者伊存到了京都长安，并向博士弟子景庐口授佛教的《浮屠经》。

65年，在都城洛阳的寝宫里，东汉明帝刘庄做了一个怪异的梦。他梦见一个头上环绕着白光的高大的金人，不停地飞翔在宫中的大殿上。翌日早朝，明帝向大臣询问这个梦预示了什么？太史傅毅答道："陛下梦到的莫非是西方的一个叫佛的神仙？"于是，明帝命蔡愔和秦景等人去西域求取佛教教义。三年后，他们终于到了西域的大月氏国，并遇到了摄摩腾和竺法兰两位得道的印度僧人。他们二人藏有很多经文，这些经文都是写在便于书写的坚硬的贝多罗树叶上的，因此人们称之为"贝叶经"。

两位高僧应蔡愔和秦景之邀来到中国。他们用白马驮着佛经、佛像回到了洛阳，此乃中国佛教史上的首次"西天取经"。明帝大喜，不久下旨建了一座僧院，它位于洛阳城西雍门外的御道北边，即有名的白马寺。

佛教传播到中国后，得到了一些皇族的崇信。东汉皇帝崇信黄老学说和神仙方术，因此有人常常把佛教和黄老学说放在一起谈论，还一起供奉佛像、神仙像和老子像。不过东汉时，佛教并没有在民间广泛流传，直到魏晋南北朝时才在民间普及。

佛教文化是中国封建文化的重要组成部分，它在传入中国以后，吸收、影响了中国的传统文化，也深刻影响了中国古代社会的历史、哲学、文学、艺术等其他文化领域。

蔡伦造纸

我国古代四大发明之一的造纸术是中华民族为世界文明发展作出的一项非常重要的贡献。造纸术发明于西汉，东汉时开始广泛流行，促使其发展的核心人物就是蔡伦。蔡伦受前人制作丝织品经验的启发，在洛阳制作了由树皮、破渔网、破布、麻头等为原料的适宜书写的植物纤维纸。此后，纸就成了百姓普遍使用的书写材料。造纸术的发明，对世界科学文化的传播和沟通起到了推动作用，也对世界历史进程产生了深刻的影响。

一介宦官，仕途通达

蔡伦，祖籍湖南郴州，字敬仲。他出身贫寒，从小就和父亲一起以种田为生。由于聪颖机灵，大家都很喜欢他。章帝刘炟登基后，下旨在全国各处择选聪慧勤奋的孩子进宫。十五岁的蔡伦由此成了洛阳宫的太监。因为聪明伶俐，手脚勤快，他很快被封为小黄门，掌管宫内的杂务，没多久又被升为黄门侍郎，负责传达朝廷内外的公事等事宜。

那时，没有子嗣的窦皇后唆使蔡伦陷害章帝的宠妃宋贵人，并以其心狠手辣为由，除掉了她。宋贵人被害后，她所生的太子刘庆就遭贬而成了清河王。窦皇后又命人写了封匿名信，陷害章帝另外一个宠妃梁贵人，并强行把梁贵人的儿子刘肇收为自己的养子，册立为太子。

刘肇即后来的汉和帝，他即位时仅十岁，而窦皇后刚成为太后，临朝听政。蔡伦被晋升为中常侍，负责伺候和帝。此时的蔡伦常常和大臣一起讨论国家要事，位列九卿。

窦太后病亡后，和帝开始掌权，册立邓绥为皇后。蔡伦知道邓绥喜好诵诗写作，就请命担任尚方令一职，掌管朝廷御用手工作坊。

没多久，和帝驾崩，邓绥的儿子即位。可不过两年时间，新皇帝就病亡了。随后，邓

蔡伦（约61~121），东汉人，祖籍湖南宋阳，字敬仲，造纸术的改进者。

绥册立清河王刘庆的儿子、十三岁的刘祜为帝，刘祜即安帝。邓绥继续把持着朝政，蔡伦也继续得到邓绥的赏识，还被赐号"龙亭侯"，又被升为长乐太仆，身居高位，成了邓绥的心腹。满朝文武大臣更是不停地巴结他。

但是不久后，邓绥却突然病亡。安帝知道此前蔡伦曾受窦太后之命，参与杀死自己的祖母宋贵人之事，就命廷尉提审蔡伦。蔡伦自知已无活路，但又不想被辱，就穿上崭新的衣服，服毒自尽了。

蔡伦在宫内接连伺候了四位皇帝，并依靠两位皇后，不断晋升，成了位列九卿的列侯，但最后还是悲惨地结束了生命。

改进造纸，功在千秋

蔡伦在担任尚方令时，主要负责管理制作刀剑等宫室御用物品的作坊，也经常命人制作一些皇后喜爱的东西。邓皇后喜好纸墨和文史，并曾让各州郡每年进贡各种纸墨。也正因为这样，蔡伦才成了改进造纸术的核心人物。

在汉代，书籍多为竹简，也有人在缣（白色细绢）和帛上书写。可竹简过重，缣帛的价格又过于昂贵。因此，蔡伦就决心改进造纸术。他常常到河岸，看女子"漂絮"（即洗蚕丝和抽蚕丝）。他发觉人们拿走好的蚕丝后，剩余的破蚕丝会在水里形成一层薄膜，晾干后可用来糊窗户或是包东西，也可写字。他又到造纸的作坊，请教那些造丝絮纸的工匠，渐渐地通晓了造纸的一般步骤。

之后，蔡伦以树皮、麻皮、废渔网为主要原料，捣碎后做纸浆，又用"漂絮"的方法，用席子打捞纸浆。纸浆就在席子上形成了一层薄膜，晾干后就是纸。105年，蔡伦把这种纸献给了皇帝。此后，皇帝下旨把这种纸推广到全国，时人称之为"蔡侯纸"。

117年，蔡伦监督经书的修订工作，他要把抄下来的经书副本送到各个地方官那里。自此，大范围地抄写儒家典籍的高峰开始了，而造纸术的改进无疑为此提供了极大的便利。

指南针、造纸术、印刷术、火药是我国古代的"四大发明"。其中造纸术经中土传进西域，并由西域传至安息、大夏，进而传进欧洲，为世界文明的发展作出了非常重要的贡献，对世界历史的进程产生了深远的影响。而蔡伦也被誉为造纸技术的改革者、发起者、提倡者和普及者，在历史上拥有很高的地位。

天文学家张衡

张衡，东汉著名天文学家、文学家。在天文方面，他发明了用于观测天象的浑天仪和预测地震的地动仪，这两种仪器极大地推动了我国古代天文学的发展；在文学方面，他用十年时间著成了流传千古的《二京赋》。另外，在数学、绘画、地理学方面，张衡也表现出了卓越的才华和非凡的天赋。郭沫若曾这样评价他："如此全面发展之人物，在世界史中亦所罕见，万祀千龄，令人景仰。"

博学多才，入朝为官

张衡，祖籍河南南阳，字平子，出身士族大家。他的祖父张堪曾经担任蜀郡太守和渔阳太守。张衡幼时，家道中落，甚至经常需要亲朋好友的救济。张衡自幼就能诵读诗书，可是书中的思想并没有限制他的想法。

94年，张衡离开家开始了求学生活。他在当时最繁盛的文化艺术中心长安用了三年的时间游历山川，探察历史遗迹，考察各地的政治、经济状况。之后，他又去洛阳拜师求友，后撰写了自己的第一篇赋《温泉赋》。

100年，张衡受邀返乡，担任南阳太守鲍德手下的文官，负责处理文书。闲暇时，张衡就用心写作。他用了十年时间，不停地修正自己在长安和洛阳游学时的见闻资料，并写成了有名的《二京赋》，包括《西京赋》和《东京赋》两篇。在赋中，张衡讥讽、斥责了朝廷的腐败，并描述了长安和洛阳的繁华。此赋为后人所称颂，张衡也因此成为东汉知名的辞赋家。

我国最早的七言诗《四愁诗》也出自张衡。在这首格调独特的诗中，他由衷地感叹道："我所思兮在太山，欲往从之梁父艰，侧身东望兮涕沾翰。美人赠我金错刀，何以报之英琼瑶。路远莫致倚逍遥，何为怀忧心烦劳。"那时的张衡早已名满天下，可他并没有骄傲自满，依旧不喜名利、坦然淡定。

之后，鲍德被调到别处为官，张衡就辞官归家了。当时掌权的大将军邓骘多次命人请张衡做他的文官，可张衡都拒绝了。

三十多岁以后，张衡渐渐对哲学和自然科学有了兴趣，扬雄的《太玄》因为涉及了天文、历法、数学等多方面的内容而一直为他所喜。同时，张衡也从《太玄》中的某些朴素的唯物主义观点中得到了启示。

志在天文，英名留世

后来，张衡着手探究机械制造技术，并潜心钻研天文、气象、岁时节候等的推算。汉安帝闻知张衡通晓天文、历法，就封他为郎中，之后又升他为太史令。因此，张衡就在朝廷的支持下开始开始探究自然界的各种现象。

经过长时间的探究，张衡作出了"浑天如鸡子"的结论，认为天地之间的关系和蛋壳与蛋黄的关系是一样的。在他著作的《灵宪》中，赤道、黄道、南极、北极等名词都已出现，书中还画着我国首张比较完善的星图，总共包含了两千五百颗恒星。

117年，张衡发明了铜铸的浑天仪，它是世界上首架用铜壶滴漏带动的浑天仪，其多层圆圈都能转动，上面刻有恒星、南北极、经纬度、黄道、赤道等，外面还有表示子午线和地平圈的两个被钉牢的圆圈。它在水力作用下转动时，能准确地显示各种变化的天象，生动地反映运动的天体。

132年，张衡又用精铜制作了地动仪。它的形状很像酒樽，有八条龙盘旋在周围，龙头分别面向东、南、西、北、东北、东南、西北、西南八个方向，且每条龙嘴里都衔有一个铜丸，龙头下还蹲着一只青蛙。倘若某一方向发生地震，此方向的龙嘴就会主动打开，铜丸就会滚落到青蛙的嘴里。

138年的一天，一条龙口中的铜丸掉进了青蛙的嘴里。可是洛阳并未出现地震，洛阳的学者觉得这个仪器不准，没什么价值。就在大家狐疑之时，与洛阳方向相同的陇西发生了地震，人们顿时叹服不已。

张衡制作的地动仪比欧洲制作的相似的仪器早了一千七百多年，是世界上首架预测地震的仪器。地动仪的精密，除了表现出制作者的才智外，还表明了我国古代的冶金、铸造、计量等技术已经达到了非常高的水平。

张衡还发明了用以测定风向的候风仪，亦称相风铜鸟。它是在一根五丈高的杆子顶端安装一只可以随风转动的叼着花的铜鸟，鸟头的方向即是风的方向。它与欧洲安在屋顶上的候风鸡很像，可候风鸡比它晚出现了一千年。

张衡还制作了计里鼓车、指南车、测影土圭、独飞木雕等，著有《灵宪》和《算罔论》，并写了自然科学、哲学、文学等方面的作品三十多篇，极大地推动了古代历法、算学、哲学和文学艺术的发展。

张衡还十分关心朝政。东汉后期，奸臣掌权，宦官干涉朝政。看着东汉政权日益衰败，张衡多次奏请顺帝，让其以前朝宦官乱政的恶果为鉴。

139年，张衡因病去世，终年六十一岁。

史学大家班固

班固是东汉著名的文学家和史学家，他用了将近三十年的时间，以父亲班彪的作品为根基，创作了继《史记》之后我国古代又一部非常重要的史书——《汉书》。《汉书》是我国首部纪传体断代史史书，被后人称为"正史的楷模"。

继承父志，撰写汉史

班固，祖籍陕西咸阳，字孟坚，出身士族大家。光武帝执政时，他的父亲班彪为望都长，是当时有名的儒生，并写作了《史记后传》。班固幼时就非常聪颖，九岁时就能写文章，十六岁时就进了太学读书。他饱览诗书，为人厚道、谦虚，当时的很多学者都很敬佩他。

班固二十三岁时，父亲病亡，他回乡为父守了三年孝。之后，为了完成父亲的事业，班固接着写作《汉书》。

63年，朝廷禁止地方私自修改国史，班固被别人揭发而坐牢，他的弟弟班超知道此事后立即到宫中为他说情。此时，地方官吏也送来了班固所写之书，明帝阅后十分欣赏班固的才气，因此没有惩治他，还封他为兰台令史。没多久，班固又被升为郎官兼典校秘书，奉旨修改史书。期间，明帝还命他和陈宗、尹敏、孟异等人一起创作《世祖本纪》。后来，他又和别人一起写作了二十八篇功臣列传、载记等。

章帝即位后，因为喜欢先秦儒学和文学，因此十分欣赏班固的才华，常常把他召进宫中做侍读，巡游时也常叫班固随行，有时还让班固提出一些对朝政的看法，还曾让他参与商讨如何处理西域和匈奴之事。

79年，章帝和众多名儒一起在白虎观探讨五经的区别，身为史官兼记录者的班固奉旨把探讨的结论编辑成了《白虎通义》。

在汉代，班固的辞赋也有一定的知名度。他的代表作《两都赋》，采用了夸张的手法，主要写了"西都宾"向"东都主人"夸赞西都长安的富裕兴旺，期盼东汉君主能迁都长安；为了驳斥"西都宾"的言论，"东都主人"就极力称赞东都洛阳的繁盛。此外，《咏史诗》也是班固的作品，这首诗是现存最早的五言诗。

89年，大将军窦宪出兵征讨匈奴，此时班固任中护军，参议军政。这之后的几年，班固都是窦宪的属下，两个人私交甚深。之后，在朝廷的权力斗争中，窦宪败亡，班固被牵涉进去，后死在牢里。

鸿篇巨制，遗泽后世

《汉书》是中国首部纪传体断代史书，人们将《史记》和《汉书》合称为"史汉"，将班固和司马迁合称为"班马"。《汉书》被后人分为一百二十卷，共有十二本纪、八表、十志、七十列传，共一百篇，主要记载了公元前206年至公元23年的史事。

与《史记》相比，《汉书》把"书"改为"志"，并将"世家"归入"列传"。此外，本书有关汉武帝以前的事情，大多都用的是《史记》的原文，同时校正补加了《史记》中缺漏的内容，汉武帝以后的史事则都是班固写的。班固的妹妹班昭和学者马续在班固死后添加了一些资料，撰写了部分表和志。

班固在世时，汉朝已经存在了两百多年，正处于统一繁盛之时，经济兴旺，疆域广阔，海陆交通四通八达。因此《山经》和《禹贡》上的地理知识已经远远不能满足人们的需要。人们迫切需要了解越来越多的地理知识，而班固在《汉书》中专门写作了《地理志》，其功劳不容小觑。古代普通的地理著作要流传至今非常困难，可这篇正史中的《地理志》却因有后世各王朝的保护，非常容易地流传到了今天。班固的《汉书·地理志》是古代在正史中专门介绍地理知识的首例，保存了很多有用的资料，也为今人探究我国古代地理学史和封建时期的社会、文化史作出了重要贡献。

《汉书》还为后代人了解汉代社会情况提供了翔实的资料。它记录了一百五十多座主要山川，一百三十多处工矿物产地点；还记载了屯田、修筑水渠等情况；并记录一百多个郡国治所和县的户数、人口数，这是我国最早的人口分布记录资料，也是那时世界上最全面的人口统计资料。

班固以"追溯功德"、赞誉汉朝使其可以"扬名于后世"为著书宗旨，写作了《汉书》。有些历史学家觉得《汉书》在叙事上没有《史记》精彩，人物描写也没有《史记》那么有特点，但《汉书》有着严谨的结构、绚烂的辞藻，这就是它的独特之处，而它对后世史学的影响亦是有目共睹的。

一代医圣张仲景

东汉后期，瘟疫蔓延，无数百姓死于疫病。名医张仲景同情贫苦的百姓，就在各地行医，借此累积经验，并最终写作了一部医学著作——《伤寒杂病论》。此书是在《黄帝内经》之后，另一部有着重大影响的医学著作。书中记录的很多药方都是经过多次实践得出的，后代的医学家非常推崇其中关于六经辨证的治疗准则，因此张仲景也被后人尊称为"医圣"。

勤求博采，医术精湛

张仲景，祖籍河南南阳，名机，字仲景。他出身士族大家，父亲张宗汉是朝中官员。

张仲景自幼就喜好读书，并勤于思索，十岁时就可以诵读众多书籍。他阅读了很多医学书籍，非常佩服古代名医扁鹊。

那时，朝廷腐朽不堪，各地频频爆发战乱，民众处于水深火热之中，雪上加霜的是，疫情也开始肆虐起来，成千上万的百姓死于天灾人祸，各地尸横遍野，令人惨不忍睹。眼前的一切让张仲景非常憎恨官场，也让他更加怜悯灾难中的民众，因此他立志行医，救济天下苍生。

从那以后，张仲景就开始潜心研究医学。几年过去后，他已经诵读了流传至那时的几乎所有的医学书籍。后来，他为了多积累经验，就开始从师学医。

那时，他本家有个很有名的医生，名叫张伯祖。张仲景就去拜张伯祖为师。张伯祖觉得他聪颖勤奋，又能够吃苦，就把自己的医术都传给了他。而张仲景也没有辜负师父的一番苦心，尽得师父真传。

此后，张仲景就正式开始治病救人，刚一出师就受到了当地百姓的欢迎。很快，他就在当地有了名气。

行医之时，张仲景就精心搜集各种有效的民间药方。他还认真地钻研了民间经常用的针刺、灸烙、温熨、药摩、洗浴、浸足、灌耳、吹耳、舌下含药等诊疗之法，并从中提取了有用的信息。

此后，张仲景又去洛阳行医，借此来扩大视野，汲取百家经验。

汉献帝时，张仲景和一个叫王粲的著名诗人私交很深。张仲景察觉他得了重病，就对他说："你得了重病，得赶紧治疗，不然的话，你四十岁时，就会开始掉眉毛，半年后，就性命堪忧了。你赶紧喝几副五石汤，就无大碍了。"可王粲并没放在心上。

没过多久，二人又见面了，张仲景问道："你喝五石汤了吗？"王粲谎称道："喝了，喝了"。

可张仲景在仔细看了他的脸色后，说道："可我看你的气色不对，你应该还没喝过。我劝你赶快喝几副五石汤，不要耽误了病情。"

可王粲并不相信他的话，因此没听劝。他四十岁时，果真慢慢地掉起了眉毛，半年后就病亡了。

一次，张仲景看见在一个人躺在地上，周围有很多人在叹气，几个女子在旁边痛哭流涕。他上前一问才知道，此人因家里穷困而上吊自尽，人们发现后把他救下来时，他已经不能动了。

张仲景立即让人把此人抬到床板上，并用被子盖住他，还让两个年轻人在此人的身旁蹲下，一边为其按摩胸部，一边抬起他的双臂，让他的手臂起起落落。

张仲景则蹲在床板上，把双脚叉开，用手掌按住此人的腰、腹部，配合此人手臂的起起落落，进行按压。半个时辰后，此人竟然有了细微的呼吸，又过了一会儿，竟恢复了意识。

后来，张仲景成了长沙的太守。他时时想着要去救济贫苦的百姓。可那时，为官者不可入民宅。

无奈之下，他有了主意——每月的初一和十五这两天，他就打开府衙之门，不处理政务，只坐在堂上为百姓看诊。

此后，只要一到初一、十五，府衙门前就有很多前来治病的患者。后来，人们还把医生坐在药铺里为人诊治称为"坐堂"，这样的医生则被称为"坐堂医生"，以此来缅怀张仲景。

医圣功绩，万代传颂

当时，全国各处瘟疫肆虐。人们患病后十有八九都会死，张仲景的族人也死了两百多个。看着族人和百姓因瘟疫和伤寒病而死去，张仲景心急如焚，他有了亲自去行医的打算。

此时，东汉朝廷腐败堕落，张仲景觉得朝廷如此腐败，也就不想继续做官了。他对身旁的人感慨道："君主患病还可以治好，国家有难就很难解决了。"

张仲景，祖籍河南邓县，字仲景，名机。东汉著名医学家，被人称为"医圣"。

之后，他就辞官归隐于少室山。期间，他潜心总结自己行医时积累的经验，终于写成了三十六卷的《伤寒杂病论》。此书成书后广泛流传于民间。晋代时，名医王叔和又对其做了仔细的修整。

宋代时，这部书渐渐被分为《伤寒论》和《金匮要略》两部分，《伤寒杂病论》中的"杂病"部分全部收归《金匮要略》中。后世的医者把《伤寒杂病论》奉为医经，将张仲景奉为"医圣"。

在《伤寒杂病论》中，张仲景提出"辨证论治"的原则，这被后人推崇为中医临床治疗的基本原则，也是中医治病的灵魂所在。此外，他还提出应根据不同患者、不同病因、不同病症来对症治疗，认为只有这样才能真正治愈病患。

另外，书中还记录了一百一十三个处方，这些处方具有非常奇特的药效，后人称之为"经方"。只要恰当使用这些药方就能使病人死里逃生，所以人们又称《伤寒杂病论》为"医方之祖"。

张仲景一生有很多著作。除《伤寒杂病论》之外，他还撰写了十卷《辨伤寒》、一卷《疗伤寒身验方》、二十五卷《黄素药房》、三卷《评病要方》、两卷《疗妇人方》、一卷《五脏论》、一卷《口齿论》。遗憾的是，这些著作大部分都已经散佚。

由于比较完善地记录了"理、法、方、药"，张仲景的《伤寒杂病论》被誉为人类医药史上首部较完善的医学著作。它首次全面、详细地讲述了流行病和各种内科疑难杂症的病理、病因及治疗准则和方法，为后代临床医学的发展打下了坚实的理论根基。因此"医圣"之誉，可谓实至名归。

王充著《论衡》

王充是东汉思想家，常对汉代经学中的焦点问题发表看法，有时还会对古经提出疑问，公开挑战受人尊崇的典籍。他以自然主义的唯物论为基本观点写成《论衡》，驳斥了汉朝皇室所倡导的唯心主义先验论，在当时影响很大。另外，《论衡》还使人们对鬼神的存在产生了疑问，在一定程度上起到了解放思想的作用。这些都使王充成为后代唯物主义者尊敬的楷模。

游学京师，博览群书

王充，浙江上虞人，祖籍河北大名，字仲任。由于他的父辈常在当地胡作非为，所以他家的声誉很差。王充从小就机敏、聪明，其父非常喜欢他。他六岁时开始学习，八岁时进了学堂。那时，学堂里的学生不到一百，可几乎每个人都因犯错或是书法太差而被老师惩罚过，唯独王充例外，因为他既没犯过错，书法也写得工整。王充会写字后，就不再去学堂，开始在家研习《论语》、《尚书》。

那时，全国的最高学府是太学，那里藏有很多典籍，还有众多名师大家授课，地方郡县会择取成绩出众的年轻人去那里学习。王充很快就以出众的成绩而被推荐到太学读书。可没过多久，王充就开始厌恶太学的学风，也不喜欢墨守成规地学习。这之后，他开始在文学领域崭露头角，其作品文思奔放、气吞山河，让人赞叹不已，人们都称他为奇才。过了几年，他游学于京都洛阳，并师从汉代有名的学者、才华横溢的儒学大师班彪。

因为家中穷困，没钱买书，王充就常常奔走于洛阳的各个书店，在里面站着看书。他通过诵读诸子百家的文章，对比、探究了儒学和诸子百家学说，并得出了百家学说和儒学一样重要甚至有时比儒学还要实用的结论。

王充还阐述了自己主张的教育宗旨，即培育不仅能治理国家、还能知百姓疾苦的良才。他将这些良才分为儒生、通人、文人、鸿儒四类。他认为，儒生只潜心研究一种经书，通人须知晓古今的各种典籍，文人须做到采摘传书、编著文章，鸿儒则要能精心构筑文章。鸿儒乃是王充提倡的培育人才的目标，他觉得鸿儒能"精思著文"、"兴论立说"，有独创能力，培育这样的人对国家和百姓都有好处。他自己也努力想成为一个鸿儒。王充最轻视文官，他觉得这些人都没什么学问，也不会处理政事，只是沉默地上朝、下朝，和酒囊饭袋并无区别，无益于朝廷和百姓。

王充也曾想在朝中做官。可是，他也不过是做了几次小官，完全没有受到赏识，这是因为他为人爽直、刚强，虽有才却不谙世事，还常常训斥别人，因此他的上级都很厌烦他。后来他干脆辞官归家，靠教书授徒来糊口。

撰写《论衡》，弘扬哲学

经过多年的潜心研究，王充觉得众多士人在学习时都丧失了儒家特质。为了阐述世间万物的区别，为世人解疑，并再次确立儒学特质，他闭门谢客，放下所有事情，开始撰写《论衡》。经过艰苦创作，他终于写就了共有二十多万字、包括八十五篇文章的《论衡》。

《论衡》是一部非常重要的唯物主义无神论著作。王充权衡了汉朝和汉朝之前的所有学说、思潮，并对它们进行了评判，还抨击了不切实际的学说。他以先人的"元气"论为前提，以道家黄老学说中的"自然无为"为基本观点，阐释了元气自然论。在他看来，客观存在的物质实体包括天与地，而构成实体天地和世间万物的最原始的元素就是"元气"。

在汉朝，统治者把天看成是最高贵的神，并认为它有着人的情感与意志，还到处宣扬"君权神授"和"天人相与"的天人感应说。王充则在《论衡》里反驳道：天不是神，只是自然，而"天人相与"的观点也不过是人们一厢情愿的想法而已。

那时，鬼神迷信肆虐。王充在《论衡》中严厉地抨击了关于鬼神的信仰，还特别驳斥了人死后会变成鬼的荒谬之说。他以调侃的语气说，活着的人远不如死去的人多，要是人死了都变成鬼，那路上岂不到处都是鬼吗？人间根本没鬼，倘若有人说看见过鬼，那也只是他自己的惧怕心理在作祟。

此外，在王充看来，圣人只是比普通人聪慧了一些而已，而聪慧也要通过学习才能得到，世间不存在没学就知道一切、没问就知晓一切的人。他也不认同"奉天法古"的观点，在他眼中，今人与古人的确不同，但人们也无法证明今人比古人差，所以就不应该颂扬古代而诽谤现在。他觉得汉代就远比之前的朝代发达，它创立于"百代"之后，所以应在"百代之上"。

王充是出色的唯物主义思想家和教育家，他不断地和"君权神授"等传统观念作战，并以其抨击汉儒精神和多年的教育实践为基础，陆续提出许多新奇的观点，极大地推动了中国古代唯物主义理论的发展。

才女班昭

　　班昭是东汉有名的才女，我国历史上杰出的史学家、文学家和政治家。她的父亲班彪以及哥哥班固、班超都曾是朝中名臣，班氏一家全都被载入史册。而班昭除续写了《汉书》外，还撰写了《女诫》一书，这两本书对后世都产生了深远的影响，《女诫》还被奉为我国古代妇女的行为标准。

出身名门，文采过人

　　班昭，祖籍陕西咸阳，字惠班，又名姬。她出身名门大家，祖父班稚是广平太守，父亲班彪是儒学大师，大哥班固是有名的史学家，二哥班超是弃文从武的将士，曾两次出使西域，为打通"丝绸之路"立下了汗马功劳。在这样家庭的影响下，班昭自幼就通晓儒学典籍和各种史书，成年后又开始研习天文、历史、地理等学科，后来就成了班氏家族中最有才华的女子。

　　班昭十四岁时，成了曹世叔的妻子，两人性格互补，生活美满。可没多久，正值壮年的曹世叔不幸离世，班昭就守寡于家中，再未嫁人。期间，班固受窦宪案牵连，死于牢中，班昭就接起了撰写《汉书》的重任。和帝破例允许班昭在宫里撰写《汉书》。此书完成后，当时的学者都称赞它很有价值。在续写《汉书》的过程中，班昭独立撰写了其中最不易写的第七表《百官公卿表》和第六志《天文志》。完成后，她还谦虚地将哥哥班固的名字写在了上面。

　　那时，班昭常进出皇宫，经常担任皇后和嫔妃的老师，大家都称她为"曹大家"。由于班昭学识广博，当时赫赫有名的学者马融甚至曾跪求班昭指点。除了续写《汉书》、撰写《女诫》外，班昭还写了十六篇赋、颂、铭、诔、哀辞、书、论等，不幸的是，这些著作都散佚了。

　　100年，班昭的二哥班超命其子班勇带着自己的奏章回朝来见皇上。班超在奏章中写道，他期盼自己能够告老还乡，可是，奏章被呈上去三年后，皇上还没有着手办理此事。

　　班昭想，大哥班固已去世，二哥班超古稀之年还守在边疆，这些实在令人感伤。之后班昭就奏请和帝准许班超回朝，她的奏章写得合乎情理、让人感动。和帝在阅过后，也不禁为之动容，觉得要是再不让班超回朝，就真的愧对忠臣了，因此就命校尉任尚代替班超担任西域都护一职。但班超回京才一个月，还未来得及与妹妹倾心长谈就病亡了。班昭内心之痛，不可言表。

邓太后执政时，非常敬重班昭，班昭常常以太后老师的身份参政议政。班昭过世时，年俞古稀，邓太后为她素服举哀。

《女诫》扬名，影响深远

班昭为了训导自家女子，曾著有《女诫》一书。不料，京城的士族大家为了训导自己的女儿，也争着传抄这本书，很快这本书便广泛流传于全国了。《女诫》共包含卑弱、夫妇、敬慎、妇行、专心、曲从和叔妹等七篇，集中体现了班昭广博的知识。

在"卑弱"篇中，班昭说道："生男曰弄璋，生女曰弄瓦。"意思就是说，女人自出生起就不可和男子平起平坐，为丈夫服务是妻子的责任。足见封建社会男尊女卑的观念在当时是多么习以为常。

在"夫妇"篇中，她总结道：女子要敬重、谨慎地照料丈夫，因为他们比天还大。她还说，一个不贤淑的妻子是没法照料丈夫的，而如果是这样的话，义理就会蜕化。要想使义理不蜕化，女性就一定要了解义理的实质。

在"敬慎"篇中，班昭认为男子要有阳刚之气，女子要有阴柔之美，夫妻二人一刚一柔，才能使夫妻之义永存，不过妻子要绝对服从丈夫。

在"妇行"篇中，班昭将"妇德、妇言、妇容、妇工"作为女子的四个行为准则。"妇德"指要有品德，"妇言"指言辞要得体，"妇容"指着装要端庄，"妇工"指要细心地纺织、洗衣做饭。女子要想成为一个称职的妻子，就一定要做到这些。

在"专心"篇中，班昭认为女子不可再婚，丈夫却可再娶，因为好女不侍二夫。同时女子还要用心照料丈夫的生活，不可多看别的男子一眼。

在"曲从"篇中，她认为妻子应细心奉养丈夫的双亲，要学会忍耐、依从，要顾全大局。

在"叔妹"篇中，她告诫女子在丈夫的兄弟姐妹面前要恭谦、宽宏，就算被冤枉也不可不依不饶，要学会忍耐，这样一家人才能和和睦睦地生活。

《女诫》成书后的两千多年，中国社会的女性观都深受它的影响。

身为政治家、文学家、史学家，知识广博、品德高尚的班昭可谓中国古代女性的代表。虽然她的大多理念都为时代所限制，特别是她的《女诫》，更是充满了男尊女卑的观念，但是班昭的确是个才华横溢的女子，称她为一代文豪，并不是夸大其词。

许慎编著《说文解字》

东汉的经学家、文字学家许慎撰写的《说文解字》是我国首部以六书中的观点为基础来阐释字形、分析字义的字典。《说文解字》将多数先秦字体及秦汉两代的文字训诂保留了下来，再现了古汉语词汇，有层次地阐释了关于文字的观点，因此被誉为我国文字学史上首部评析字形、阐释字义、区别读声的字典，也是深受学术界重视的一部探究汉字的典型著作。

学派之争，编撰重典

许慎，祖籍河南郾城，字叔重。他幼时就勤奋好学，广览经书，年轻时还师从经学大师、天文学家贾逵。76年，贾逵奉旨在北宫白虎观授徒教书，没多久又奉旨选择一些学生在黄门署传授《春秋左氏传》、《古文尚书》和《毛诗》等。那时，许慎一直师从贾逵研习古学，在此期间他结识了杰出的经学家、文学家马融。许慎因为人品和才华得到了马融的赏识，常受到马融的赞扬。那时人们都称许慎为"五经无双许叔重"，足见其颇有声望。

许慎做过汝南郡功曹，后来又被举荐为孝廉，做太尉南阁祭酒，因此人们常把他叫作许祭酒。期间，许慎还加入了"今文经派"和"古文经派"的学术论战之中。

当时，众多先秦儒学的典籍都在秦始皇焚书坑儒后失传了，许多经学著作只能通过两种途径流传。第一，一些人凭着记忆诵读、口授相关资料，再由他人记录下来，使其成为传本，如《尚书》即晁错根据秦朝博士伏生的口授记录下来的；第二，靠挖掘出的用先秦文字书写的古本来研习古籍，如先秦的《礼记》、《孝经》、《论语》等都是人们从孔子旧宅的墙壁中找到的。为有所区别，汉代学者把口授下来的文本叫"今文经"，把挖掘出来的以先秦六国古文字写成的著作叫"古文经"。尽管二者可能有一样的主题，可出处不同，因此后代学者还就此被分为两个不同的学术派别，即今文经派和古文经派。两派从理念、研究方式到材料基础、六经的观点都掺杂了自己的想法，因此各持己见。

西汉时期，今文经派在学术界占优势地位，那时朝中所有的博士都是今文经学家。尽管古文经也不乏传本，可它们不是藏于朝廷，就是藏于某个民间学者之手，所以朝廷就没有设立古文经博士，自然也就很少有专攻古文经的学者了。到了西汉后期，刘歆向哀帝上书，指出朝廷应该为古文经设立博士，但今文经博士们却不赞成，自此两派开始了长久的激战。

东汉后期，两派的争论还没有停止。为了使古文经学家能够在学术界有一定的地位，古文经学家提议首先应正视语言文字学家。许慎是古文经学派的支持者，曾在宫中的藏书阁见过古文经典籍，又是古文经学大师贾逵的弟子，于是他开始编著《五经异义》。此书成书后，为了使人们不再迷信于今文经学的某些观点，也为了突出文字训诂对探究经学的重要性，他又用了三十年的时间来撰写《说文解字》这部巨著。

名著传世，功莫大焉

《说文解字》集合了所有的古文经训诂，是经学典籍中的集大成之作。全书共十四篇正文，一篇自序，总共收有九千三百五十三个字，其中有一千一百六十三个异体字。全书共约十三万字的解说词，从音、形、义方面诠释了每一个字。在自序中，许慎还列举了所用的古文经学书籍，如《诗》、《书》、《春秋》、《论语》、《孝经》、《易》等。

《说文解字》被誉为字典的始祖，它是我国首部按照部首进行编排的字典，也是我国首部探究汉字的典籍。《说文解字》注重"分别部居，不相杂厕"，按照偏旁分类归部了将近一万个汉字，还把这些汉字放在了五百四十个部首的下面，让它们各守其位。这对于我国字典史来说，绝对是个伟大的创举。自此，我国字典的主要体例中就多了一种以偏旁分部的撰写方式。

《说文解字》记载了先秦和两汉时期的大部分文学成就，也为后人探究甲骨文、金文等提供了主要材料。特别是《说文》部分，所阐述的字义都是最古老的意思，为后人研究古书作出了重要贡献。

《说文解字》还将很多古代资料保存了下来，为我们梳理丰富的文化遗产和探究古代社会的政治、经济、文化、民风民俗等作出了重要贡献。比如，书里说"车，舆轮之总名，夏后时奚仲所造"，从这里我们就可知道"车"这种交通工具在夏代就出现了。

一千多年来，探究汉字的典籍就只有《说文解字》这一部。倘若没有这部书，我们今天就无法识别秦汉之后的篆书，也无法识别商代的甲骨文、周代的金文和战国的古文。因此，本书不仅为探究古代的汉字提供了重要资料，也将在人们探究汉字的发展中发挥重要作用。

郑玄注释儒经

郑玄，东汉后期有名的经学大师，他将儒学典籍一一进行了注释，并用一生的时间梳理了古代的文化遗产。此后，经学就开始"小统一时代"。郑玄为儒学典籍所作的注释对儒学和中国传统文化的传播起到了重大作用。封建统治者长期以此注释为正统的教材，并将其放在了九经、十三经注疏中。

出身名门，钻研经学

郑玄，祖籍山东高密，字康成。他的先祖郑国是孔子的学生。哀帝时，他的八世祖郑崇担任尚书仆射。

郑玄出生时，郑家家道已经中落，他的祖父和父亲靠种田度日，家中甚是穷困。郑玄幼时就聪慧过人、勤奋好学。

郑玄十一岁时，曾和母亲一起去外公家串门，座上之宾都身着华服，气宇轩昂，夸夸其谈，各个都似有权有势之人。只有郑玄低着头不说话，看起来很不搭调。

他母亲顿时觉得很失脸面，就偷偷地让他展露一下自己的才华。可郑玄却没有从命，他非常讨厌这种粗俗的场合。

郑玄十三岁时，已通晓五经了。十六岁时，不仅精于儒学典籍，熟悉古代典制，还懂得一些预言、测算学说，因此在当地很有名气，时人都把他叫作神童。

一日，郑玄正在家中读书，忽见一阵大风刮起，他用自己学过的一些方术掐算了一下，认为某地会在某天某时发生火灾。接着，他就立即将此事禀告了那个地方的衙门。

不出郑玄所料，某天某时，那个地方果真起了大火，可由于衙门早就做了准备，因此并没损失什么。这事迅速传播开来，人们认为郑玄是个奇特之人。

郑玄二十一岁时，已纵览诗书典籍，并精于历数、算术、图纬等学说。为了养家糊口，他做了乡中的官吏，掌管诉讼、征缴税款等杂务。可

郑玄归隐山林，闭门谢客，潜心为经书写注释，还深究了当朝有名的学者何休的《公羊墨守》等著作。

为官并非他的志愿，他一心想要研习经书。所以，他三十岁时，没有跟家人商量就决然地放弃了官位，独自游学于洛阳太学。

他先是师从京兆尹第五元，跟着他研习今文《易》和《公羊春秋》、《三统历》、《九章算术》等。之后，他又师从东郡张恭祖，随他研习《周礼》、《礼记》、《左氏春秋》、《韩诗》、古文《尚书》等。

160年，郑玄西去函谷关，师从有名的古文经学家马融。

那时，马融是有名的儒学大师，门下有很多学生，可他通常并不亲身授课，所有的课业都是由成绩优异的学生教授的。因此郑玄虽在马融门下做了三年学生，却不曾见过马融。可是，郑玄也并没有为此而荒废课业，他依旧没日没夜地勤奋学习。

一日，马融召集学生一起探讨图谶之学，精于算学的郑玄就有了当面向马融请教学问的机会。没多久，郑玄认为自己已经解开了经学的所有疑问，就准备辞行返乡。

马融怅然感叹道："郑生今去，吾道东矣！"意思就是说，郑玄已经学会了自己学问的核心部分，而这些学问一定会因为他的离开而得以向东流传。

郑玄回乡后，因为家里穷困，就在东莱（今山东莱州地区）一面耕种，一面授徒。众多人因为仰慕他的名气前来拜师，他的学生人数渐渐达到了几千人。那时，郑玄的学说被人们称为郑学，足见郑玄影响之大。

受牵禁锢，著书立说

169年，党锢之祸爆发，曾是北海相杜密旧吏的郑玄和郡内的四十几人也遭到了禁锢。

此后的十四年间，郑玄归隐山林，闭门谢客，潜心为经书写注释，还深究了当朝有名的学者何休的《公羊墨守》等著作，并挑出了其中的错误之处。据说后来何休看过后，也非常佩服他。

郑玄在给经书做注释时，以古文经学为主，同时也注意吸取各个学派的长处。

在十四年的时间里，《易》、《尚书》、《毛诗》、《周礼》、《仪礼》、《礼记》、《论语》、《孝经》、《尚书大传》以及《中候》、《乾象历》等典籍都被郑玄注解过；他还撰写了将近一百万字的《天文七政论》、《鲁礼·祫义》、《六艺论》、《毛诗谱》、《驳许慎五经异义》、《答临孝存周礼难》等。他著书立言的成就是他的老师马融和两汉时期的任何一位经学家都不能与之相比的。

汉灵帝后期，大将军何进非常仰慕郑玄的学识和名望，就命人请他为官。郑玄不堪忍受地方官吏的威胁，只得去了何进府中。尽管何进非常敬重他，可他还是只待了一夜，就借机逃回了家乡。

北海国相孔融也非常尊敬郑玄，为了表达自己对郑玄的崇敬，他特意授命高密县令在郑玄的家乡立"郑公乡"，还称乡的里门为"通德门"。

东汉后期，黄巾军发起叛乱，郑玄从徐州回老家高密，在途中碰到了几万名黄巾军。这些黄巾军除了向郑玄行礼以示敬意外，还声明军队绝对不进犯郑玄的出生地，足见当时郑玄多么受人敬重。

191年，黄巾军攻打青州，郑玄避难于徐州。徐州牧陶谦曾经大败黄巾军，因此州内还算平静，他得知郑玄已到徐州，就以师友的礼节迎接了他。

此后，郑玄就住在南城栖迟岩下的一个石屋中，他很少接见别人，依旧夜以继日地探究儒学典籍，并为《孝经》做了注解。

200年，七十四岁的郑玄因病去世，一千多名官吏和他的学生为他送葬。他的弟子还效仿孔子学生为缅怀孔子而著《论语》一事，把郑玄平常和学生问答五经的言行编撰成《郑志》八篇。

郑玄是汉代的经学大师，著名的文献学家、思想家、教育家。他注解了全部儒学典籍，一统经学，建立了"郑学"，将经学带进了一个全新的发展时期。他用一生的时间来梳理古代文化遗产，为保留我国古典文化遗产立下了大功。他大多时间都处于归隐不入仕的状态，教书育人，堪称中国古代的著名教育家。

蔡邕博学多才

蔡邕是东汉著名经学家、文学家、书法家，从小就聪慧过人，长大后更是学富五车，不但精通经史、音律，还通晓诗词歌赋。另外，他在书法上也有很深的造诣，最擅长隶书，后人曾以"蔡邕书骨气洞达，爽爽有神力"来评价他的隶书。

一代才子，火中救琴

蔡邕，祖籍河南开封，字伯喈。蔡邕幼时就好学，遍阅典籍，还非常孝敬双亲。在母亲因病卧床不起的三年间，他一直守在母亲身边，衣不解带。母亲过世后，他为了守孝，就住在了母亲坟旁的小屋里。之后，他就和叔父一起生活，并且从未提出分家一事，所以乡里乡亲都不住地称赞他。后来，他为了更好地学习，便师从朝中的太傅胡广，最终成了一个精通经史、天文、音律、辞赋的有名的学者。

桓帝执政时，宦官掌权，宦官们闻听蔡邕精于琴瑟，就让桓帝下旨命蔡邕进京。蔡邕无奈，只得赶往京都，可到了偃师时，他又害怕去了京师会惨死于宦官之手，就以生病为由折回了故乡。灵帝登基后，他被朝廷封为郎中。

蔡邕性格耿直，常斥责统治者生活奢靡，灵帝也几次被他激怒，非常憎恨他。服侍灵帝的宦官害怕蔡邕揭发自己的坏事，就不时找机会在灵帝面前诋毁蔡邕，说他仗着自己有才华，瞧不起皇上，将来一定会叛离朝廷，因此灵帝越来越厌恶蔡邕。为了不受迫害，蔡邕借机逃离京都，归隐起来。

蔡邕擅长音律，琴艺尤佳。逃离京都时，他还随身带着钟爱的琴。一日，蔡邕在房中抚琴，房主在邻屋生火煮饭，她把柴火添进灶坑里，木柴发出了"噼里啪啦"的响声，蔡邕听见后，不觉为之震动，之后跳起来冲向邻屋，不顾一切地伸手从灶坑中抽出了那块刚被点着的桐木，还冲房主喊道："不能烧，这可是做琴的上好材料。"此后，他用这块桐木做了一把琴，这琴能够演奏出非常优美的乐曲，被世人当作稀世珍宝保存了下来，与齐桓公的"号钟"、楚庄公的"绕梁"、司马相如的"绿绮"并称为"中国古代四大名琴"。由于琴尾已被烧焦，所以世人就称它为"焦尾琴"。

董卓掌权时，蔡邕受其逼迫，又开始做官。董卓尽管非常跋扈，却非常赏识蔡邕的才华，也很尊敬他。董卓被杀后，蔡邕很伤怀，这又激怒了司徒王允。后来，蔡邕被王允送进牢里，最终死于狱中。

文采飞扬，石经传世

蔡邕行文清新淡雅，是汉末散文的代表作家之一。他在一些散文中抨击了社会现实，如《宗庙叠毁议》赞扬了东汉建立之初各个皇帝的清明统治，又说"自此以后，朝政日益腐败，朝廷大权皆被佞臣所夺"。而在《荐太尉董卓表》中，他用"奸臣弄权，已经有六十多年……朝纲败坏，民不聊生"等语来表明自己对朝廷的看法。东汉朝廷则称蔡邕续写的东汉国史为"谤书"，下令禁毁。

《述行赋》是蔡邕所有著作中最出色的，它通过描述路途中所见的各种古迹来嘲讽当时的社会，是一篇表达惆怅之情的抒情之作。这篇赋具有很强的现实性，全文采用了对比的方法描写贫富人家的两种极端生活，深刻揭露了平民之苦和朱门之奢。蔡邕不流于俗，写作比赋，十分值得后人景仰。

183年，汉灵帝下旨命蔡邕等人修订儒学典籍。蔡邕觉得有些典籍有断章取义之嫌，错误较多，为了避免贻害后人，他把经过校正的经文写在了四十六块石碑上，并命工匠雕刻，之后又把石碑竖在太学门外，上面的经文就是《熹平石经》。相传石经完成后，每日都会有几千人来观看和临摹。

蔡邕在书法上也成就不凡，且最擅长隶书和篆书，他的隶书有着严谨的结构、变化的体法，被后人评为"骨气洞达，爽爽有神"。他还是"飞白书"的首创者。"飞白书"亦称"草篆"，是一种奇特的字体，它的笔画黑中露白，好似用枯笔写就。唐代学士张怀瓘曾以"飞白妙有绝伦，动合神功"来评判蔡邕的飞白书。

此外，蔡邕还是汉代书法理论的集大成者。《笔赋》、《笔论》、《九势》都是他的书论，其中《笔论》和《九势》影响深远。《笔论》除阐述了书法可以表达情感的艺术特征及书法家在写作时本应有的思绪外，还指出写书法时应以自然界中的各种美妙事物为基础，以形象美的理念为准则。《九势》则阐述了书法美的哲学根基，并介绍了汉字本身所表露的各种美感。本书强调运笔要有八种标准，要能在运笔的过程中表现出俊逸的笔势，因此也被称为"九势八字诀"。蔡邕的这些书法理论有着不可估量的导向作用。

蔡邕在辞赋、书法、音乐等方面造诣极深，因此被称为一代宗师，备受时人赞誉，这样一位文化巨匠却也是性情中人，他伤怀于奸臣董卓之死，因此身陷囹圄，最终死于狱中，实在是一件憾事。

中华神医华佗

东汉后期，全国各地灾害不断，导致疫情肆虐，民不聊生。神医华佗在民间四处奔走，为百姓治疗疾病，几乎走遍了整个中原和江淮平原。在治疗内科、外科、儿科疾病时，他还创造了不少医学传奇，特别是他发明的麻沸散、剖腹术更是为世人所称赞。人们称赞医术高明的医生时常用"华佗再世"、"元化重生"等，可见华佗对后世影响之深远。

身处乱世，四处行医

华佗，祖籍安徽亳州，字元化。华氏原是士族大家，可华佗出生时，家道中落。华佗年轻时在各地求学，饱览诗书，也非常喜欢医学和养生学，曾师从名医，谦虚地向他们学习，还探究了医学名家扁鹊及前朝的医学典籍。

东汉后期，民生凋敝，华佗目睹了朝政的腐朽和百姓的疾苦后，毅然决定从医。他相继婉拒了邀他做官的太尉黄琬、举荐他为孝廉的沛国相。之后穿着粗布衣衫，在各地为百姓治病。为穷苦的百姓治病，他就不收取任何费用。

华佗医术精湛，在外科上的造诣最高。他首创用全身麻醉法施行外科手术，被后世尊之为"外科鼻祖"。他不仅擅长调配方剂，在针术和灸法上也取得了很高成就。他通常只取一两个穴位，灸上七八下，就能将病人治愈。

在内科的诊疗上，华佗也成绩斐然。他熟知各个病症的特征，在察看了病人的神态、脸色后，就能知道病人的病情。一次，他去拜访官员徐毅，徐毅说自己胃疼，刚做过针灸，但一直咳嗽。华佗仔细地看了看他，安慰了他几句，要他好好修养。临走时，他偷偷地对徐毅的家人说："他的日子不多了，快准备后事吧。"果然，第二天徐毅的病情就恶化了，五天后就去世了。

华佗在治疗体内的寄生虫上也方法独特。一次，官吏陈登肚子疼得厉害，不想吃东西，就来找华佗。华佗看看他的脸色，又把了把脉，说："你胃里有虫子，不赶紧治的话，你就会生毒疮。"接着，华佗让陈登喝了用草药煎成的汤药。没多久，陈登吐了很多红头虫子，肚子便不痛了。

另外，华佗还擅长心理疗法。有一个官员已经病了很长时间，华佗断定要想治好他的病就要惹他生气，于是他就给这个官员写了一封信，在信中大骂他。官员看过此信后勃然大怒，命人去杀了华佗，可没得逞，因此就更加生气，甚至还吐了黑血，可没多久他就痊愈了。

创立新说，中华神医

华佗很重视民间的治疗方法，他时常提取其中的有用部分，用来医治疾病。那时，黄疸病比较流行，他就在三年内不停地检验茵陈蒿的药效，并得出了春三月的茵陈蒿幼叶可治愈黄疸病的结论，并用相关方剂治愈了很多人。那时受民众欢迎的简便、效果好的偏方，如用青苔治马蜂蜇痛、用蒜苗大醋治虫病、用白前治咳嗽等，都出自华佗之手。

华佗以前人的经验为前提，不断改进自己的医术。体外挤压心脏法和口对口的人工呼吸法也是他在潜心研究下发明的，而麻沸散和五禽戏则是他最为出色的发明。华佗对同时代的张仲景的学说也做过深入研究并大力推崇。

事实上，在华佗之前，就有人用一些有麻醉作用的药物来当麻醉剂，只是这些药物并没有用于医学，而是用在了战争和谋杀上。华佗观测了人喝醉后的入眠情况，创造麻沸散，并将其正式用在了医学上，极大地增强了手术的安全性，使得外科手术的技术和疗效有了显著的提高。

华佗还很注重疾病的预防。为了强健身体，他发明了一种体操，叫五禽戏。五禽戏是仿照虎、鹿、熊、猿、鸟这五种动物的动作构成的体操，它可以使人舒展身体的关节、腰部和四肢等，达到舒畅筋骨、畅通气血、强身健体、预防疾病的目的。因为长期做五禽戏，华佗的弟子吴普九十多岁时还步伐矫健、眼明心亮。

曹操一直以来都有头风病，犯病时头痛难忍，华佗医好了他。他见华佗医术高明，就将他留了下来。可华佗想为天下百姓做事，就谎称妻子得病请假返乡，很长时间都没回到朝中。曹操发现真相后，就处死了华佗。

华佗有很多门人，例如以擅长针灸而闻名的樊阿、写有《吴普本草》的吴普、编撰了《本草经》的李当之，他们继承了华佗的大部分学说。而如今流传下来的华佗的《中藏经》不过是后世人借华佗之名编造的而已，但它也把华佗的一些医术记载了进去。

华佗一生都在治病救人。近代西方学者认为华佗是古代东方医学的出色代表之一，能和西方的医学之父希波克拉底相提并论。华佗以其卓越的医术而被百姓称颂，他去世后，人们为了纪念他，在很多地方建了"华祖庙"。